Carl Naughton
Denken lernen

CARL NAUGHTON

Denken lernen

Entscheiden, urteilen und
Probleme lösen, ohne
in die üblichen Denkfallen
zu tappen

Mit einem Vorwort von Gregor Staub

Bibliografische Information der Deutschen Nationalbibliothek
Die Deutsche Nationalbibliothek verzeichnet diese Publikation in der
Deutschen Nationalbibliografie; detaillierte bibliografische Daten sind
im Internet über http://dnb.d-nb.de abrufbar.

ISBN 978-3-86936-699-9

Umschlaggestaltung: Martin Zech Design, Bremen | www.martinzech.de
Umschlagmotiv: Freepik
Satz und Layout: Das Herstellungsbüro, Hamburg | www.buch-herstellungsbuero.de
Gehirn-Zeichnungen: Gertrud Kemper, Braincheck GmbH
Druck und Bindung: Salzland Druck, Staßfurt

© 2016 GABAL Verlag GmbH, Offenbach
3., erweiterte und vollständig überarbeitete Auflage des 2012 erschienenen Buches
Der Autopilot im Kopf
Alle Rechte vorbehalten. Vervielfältigung, auch auszugsweise,
nur mit schriftlicher Genehmigung des Verlages.

www.gabal-verlag.de
www.twitter.com/gabalbuecher
www.facebook.com/Gabalbuecher

Inhalt

Vorwort von Gregor Staub 9

Einleitung: Good news, bad news 11

Teil 1: Was denkt? Die Denkausstattung 17

Eine kleine Anatomie des Denkens 21
Das Arbeitsgedächtnis – ein Gedächtnis für Arbeit 27
Der CEO in Ihrem Kopf: Wer entscheidet was wie? 31
Frau Müller, zum Diktat, und machen Sie gleich noch eine Skizze! 33
Das Büro vom Chef: die zentrale Exekutive 39
Der CEO bei der Arbeit: Führen heißt integrieren 41
Mentale Führungskräfte auf unteren Hierarchieebenen 43
Der CEO als Power-Netzwerker 45
Warum auch ein CEO Gefühle hat 47
Warum sich ein Training für den CEO lohnt 51
Männer machen es und Frauen auch, aber anders! 54
Der SMART-Faktor: Wie viel Denken geht überhaupt? 62
Warum Multitasking gefährlich ist 67

Teil 2: Wie denkt's? Die Denkfallen 73

Schlussfolgern 78

1. Denkfalle: Warum es nicht regnet, wenn die Straße nass ist 79
   Lösung: Ausführlichere Darstellung der Ausgangssituationen 87
2. Denkfalle: Warum immer die anderen das Brett vorm Kopf haben! 91
   Lösung: Konkretisieren Sie immer und formulieren Sie Gebote! 94

3. Denkfalle: Warum wir immer recht behalten (wollen) **97**
   Lösung: Mehr Zeit und mehr Selbstkritik **100**
4. Denkfalle: Das ist immer so, ich habe das schon einmal erlebt **104**
   Lösung: Fragen wie ein Therapeut **106**

Schätzen und urteilen 110
5. Denkfalle: Warum wir uns krank schätzen **111**
   Lösung: Frequenzen machen gesund **113**
6. Denkfalle: Der Mensch als Persönlichkeitspsychologe **116**
   Lösung: Immer zwei Schritte machen, wenn Sie urteilen **118**
7. Denkfalle: Warum Frauen doch besser in Mathe sind **119**
   Lösung: Üben ist der Tod jedes Klischees **120**
8. Denkfalle: Der Zonk und das Schätzen **121**
   Lösung: Telefonjoker und Publikumsexpertise **122**
9. Denkfalle: Warum unverbindliche Preisempfehlungen so verbindlich sind **124**
   Lösung: Angemessenheit hinterfragen **131**
10. Denkfalle: Warum wir Kollegen immer zu schnell verurteilen **133**
    Lösung: Das ABC der mentalen Klarheit **137**
11. Denkfalle: Warum das Bild den Rahmen bestimmt **142**
    Lösung: Bauen Sie den Rahmen selbst **147**

Entscheiden 148
12. Denkfalle: Warum wir immer gute Gründe für schlechte Entscheidungen haben **151**
    Lösung: Ursache-Wirkungs-Effekt wirkungslos machen **157**
13. Denkfalle: Warum der Bauch mit dem Kopf durchgeht **159**
    Lösung: Mentaler Dreisprung **174**
14. Denkfalle: Warum wir gutes Geld schlechtem hinterherwerfen **177**
    Lösung: Probleme voraussehen und Sprachmuster beachten **182**
15. Denkfalle: Warum Erfahrungen Entscheidungsbremsen sind **184**
    Lösung: Löcher in die Luft starren **187**

Probleme lösen: klassisch und kreativ 189
16. Denkfalle: Warum auch beim Denken die Ersten die Letzten sein können **194**
    Lösung: Werden Sie Nicht-Denker **197**
17. Denkfalle: Warum wir erst schießen und dann fragen **199**
    Lösung: Die Mittel-Ziel-Analyse **202**

18. Denkfalle: Warum es kein Zurück gibt, wenn wir den Wald vor lauter Bäumen nicht sehen **204**
    Lösung: Stressfrei den Wald und die Bäume sehen **206**
19. Denkfalle: Warum wir auf dem inneren Auge blind sind **214**
    Lösung: Die richtigen Bilder sind Problemlöseturbos **217**

Kreativer denken 221
20. Denkfalle: Kreative sind verrückt, jung und eigenbrötlerisch **223**
    Lösung: Vom Oje-Moment zum Aha-Effekt **228**
21. Denkfalle: Wenn ein Hammer kein Hammer ist **234**
    Lösung: Inkubationseffekte nutzen, Pausen machen **240**
22. Denkfalle: Warum wir nie Heizkosten sparen **246**
    Lösung: AnaMeta – Denken in Analogien und Metaphern **250**

Teil 3: Wie denkt sich's besser? 259

Anhang

Literaturverzeichnis **275**

Register **295**

Der Autor **300**

Vorwort von Gregor Staub

»*Überlegen macht überlegen.*«
ANTOINE DE SAINT-EXUPÉRY

Der Verstand ist die am gerechtesten verteilte Sache der Welt: Niemand beschwert sich, dass er zu wenig davon hat! Jetzt im Ernst: Wussten Sie, dass Sie nicht nur Ihr Gedächtnis, sondern Ihr ganzes Denken optimieren können? Dass Ihr eigener Verstand Ihnen beibringen kann, noch wirksamer zu denken?

Nach über 20 Jahren als Gedächtnistrainer, in denen ich mit vielen Tausend Menschen aller Altersstufen gearbeitet und trainiert habe, weiß ich eines ganz sicher: Sein Gehirn kann man trainieren. Insbesondere das Langzeitgedächtnis zu trainieren, ist enorm effektiv. Da kommt es auf die richtige Technik an – nicht auf den IQ! Das von mir entwickelte Mega memory® ist so eine Technik. Sie basiert auf griechischen Mnemotechniken aus der Antike. Weil das Lernen damit auch noch enorm viel Spaß macht, wird es umso leichter. Dies steigert die Lebensqualität in jeder Lebensphase – und schafft Lebensfreude! Nachdem meine Methoden inzwischen von vielen Tausend Anwendern erfolgreich praktiziert werden, freue ich mich umso mehr, dass Dr. Carl Naughton mit dem vorliegenden Buch nun auch eine Anleitung an die Hand gibt, mit der das Denken ebenso gezielt gefördert werden kann wie das Merken.

In Carls Zeit an der Uni Köln habe ich regelmäßig mit seinen Studenten trainiert. Der Bereich, in dem er damals forschte und lehrte, war die pädagogische Psychologie, also die Wissenschaft rund um das Lehren und Lernen. Da gab es vor allem für seine Schüler tolle Verbindungen zwischen seinen Erkenntnissen und meiner Methode. Dass er damals schon von der Idee erfüllt war, neben dem Gedächtnis auch das Denken selbst zu verbessern, hat er mich erst viel später wissen lassen. Das Team an der Uni Köln forscht auch an anderen Hirnleistungen: Problemlösen, kreatives Denken, Entscheiden. Kurzum alles, was unser Gehirn sonst noch so kann, außer sich etwas zu merken. Carl und sein Team glaubten schon immer daran, dass man das Denken auch trainieren kann.

Seitdem hat Dr. Naughton an seinen Techniken gefeilt und sie, nach ausführlichen Feldversuchen, in dieser Trainingsanleitung anschaulich zusammengefasst. Ihre Wirksamkeit ist mittlerweile genauso anerkannt wie die der Mnemotechniken für das Gedächtnis – herzlichen Glückwunsch, Carl!

Ich lade Sie ein: Trainieren Sie Ihr Gedächtnis und Ihr Denkvermögen. Sie werden erstaunt sein, welche Fortschritte möglich sind! Und wie viel Spaß es Ihnen bereiten wird. Sie werden sich mit neu gelerntem Denken von Tag zu Tag selbst überraschen. Bis sie eines Tages gar nicht mehr zu existieren scheinen, die »alten« Gedanken, weil das neue, befreite Denken sich Bahn gebrochen hat. Spannend, nicht wahr?

Lassen Sie sich ein – auf eine kluge, humorvolle und inspirierende Anleitung, den eigenen Gedanken auf die Schliche zu kommen.

Herzlich
Ihr Gregor Staub

Einleitung: Good news, bad news

Wieso haben wir mit entwaffnender Regelmäßigkeit den Eindruck, vor der schwierigsten Denkanstrengung unseres Lebens zu stehen? Und warum wird dieser Eindruck von dem unguten Gefühl begleitet, dass alle Anstrengung und alles Denken umsonst waren, weil es mal wieder anders kam als gedacht? Zwei für viele Menschen zentrale Erlebnisse: zu merken, dass das eigene Denken nicht ausreicht, und zu spüren, dass unsere Denkanstrengungen ohne Einfluss bleiben. Doch nicht unser Denken macht uns das Leben schwer. Vielmehr ist es unsere Art, unser Denken einzusetzen.

Und genau darum geht es in diesem Buch: den Denkmustern auf die Spur zu kommen, die unser Gehirn nutzt, während wir denken, dass wir denken. Denn beim Grübeln, Rätseln, Kopfzerbrechen, kurz: bei jeglicher bewussten Verstandestätigkeit, neigen wir dazu, uns unbewusst in mentale Sackgassen zu manövrieren, und tappen mit besorgniserregender Zuverlässigkeit in Denkfallen. Die daraus entstehenden Schlussfolgerungen, Urteile, Einschätzungen und Entscheidungen sind dann alles andere als das Ergebnis angestrengten bewussten Denkens! Nun kann nur besser werden, wer die Fallen kennt und umgeht und wer seinen Muskel für bewusstes Denken (das Arbeitsgedächtnis) trainiert. Willkommen also bei dem, was Sie beim Gehirnjogging nicht lernen, willkommen beim Weiter-Denken.

Denkmuster erkennen und ändern

Die Zielgruppe dieses Buches sind Menschen, die denken. Gut, könnten Sie jetzt entgegnen, das schränkt die Zielgruppe erheblich ein. Diesem Einwand entgegne ich mit einem entschiedenen Zögern. Denn denken tun wir alle, immer wieder, wenn auch mit unterschiedlicher Begeisterung. Aber über unser Denken nachzudenken, das ist viel entscheidender. Und das tun wir oft erst, wenn wir mit den Ergebnissen unserer Denkanstrengung nicht zufrieden sind. Merke: Wer vor dem Han-

Nachdenken über das Denken

deln denkt, muss später nicht dem eigenen Denken nachtrauern. Und Gründe, zu trauern, gibt es viele:

1. Mit professionalisiertem Denkverhalten kommen klarere Vorstellungen in unseren Kopf. Damit könnten jährlich bis zu 5 Billionen US-Dollar Heizkosten eingespart werden (Kempton 1986).
2. Mit dem Wissen um die Verzerrungen im Beurteilen und Schätzen könnten unnötige medizinische Operationen verhindert werden (Bornstein / Emler 2001).
3. Mit dem Verständnis des persönlichen Entscheidungsverhaltens könnten sinnlose wirtschaftliche und zeitliche Investitionen verhindert werden (Arkes / Blumer 1985).
4. Mit dem Können, das Denken der Situation anzupassen anstatt umgekehrt, werden Lösungen entwickelt, die zu strategischen Innovationsmotoren werden (Kim et al. 2005).
5. Mit der erlernten Vorsicht vor Wahrscheinlichkeitsrechnung beschleunigen wir das Verständnis von Zahlen, Daten und Fakten um ein Vielfaches (Mangold 2007).

Bewusstes und unbewusstes Denken

Diese Beispiele machen deutlich, wie groß die Spanne zwischen unbewusstem und bewusstem Denken ist. Und sie verdeutlichen, wie wichtig es für uns alle ist, mehr darüber zu wissen, wie unser Denken uns zu Entscheidungen, Urteilen und Schlussfolgerungen führt. Vor allem deuten sie darauf hin, wie wichtig es ist, diese Fähigkeit über das unbewusste, automatisierte Denken hinaus zu trainieren und auszubauen. Unser Denkdilemma wird durch zwei wichtige Faktoren verursacht: dadurch wie unser Kopf die Infos bereithält, die er für eine Lösung abruft, und wie groß unser Zwischenspeicher ist, in den wir die Infos einlagern, um sie zu einer Entscheidung zusammenzufügen. Dieser Zwischenspeicher – unser Arbeitsgedächtnis – kann schnell überfließen oder an Verstopfung leiden.

Wir alle tragen zwar unsere mentale Grundausstattung mit uns herum, doch wir können tatsächlich mehr. In diesem Buch erfahren Sie, wie Sie zu einer Turboausstattung kommen. Warum wollen Sie sich mit dem Golf zufriedengeben, wenn ein Porsche drin ist?

Hinter diesem Angebot steckt eine kleine Revolution. Dass wir unsere Fähigkeit, (neue) Probleme zu lösen, systematisch verbessern können, war bis vor wenigen Jahren unvorstellbar. Die Gehirnforschung ist eine sehr junge Wissenschaft, und in ihr herrschte mehr als 40 Jahre lang die felsenfeste Überzeugung, dass das Arbeitsgedächtnis als Motor unseres Denkens nicht trainierbar ist. Damit behielte die Redewendung recht: »Schlau geboren gewinnt, und doof bleibt doof, da helfen keine Pillen.« Vor gut 20 Jahren konnten der kalifornische Neurowissenschaftler Michael Gazzaniga und Kollegen jedoch einen gesteigerten Blutfluss in bestimmbaren Regionen unseres Gehirns beim Lösen einer neuen, unbekannten Aufgabe nachweisen (Gazzaniga / Ivry / Mangun 1998). Und zwar nicht irgendwo, sondern in einem Bereich, der viele Psychologen immer schon sehr fasziniert hat: im Arbeitsgedächtnis. Dort steigt beim Denken die Durchblutung und versiegt, sobald das Problem gelöst ist. Klar war damals: Es tut sich was im Arbeitsgedächtnis, wenn wir denken. Von Training war aber noch keine Rede. Das mag auch damit zu tun haben, dass sich das Wissen um das Training von Gehirnen aktuell ungefähr auf einem Kenntnisstand befindet, den die innere Medizin im 19. Jahrhundert erreichte. Also vor Bypassoperationen, vor der Erfindung des Insulins und vor der Bekämpfung des Kindbettfiebers durch Hygienemaßnahmen.

Ergebnisse der Gehirnforschung

Machen wir einen Sprung ins Jahr 2008. Ein Team um den Berner Gedächtnisforscher Walter Perrig wagte ein ungewöhnliches Experiment: 70 Versuchspersonen trainierten drei Wochen lang jeden Tag 20 Minuten ganz spezifische Aufgaben (Jaeggi / Buschkuehl / Jonides / Perrig 2008). Das Ergebnis: Nach sieben Stunden Training (verteilt auf Etappen von jeweils 20 Minuten täglich) waren die Teilnehmer deutlich besser in der Lage, unbekannte, neue Probleme zu lösen. Im Schnitt verbesserte sich ihre Leistung um 13 Prozent. Jeder war also um ca. ein Siebtel schlauer geworden! Nicht schlecht für drei Wochen, oder? Es ist wie beim Joggen: Das regelmäßige Training macht's. Perrig und seine Mitarbeiter gaben ihrem Trainingsprogramm den Namen »Braintwister«. Ein Twister ist übrigens eine harte Nuss, und wir alle können unser Gehirn systematisch daran gewöhnen, harte Nüsse zu knacken.

Experiment Braintwister

Gedächtnistraining wird inzwischen so ernst genommen, dass es bei der Behandlung von Suchtkranken eingesetzt wird. Tägliche Gedächtnisübungen verstärken die den Süchtigen abhandengekommene Fähigkeit, langfristig zu planen. Mit Forschern der Universität von Arkansas lernen sie dies wieder in täglichen Gedächtnisübungen. In der Forschung ist es wie im richtigen Leben: Ist der Stein erst mal ins Rollen gebracht, geht alles ganz schnell. Nach Walter Perrigs Braintwister-Experiment häuften sich die Belege, dass unsere Verarbeitungskapazität im Arbeitsgedächtnis entscheidend dafür ist, wie gut wir Probleme lösen und wie gut wir in Intelligenztests abschneiden. Robert Sternberg, eine Koryphäe in der Intelligenzforschung und Professor in Yale und Boston, kam in einem ähnlich gelagerten Versuch zum gleichen Ergebnis wie Perrig (Sternberg 2008).

Gehirndoping Das Arbeitsgedächtnis mit seiner trainierbaren Kapazität der fluiden Intelligenz ist also für unser Denken zentral. Neueste Erkenntnisse legen sogar nahe, dass wir durch Training eine Art körpereigenes »Gehirndoping« in Gang setzen. Kaum zu glauben, aber wahr: Durch spezielle Arten von Gedächtnistraining verbessert sich die Dopaminausschüttung im Gehirn (McNab et al. 2009). Dopamin ist das Glücks- und Belohnungshormon. Es beeinflusst die Feuermuster der Neuronen im vorderen Teil des Stirnhirns, wenn dort Informationen präsent gehalten werden. Dafür gibt es eine optimale Dopamin-Dosierung (Vijayraghavan / Wang / Birnbaum / Williams / Arnsten 2007). Training, so zeigte sich im Versuch, verändert die Dichte der Dopamin-Rezeptoren. Sie tanken also quasi Super fürs Gehirn, wenn Sie regelmäßig trainieren. Wie das geht? Nun, das geht,

- indem wir die Fallen des Nichtdenkens kennenlernen, in die wir immer wieder geraten, und ihnen den Garaus machen,
- indem jemand uns mit geeigneten Techniken den Weg zum begeisterten Profidenker und Gernegrübler ebnet und
- indem wir das Zentralorgan unseres Problemlösedenkens – das Arbeitsgedächtnis – in seiner Kapazität erweitern.

Regelmäßiges Training bringt's

Je öfter und je regelmäßiger Sie trainieren, desto mehr tut sich zwischen Ihren Ohren. Sie werden nach dem Training in diesem Buch sogar Probleme lösen, an die Sie zuvor gar nicht gedacht haben. Versprochen! Ist das nur was für besondere Leistungsträger? Nein, Schüler, Studenten und Lehrer profitieren ebenso wie Unternehmenslenker, Abteilungsleiter, Piloten, Ärzte, Maschinisten. Sie alle haben ein Arbeitsgedächtnis, sie alle nutzen es, nur nutzt es nicht jeder gleich und auch nicht gleich viel. Denn: Menschen mit unterschiedlichen kognitiven Fähigkeiten sind nicht einfach Opfer ihrer Gene, sondern sie haben unterschiedliche Erfahrungen gemacht. Intelligentere Menschen sind offener für neue Erfahrungen, so der US-Psychologe Michael Kane. So weit die »Good news«.

Was aber ist mit den angekündigten »Bad news«? Ganz einfach: Es gibt keine Ausrede mehr, und es wird höchste Zeit, mit dem Training anzufangen! Nun ist dieses Buch zwar eines über Probleme, es sollte aber besser nicht selbst zu einem werden, sondern Ihnen helfen, diese leichter und besser zu lösen!

TEIL 1:
Was denkt? Die Denkausstattung

»Es ist überraschend, wie viele Menschen über ihr Gedächtnis klagen und wie wenige über ihren Verstand.«

FRANÇOIS DE LA ROCHEFOUCAULD

Unser Denken ist auf zwei Dinge ausgerichtet: Ziele zu erreichen und Hindernisse aus dem Weg zu räumen. Das gilt für den Schimpansen Cheeta, der im Zoo vor Ihnen sitzt, ebenso wie für den hoch entwickelten Primaten Dieter, der vielleicht gerade neben Ihnen sitzt. Wir alle sind zum Denken geboren. Nun benutzen Dieter und Cheeta zwar mitunter sehr ähnliche Denkmuster, um zu Entscheidungen, Urteilen und Problemlösungen zu kommen. Aber die unterschiedliche Denkpower in unseren Gehirnen ermöglicht es uns Menschen, ein paar mehr Strategien einzusetzen, um uns in der Umwelt zurechtzufinden und so mitunter im Wohnzimmer statt auf dem Baum zu hocken. Schauen wir uns also einmal kurz an, was es ist, das gute Denker ausmacht.

Zentrale Denkmuster

Dazu lade ich Sie auf eine Reise in sonnigere Gefilde ein. Die Kanareninsel Teneriffa war 1917 Heimstatt des Intelligenzforschers Wolfgang Köhler. Köhler war zu jener Zeit ein angesehener Denker. Ihm und seinen Kollegen verdanken wir die Idee der Gestaltpsychologie. Die begegnet uns im Alltag z. B. in dem Merksatz: »Das Ganze ist mehr als die Summe seiner Teile.« Die Redewendung verdichtet den Gedanken, dass unser Wahrnehmen und Erleben eine Ganzheit ist. Diese Ganzheit besteht aus einzelnen Aspekten, die untereinander in Beziehung stehen. Sie können sich das vorstellen wie eine Melodie: Die Ganzheit, also die Melodie, besteht aus einzelnen Tönen (Teile). Die einzelnen Töne alleine reißen in der Regel keinen vom Hocker. Aber wenn sie in einer bestimmten Reihenfolge nacheinander oder gleichzeitig erklingen, berührt uns diese Melodie (die Summe der Teile) mitunter sehr. Versuchen Sie einmal, die einzelnen Töne von »Happy Birthday« getrennt zu hören. Da bleibt die Geburtstagsstimmung garantiert auf der Strecke.

Gestaltpsychologie

Diese Gestaltpsychologie hatte neben der Untersuchung solcher Gestaltgesetze auch ein starkes Interesse am Denken. Genauer gesagt an der *Einsicht*, also dem, was wir als den Moment kennen, in dem uns »ein Licht aufgeht«. Diesen Einsichtspro-

Das Affen-Experiment

zessen widmete sich Köhler nun im besagten Jahr auf Teneriffa. Er war dort Direktor der Anthropoiden-Forschungsstation der preußischen Wissenschaftsakademie und untersuchte intensiv die mentalen Fähigkeiten von Primaten. Er analysierte das Denken der Primaten beim Lösen von Problemen in naturnahen Situationen. Dazu versetzte er seine Affen in eine Situation, die in sich unbefriedigend war, und schaute zu, wie sie diese zu ihren Gunsten veränderten. Hunger ist eine der typischsten und unbefriedigendsten Situationen. Der Schimpanse sah nun seine Nahrung. Aber er kam nicht so einfach dran. Und da musste dann so etwas wie Nachdenken einsetzen. »Wie komme ich an das Essen? Ich muss höher kommen, da die Banane zu hoch hängt. Wie komme ich höher? Wenn ich auf etwas draufsteige. Aber das muss ich unter die Banane schieben.« Diese Gedanken sind natürlich eine freche Unterstellung. Klar zu sehen war allerdings, dass der Affe tatsächlich etwas suchte, auf das er sich stellen konnte, um die Banane zu erreichen. Sobald der Affe die Banane erreicht hatte, machte Köhler das, was Forscher nun mal machen: Er hängte die Banane höher. Jetzt musste der Schimpanse erhöhtes Einsichtsverhalten, sprich Denken, zeigen, indem er Kisten aufeinanderstapeln oder, in anderen Versuchen, Stockteile zusammenstecken musste, um das Futter zu erreichen. Um zu erkennen, dass er für das Erlangen der Banane mehrere Stöcke zu einem langen zusammenzusetzen hatte, benötigte einer der Problemlöse-Schimpansen namens Sultan eine ganze Stunde. Einsicht braucht Zeit. Das gilt auch für uns Menschen, wie wir später noch sehen werden (vgl. Lösung zur 21. Denkfalle).

Problemlösen kann jeder lernen

Nun kann man schnell den nächsten Gedanken erahnen: Wenn ein Schimpanse, mit dem wir 95 Prozent der DNA teilen, das hinbekommt, besteht Hoffnung. Fazit: Problemlösen kann jeder lernen, egal ob Affe oder Mensch, es geht nur darum, sich immer weiterzuentwickeln. Lerne zu denken! Oft stellen Menschen in diesem Zusammenhang die Frage: »Wenn ich jetzt anfange, das Denken zu lernen, ab wann kann ich das dann?« In der Tat wurde in unterschiedlichsten Bereichen festgelegt, wann aus einem blutigen Anfänger ein Experte wird:

1. Sticken: Nach 1,5 Millionen Stichen können Sie es.
2. Geige spielen: Nach 2,5 Millionen Strichen haben Sie eine gute Bogenführung.
3. Schach spielen: Nach 5000 Stunden schlagen Sie auch einen Schachmeister.
4. Steuererklärungen: 3000 Stunden brauchen Sie, um als gewiefter Steuerberater mit allen Tricks und Kniffen zu arbeiten.

Übung macht eben in allem den Meister. Und wenn Sie beim Denken als solcher vom Himmel fallen wollen, endet das schnell mit einer Gehirnerschütterung. Dabei müssten Sie Ihren Kopf als Profidenker sehr pfleglich behandeln. Denn für all die komplexen mentalen Prozesse brauchen wir vor allem eines: eine gute Verarbeitungsressource, will meinen: jede Menge Denkpower. Und die befindet sich in einem ganz besonderen Teil unserer Hirnrinde: Die Rede ist vom Arbeitsgedächtnis. Da trennt sich nämlich evolutionär gesehen Dieter von Cheeta. Die Fähigkeiten des Arbeitsgedächtnisses sind ein entscheidender Aspekt menschlicher Intelligenz. Und weil das Arbeitsgedächtnis der Teil ist, um den sich beim Denken (fast) alles dreht, schauen wir uns den nun ein wenig genauer an.

Eine kleine Anatomie des Denkens

30 000 Jahre ist kein Alter. Zumindest nicht für den Benjamin unter unseren Gehirnteilen. Darum taufte die Wissenschaft diesen jüngsten Durchbruch in der Entwicklung unseres Nervensystems auch auf den Namen *Neokortex* (vom Griechischen neos = neu und Lateinischen kortex = Rinde oder Hülle). Der Neokortex umfasst die Hirnhälften wie eine zwei bis fünf Millimeter dicke Rinde. Mit der Ausbildung dieses Neokortex war allerdings die Entwicklung des Erfolgsmodells abgeschlossen; es kamen keine Modellvarianten oder weiteres optionales Zubehör mehr hinzu. Ist auch nicht notwendig, denn unser Ge-

Der jüngste Teil unseres Gehirns

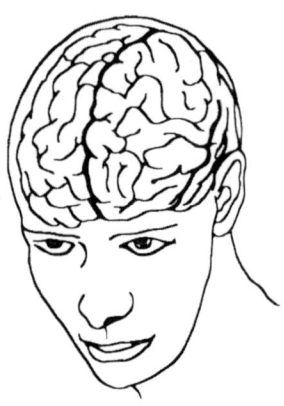

Abb. 1: Das Gehirn im Modell

hirn stellt bereits das komplizierteste natürliche System im bekannten Universum dar.

Zum Alltagswissen gehört inzwischen die Tatsache, dass unser Gehirn aus zwei Teilen, auch Hemisphären genannt, besteht. Zum nicht ganz richtigen Alltagswissen gehört die Annahme, dass die linke als die logische, mit Sprache verknüpfte Hälfte bezeichnet und die rechte als die intuitive Hälfte angesehen wird. Ganz so einfach ist es in der tatsächlichen Aufgabenverteilung nicht. Auch sind die beiden Hälften sehr unterschiedlich in ihren Größenverhältnissen und in ihrer Aufgabenverteilung, wie Sie sehen werden.

Schon im 19. Jahrhundert kam in der Hirnforschung der Gedanke auf, dass in bestimmten Bereichen höhere geistige Prozesse aktiv sind. Das fiel besonders an Mitmenschen auf, bei denen einzelne Bereiche der Hirnrinde beschädigt waren: Bat man diese Patienten, Spielkarten nach den Farben von Symbolen zu sortieren und im Anschluss diese Karten nach den Formen der Symbole zu ordnen, gelang ihnen das nicht – sie führten weiter die Sortierung nach Farben aus. Sie konnten genau die Dinge nicht mehr tun, für die wir Entscheiden und Handlungsplanung benötigen, um die Dinge zu bewältigen, die gerade anstehen.

Für solche Leistungen arbeiten verschiedene Bereiche der Hirnrinde zusammen. Diese Zusammenarbeit wiederum wird an bestimmten Punkten orchestriert. Es sind der vordere rechte und der vordere linke Teil des Gehirns: die beiden *Frontallappen*. Die beiden scheinen anatomische Zwillinge zu sein. Bei genauerem Hinsehen jedoch ist der rechte breiter als der linke. Diese Aussagen gelten in der Regel für Rechtshänder. Manchmal sind bei Linkshändern die Hemisphären und dementsprechend auch die Frontallappen miteinander vertauscht – aber nicht immer. Dennoch funktionieren sie in der Regel gleich gut – egal ob rechts oder links die dominante Körperhälfte ist. Wann immer Sie hochgradig zielgerichtetes Verhalten an den Tag legen, greift Ihr Gehirn auf diese Bereiche zurück. Sie brauchen sie zum Definieren Ihrer Ziele, zum Planen, wie Sie diese Ziele erreichen, zum Zusammenstellen der Mittel, die für das Erreichen Ihrer Ziele erforderlich sind, und, last, but not least, zur Erfolgskontrolle.

Hinter der Stirn wird gedacht und gefühlt

Die Frontallappen sind aber nicht nur Planungsprofis. Sie können noch mehr. Um das zu verstehen, schauen wir noch ein wenig genauer hin. Die vorderen Anteile der Frontallappen werden als *präfrontaler Kortex* bezeichnet. Warum lohnt sich ein Blick auf diese kompliziert klingende Region? Einfach gesagt steuert sie die Gefühle zum Denken bei. Sie ist mit den *subkortikalen Bereichen* des limbischen Systems und den *Basalganglien* verbunden. Der präfrontale Kortex (PFC) ist daher eine Art übergeordnetes Aufmerksamkeitssystem unserer Denkfunktionen. Er gleicht emotionale Bewertungen mit Gedächtnisinhalten ab und übersetzt sie in Handlungen. Diesen gesamten Bereich nennen wir ab jetzt vereinfachend das *Stirnhirn*. Und so langsam bekommen Sie vielleicht den Eindruck, dieses Stirnhirn sei so etwas wie das »Schweizer Messer« unseres Gehirns. Es plant, setzt Ziele, priorisiert, kontrolliert unsere Impulse und integriert unsere Emotionen.

Warum ist das Stirnhirn so besonders?

Und in der Tat ist es diese besondere Art des Stirnhirns, die uns so einzigartig macht. Die Größe dieses Bereichs nimmt zu, wenn Sie eine Ratte, einen Affen und einen Menschen nebeneinander platzieren. Die Größe macht beim Menschen 29 Prozent des gesamten Kortex aus, beim Schimpansen sind es nur noch 17 Prozent, dann 11,5 Prozent beim Gibbon und beim Makaken 8,5 Prozent, beim Hund 7 Prozent und bei der Katze 3,5 Prozent. Diese Entwicklung ist evolutionär. Der Neander-

Der Enzephalisationsquotient

taler-PFC hatte noch die Größe desjenigen eines Primaten. Damals fehlte beiden die gleiche Fähigkeit: das rationale Denken. Doch dann hat sich etwas Entscheidendes geändert: der *Enzephalisationsquotient*. Dieser Quotient setzt die Körpergröße eines Lebewesens in Beziehung zu dessen Hirngröße. Und da punkten wir mit einem Quotienten von 7! Das heißt, unser Gehirn ist siebenmal größer, als bei unserer durchschnittlichen Körpergröße eigentlich zu erwarten wäre.

Neuverdrahtung des Stirnhirns in der Pubertät

Dementsprechend ist die Entwicklung dieser Region auch der zentrale und bedeutendste Unterschied zwischen unseren Vorfahren und uns heutigen Menschen. Und auch in unserer ganz individuellen Entwicklung steht der PFC hinten; erst im Jugendalter reift dieser Bereich komplett aus, quasi als letzter Teil unseres Gehirns. Wenn Sie Kinder haben, kennen Sie diese Phase: Pubertät. Genau in diesem Zeitfenster wird das Gehirn noch einmal umstrukturiert und werden die Bereiche des Stirnhirns vollends ausgebildet.

Nach diesem Blick auf das Wo stellt sich jetzt die Frage nach dem Warum. Warum haben wir eigentlich ein Gehirn? Sie scheint albern und die Antwort einfach: um am Leben zu bleiben. Die Forschung antwortet anders: Sie untersucht z. B. die Seescheide. Die schwimmt im Ozean und sucht nach einem Stein, auf dem sie sich niederlassen kann. Für diese Suche nutzt sie ihr hohles, zerebrales Ganglion und eine Art neurale Drüse – eine Art Hirn light. Hat sie den Platz gefunden, verdaut sie ihr Gehirn. Die Antwort auf das Warum ist also: um uns sinnvoll in unserer Umwelt zu bewegen. Doch die Menschen machen damit noch ein wenig mehr. Schauen wir also ein wenig genauer: Wie funktioniert das eigentlich mit dem Denken?

Elektrische Impulse

In unserem Stirnhirn tobt wie in allen anderen Bereichen unseres Gehirns ein ständiges chemisches und elektrisches Gewitter. Elektrische Impulse schießen mit bis zu 468 km/h die Nervenbahnen entlang. Sie werden als *Aktionspotenziale* bezeichnet. Jede Nervenbahn *(Axon)*, an der die Potenziale entlangsausen, hat ein Ende. Dieses Ende trägt den Namen *Synapse*. Wenn ein elektrischer Impuls von einer Nervenbahn zur anderen gelangen will, muss er von einer Synapse zur anderen gelangen. Zwischen den beiden Synapsen ist jedoch ein kleiner

Spalt. Dieser würde den elektrischen Impuls nicht weiterleiten. Daher wird die elektrische Energie kurzzeitig in eine chemische Reaktion verwandelt, um den Spalt zwischen den Synapsen überwinden zu können. Die Substanzen, die diese Verwandlung ermöglichen, heißen *Neurotransmitter* oder *Neuromodulatoren*. Hat der Impuls den Sprung über den Spalt geschafft, wird er auf der anderen Seite von der empfangenden Synapse wieder in einen elektrischen Impuls umgewandelt und weitergeleitet.

Das passiert also an einer einzigen Synapse. Wir verfügen aber über eine Vielzahl von Synapsen: eine Billiarde. Geschätzt. Gezählt hat sie bisher noch keiner. Und die sind vielfach miteinander verbunden. Jedes der, ebenfalls geschätzten, eine Milliarde Neuronen kann mit bis zu 10 000 Synapsen verbunden sein. Unter denen vervielfachen sich die Aktionspotenziale. Und so können mit diesen elektrischen und chemischen Gewittern enorm komplexe Informationen vermittelt werden. Diese Gewitter bezeichnet die Forschung als *Aktivierungsmuster*. Sie können auch ganz profan *Lernen* dazu sagen. Lernen ist nichts anderes als eine Veränderung der Leichtigkeit, mit der die elektrischen Impulse entlang unzähliger Nervenbahnen geleitet werden, und die damit einhergehende Veränderung der elektrischen und chemischen Prozesse. Der Fachmann spricht von einer Veränderung der *Übertragungsstärke*.

Das geschieht im Stirnhirn, wenn Sie denken. Allerdings geschieht es in unterschiedlichem Maße, je nachdem, was Sie denken. Forschungen zeigen, dass die rechte Seite unseres Gehirns besonders gerne Neues verarbeitet, während sich die andere Seite mit Vorliebe schon bekannten Infos, sogenannten Routinen, widmet. Jetzt stellt sich natürlich die Frage: Was ist Routine und was ist neu?

Die Forschungsergebnisse zeigen, wie sehr unser Stirnhirn auf Effizienz beim Verarbeiten von Informationen aus ist. Sobald es eine neue Denkstrategie zur gelernten Routine entwickelt hat, wird sie von der rechten Stirnhirnseite auf die linke Seite *outgesourct*. Parallel verringert sich der Energieverbrauch im Stirnhirn. Nacherleben können Sie das ganz einfach mit einem Tetrisspiel. Das diente auch in der Studie im Originalversuch von 1992 unter der Leitung von Richard J. Haier als Vor-

Je intelligenter ein Mensch, umso weniger Energie verbraucht sein Gehirn

lage. Die Mitspieler steigerten nach vier bis acht Wochen Spielpraxis ihre Ergebnisse um das Siebenfache; der messbare Stoffwechsel in ihrem Stirnhirn ließ dabei allerdings kontinuierlich nach. Diese Bilder zeigen jedoch eines deutlich: Ein intelligentes Gehirn durchblutet weniger Regionen, es arbeitet mit weniger Aufwand. Eingespielte Denkprozesse, so scheint es, machen dem Köpfchen nicht mehr Arbeit, sondern eher weniger! Hinzu kommen Ergebnisse von 2009, die zeigen, dass diese Routinen, sprich diese regelmäßigen Wiederholungen, von mentalen Aktivitäten sogar zu einer Veränderung in der kortikalen Dicke führen. Routinen hinterlassen Spuren und verändern das Gehirn.

Zwei Ziele könnte das Gehirn mit diesem routinemäßigen Abarbeiten und Outsourcen verfolgen: Vertrautheit und Sicherheit im Umgang mit den Infos und das Sparen von Energie. Denn wann immer wir mit etwas Neuem konfrontiert werden, muss unsere vordere rechte Hemisphäre sich ganz schön anstrengen, um die Infos zu verarbeiten. Das kostet Energie. Routinen, Prozesse, Outsourcing sparen an der einen Stelle Energie, damit sie an der anderen zur Verfügung steht. Fazit:

Erste goldene Regel des Hirns: Je intelligenter ein Mensch ist, umso weniger Energie verbraucht sein Gehirn. Das klappt nur, wenn die unnötigen Verbindungen im Hirn gekappt werden (Sommer et al. 2008).

Zweite goldene Regel: Das Gehirn verfügt über einen eigenen Belohnungskreislauf. Der hält engen Kontakt zum Hirn hinter der Stirn. Und das ist extrem wichtig, wie aktuelle Forschungen belegen (Loewenstein 2014): Menschen erinnern sich an Informationen viel besser, wenn beim Lernen das Belohnungssystem aktiviert wurde.

Dritte goldene Regel: Vorn handeln, hinten wahrnehmen. Das Stirnhirn ist zuständig für das Planen und Kontrollieren unserer Bewegungen und Handlungen. Die für Sensorik zuständigen Großhirnareale hingegen liegen im hinteren Teil, hinter der Zentralfurche (Markowitsch 2005).

Das Arbeitsgedächtnis – ein Gedächtnis für Arbeit

Was das Gedächtnis alles kann

Das Denken benötigt natürlich einen Raum, wo es stattfinden kann: ein Gedächtnis. Wenn ich in meinen Vorträgen zum Thema »Wenn du denkst, du denkst« frage, was die Zuhörer unter einem »Gedächtnis« verstehen, kommen meist klare Antworten. Wir sind so an den Begriff gewöhnt, dass wir ihn für alles benutzen, was irgendwie mit den Fähigkeiten unseres Kopfes zu tun hat: Telefonnummern merken, Vornamen behalten, an den Hochzeitstag denken oder Infos für die nächste Präsentation speichern. Das ist allerdings nur ein geringer Teil der Fähigkeiten unseres Gehirns. Denn die Teile des Hirns, die auf den sich ständig verändernden Informationsfluss reagieren, die permanent Auswahlen treffen, nach Lösungen im alltäglichen Dasein suchen, bilden eine ganz spezielle Gedächtnisart, die von den Frontallappen gesteuert wird.

Die Geschichte des Arbeitsgedächtnisses

Wenn Sie die Frontallappen in Ihrem Stirnhirn nun nicht aus neurologischer, sondern aus psychologischer Sicht betrachten, bekommt das Ganze einen anderen Namen: *Arbeitsgedächtnis*. Das unterscheidet sich sehr von allem, was wir in der Regel mit dem Gedächtnis verbinden, wie z. B. das Erlernen und Behalten von Informationen. Der Begriff »Arbeitsgedächtnis« entstand bereits im frühen 19. Jahrhundert – in den Jugendjahren der Hirnforschung. In den 1870er-Jahren wandte sich die Forschung dem Neokortex zu, besonders den vorderen Bereichen in der Nähe unserer Stirn. Die Experimente zeigten, dass unterschiedliche Bereiche im Kortex auch für unterschiedliche Funktionen zuständig sind. Manche scheinen motorische Aufgaben zu organisieren, andere eher kognitive Prozesse. In den 60er-Jahren des 20. Jahrhunderts wurde von Psychologen der heute gebräuchliche Terminus »Arbeitsgedächtnis« eingeführt – dieses wird als Kurzzeitspeicher von Informationen angesehen. Das wurde wahrscheinlich dem Konzept des Computer-Arbeitsspeichers entlehnt. Der PC setzte nämlich damals zu seiner Invasion in unsere Büros und Wohnzimmer an. Und folglich war alles, was mit den Prozessen der spannenden neuen Bits-und-Bytes-Welt verglichen werden konnte, der letzte Schrei und wurde versuchsweise auf das Verständnis des Gehirns übertragen.

Physiologisch gesehen ist unser Arbeitsgedächtnis hauptsächlich in einem kleinen Bereich des Frontallappens angesiedelt: dem schon bekannten PFC. Es sind die in der folgenden Abbildung markierten Bereiche.

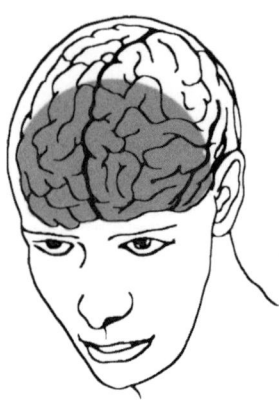

Abb. 2: Präfrontaler Kortex

Ständiger Wechsel kognitiver Aufgaben

Richard Haier trug 2007 in einer Metaanalyse zusammen, wie dieser Bereich Informationen aus den verschiedensten kortikalen Regionen zusammenführen und testen muss. Er bezeichnet das Netzwerk der verteilten Bereiche, die mit dem präfrontalen Lappen interagieren, als P-FIT (parieto-frontal integration theory) – eine Biologie der Intelligenz. Variationen in diesem verteilten Netzwerk lassen Voraussagen über die individuellen Differenzen bei Intelligenz- und Schlussfolgerungstests zu. Wann immer Sie schlussfolgern, urteilen, schätzen, entscheiden oder Probleme lösen, wird dieses Netzwerk aktiv. Ein permanenter Wechsel von kognitiven Aufgaben gehört dazu. Das Arbeitsgedächtnis muss ständig neue Inhalte online gehen lassen und alte offline schicken. Es muss Wahrnehmungsinhalte mit emotionalen Bewertungen zusammenbringen; es muss Infos so lange präsent halten, bis sie optimal in unsere Handlungen integriert sind; es muss Inhalte aus der Erinnerung abrufen und Neues integrieren.

Die Kognitionspsychologie vergleicht die Funktionsweise des Arbeitsgedächtnisses mit dem Jonglieren von Tellern. Wenn Sie auch nur einen Moment lang einen vernachlässigen, fällt er herunter. Neurologisch gesehen bleibt eine Information nur so lange in Ihrem Arbeitsgedächtnis, wie die Neuronen, die diese Info bereithalten, feuern. Und die feuern eben nur eine ganz kurze Zeit, nachdem sie aktiviert wurden. Dann erlischt das Feuer und die Info ist weg. Die Neuronen im PFC sind nicht wie in vielen anderen Bereichen des Hirns für das Speichern von Infos zuständig, sondern nur dafür, dass sie online bleiben.

Der Neuroforscher Noah Shamosh hat mit seinen Kollegen 2008 diese Online-Quelle des Gehirns in seinen Studien festgehalten; dieser Bereich ist in der folgenden Abbildung eingekreist. Er wird generell mit einer besseren Arbeitsgedächtnisleistung und besserem Abschneiden bei IQ-Tests in Verbindung gebracht. Bereits 2007 haben Etienne Koechlin und Alexandre Hyafil gezeigt, dass wir diesen Bereich stark nutzen, wenn es um das Integrieren komplexer und abstrakter Ergebnisse aus gleichzeitigen Unteraufgaben geht, die ein übergeordnetes Verhaltensziel stützen.

Studien aus dem Jahr 2013 zeigen: Ein weiterer Teil des PFC, der anteriore PFC, unterstützt unsere Fähigkeit, unsere Kognitionen und Erfahrungen zu überwachen und zu reflektieren. Das ist die sog. Metakognition, das Nachdenken über das eigene Denken, Fühlen und Handeln.

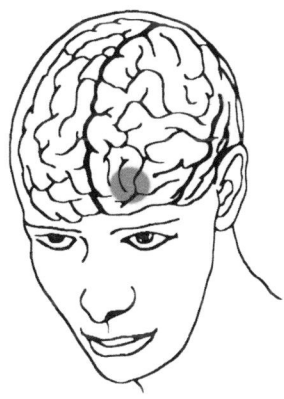

Abb. 3: Der Integrationspunkt nach Koechlin und Hyafil 2007

Gedächtnis braucht mentalen CEO

Je mehr dieser Bereich leistet, desto besser sind auch unsere Leistungen in komplexen Entscheidungssituationen. Denn dann geht es nicht nur um das Integrieren von Infos. Hinzu kommt, dass sich bei jeder neuen Info alles bisher im Stirnhirn Vorhandene aktualisieren muss. Das passiert uns dauernd. Die alltäglichste Situation ist, wenn ein Kollege Sie um Rat fragt. Er erklärt Ihnen das Grundproblem und Ihr Stirnhirn fängt an zu rattern. Sie versuchen, das Problem nachzuvollziehen, und bieten eine Antwort, vielleicht sogar eine Lösung. Doch genau dann kommt Ihr Gesprächspartner mit einer neuen Info um die Ecke. Sei es, dass er bei der ersten Schilderung etwas vergessen hat oder dass Ihre Antwort bei ihm einen Einwand auslöst. Jetzt müssen Sie die neue Info mit zu den bereits bestehenden packen und alles neu interpretieren. Für dieses Update gibt es den frontopolaren Kortex (FPC). 2014 erforschte die Neurowissenschaftlerin Daniella Laureiro-Martínez mit Kollegen, wie dieses System im Entscheideralltag funktioniert. Das Team untersuchte die Entscheidungseffizienz (Leistung geteilt durch Reaktionszeit) von Unternehmern, die die von ihnen gegründete Firma noch leiteten, und von Managern, die zwar fortlaufend strategische Entscheidungen treffen müssen, aber keine vergleichbare Unternehmenserfahrung haben. Das Ergebnis: Die Unternehmer zeigten eine höhere Entscheidungseffizienz und eine stärkere Aktivierung genau dieses FPC, der u. a. auch für erforschendes Wahlverhalten zentral ist. Warum ist gerade das so wichtig? In sich ständig wandelnden Umfeldern besteht ein Konflikt zwischen dem Ausnutzen aktuell bevorzugter Optionen und dem Sammeln von Informationen durch das Erforschen unbekannterer Optionen, die bisher weniger einträglich waren. Optimales Entscheiden bei solchen Aufgaben verlangt die Betrachtung zukünftiger Entwicklungen und das ordentliche Updaten bisheriger Überzeugungen, nachdem wir die möglichen Entwicklungen betrachtet haben.

Das Arbeitsgedächtnis in unserem Stirnhirn orchestriert also alle Informationen, die es zum Entscheiden, zum Aushecken und Durchführen von Plänen braucht. Es ist ein genereller Befehlsposten, ein Regisseur, ein »Martin Scorsese des Gehirns«. Oder um es etwas betriebswirtschaftlicher auszudrücken: eine Art Geschäftsführer des Gedächtnisses, ein mentaler CEO.

Der CEO in Ihrem Kopf: Wer entscheidet was wie?

Die Bedeutung der Frontallappen

Die Frontallappen sind der USP des menschlichen Gehirns. Sie machen unser Denkorgan so gut und so einzigartig. Dieser Bereich des Gehirns ist der Chef, der alle anderen Funktionen in unserem Gehirn koordiniert und überwacht. Die Psychologen Michael Kane und Randall Engle stellten 2002 fest, dass wir es mit ihm überhaupt erst schaffen, unsere Aufmerksamkeit auf eine Aufgabe zu fokussieren und die notwendigen Operationen auszuführen, während wir den Rest der Informationsflut links liegen lassen.

Das Arbeitsgedächtnis verfügt selbst über keine bestimmte Funktion, wie es z.B. bei den visuellen Arealen oder den Spracharealen der Fall ist, die passgenau auf die Verarbeitung bildlicher oder sprachlicher Signale zugeschnitten sind. Aber es kann eines, was kein anderer Teil unseres Kopfes kann: dafür sorgen, dass die Einzelteile zusammenarbeiten und aus den vielen Einzelinformationen eine Art Gesamtheit wird; so bekommen wir überhaupt erst die Möglichkeit, neue Gedanken zu entwickeln, zu planen, zu entscheiden, Probleme zu lösen. Der neuronale Verbund im Arbeitsgedächtnis ermöglicht es uns dabei, möglichst mehrere Fakten parallel und gleichzeitig bewusst verfügbar zu halten. Die dazugehörigen Leistungen im Stirnhirn sind sehr komplex und doch annähernd so nachvollziehbar, wie wir es von komplizierteren Kopfrechenaufgaben kennen: Zahlen, Regeln, Operatoren, Zwischenergebnisse, mehr Regeln, mehr Zwischenergebnisse, bis sich alles zu einem Endergebnis verdichtet. Hier ein Beispiel:

Beispiel Kopfrechnen

Rechnen Sie im Kopf: $\dfrac{(59 - 14)}{8}$

Was passiert da in Ihrem Kopf? Schauen wir mal, welche Leistungen Ihr Arbeitsgedächtnis bereits bei einer solchen, relativ einfachen Denkaufgabe zu vollführen hat: Zuerst einmal müssen Sie das Ergebnis von (59 – 14) errechnen. Nun müssen Sie dieses Ergebnis im Gedächtnis behalten und es durch 8 teilen.

In der Regel machen wir das im Kopf auch nicht in einem einzigen Schritt. Viel eher rufen wir jetzt ab, welche Zahl durch 8 glatt teilbar ist, und fragen uns, ob diese Zahl dem ersten Ergebnis entspricht oder wie nah sie diesem Ergebnis kommt. Dann müssen Sie diesen Schritt zusätzlich im Kopf behalten und beginnen zu dividieren; allerdings bleibt natürlich noch ein mathematischer Rest, den Sie nun auch noch präsent halten und dann auch noch – unter Abruf weiterer mathematischer Regeln – verarbeiten müssen. Infos abrufen, zwischenspeichern, verändern und zu einem Ergebnis verbinden – darauf beruht unser Denken.

Die CEO-Metapher

Wow, denken Sie jetzt vielleicht, um all das zu können, muss das Stirnhirn wohl ziemlich weit entwickelt sein und über äußerst komplexe Funktionen verfügen, wenn es die Wahl trifft, welche kognitiven Fähigkeiten zur Ausführung von Plänen herangezogen werden müssen. Außerdem muss es diese dann noch koordinieren, in der passenden Abfolge anwenden, am Ende sogar deren Erfolg bewerten. Unser Arbeitsgedächtnis ist also unser CEO! Übrigens, kein leeres Sprachspiel, sondern eine Metapher, die die Forschung belegt (Buschman / Miller 2007). Was mentaler und realer CEO gemeinsam haben, ist die Tatsache, dass beide dafür sorgen, dass Informationen zusammenkommen, über die sie selbst zunächst gar nicht verfügen.

Aufgaben des mentalen CEO

So, jetzt wissen Sie, dass Sie einen mentalen CEO, einen neuronalen Regisseur haben, der sich um die Organisation Ihres Denkens kümmert. Ist es da eigentlich wichtig zu wissen, wie der funktioniert? Ihr Auto fährt ja auch, ohne dass Sie die Ausbildung zum Kfz-Mechaniker abgeschlossen haben! Nun, solange es fährt, ist alles fein, und ein bisschen kümmern Sie sich ja auch drum: schicken es zur Inspektion, geben die jahreszeitliche Bereifung in Auftrag, schütten vielleicht auch als kleines Schmankerl ein paar Liter Premiumöl nach. Das Basiswissen ist da und für die Panne auf der Autobahn gibt es ja schließlich die Gelben Engel! Und wie ist das mit Ihrem Oberstübchen? Da ist es um die eigene Servicebereitschaft eher mager bestellt: Training für das Arbeitsgedächtnis? Premiumernährung für die grauen Zellen? Eher Fehlanzeige. Also machen wir uns auf eine kurze Reise in Ihre mentale Führungsetage und finden heraus, was Ihr CEO so macht.

Frau Müller, zum Diktat, und machen Sie gleich noch eine Skizze!

Wie arbeitet eigentlich der mentale Chef? Die einfachste Antwort lautet: indem er delegiert. Er macht ja nichts selber. Und selbst die Arbeit, die für ihn noch anfällt, ist in kleinen, schnellen Abteilungen organisiert. Eine kümmert sich um die gehörten Informationen, wie z. B. die Sprache; die Forschung nennt das die *phonologische Schleife*. Eine andere kümmert sich um die Bereithaltung bildlicher Eindrücke und wird als *visuell-räumlicher Notizblock* bezeichnet.

Der Chef delegiert

Seit den 60er-Jahren treibt die Forschung besonders die Frage um, wie das Stirnhirn Infos zwischenspeichert und über eine gewisse Zeitspanne so präsent hält, dass wir auch am Ende eines langen Satzes noch ungefähr wissen, wie der Anfang lautete und wo ein Prädikat, Objekt oder Verb hingehört. Hier ein Beispiel:

Boris Becker schlug Ivan Lendl …
  … glatt in drei Sätzen.
  … den Schläger aus der Hand.
  … auf den Kopf.

Sie merken, Sie müssen den Anfang des Satzes so lange präsent halten, bis das Ende des Satzes die Mehrdeutigkeit auflöst und Klarheit schafft. Und das ist gar nicht so einfach: alles im Kopf präsent zu behalten und es bei Bedarf schnell abzurufen. 1956 forschte der Psychologe George Miller an diesem Problem. Sein Ergebnis: Wir können uns nicht mehr als sieben *Informations-Chunks* merken. Chunks sind übersetzt so etwas wie Brocken, also inhaltlich zusammenhängende Gebilde wie ein Datum, ein mehrsilbiges Wort oder ein kurzer Satz bestehend aus Subjekt, Prädikat, Objekt. Nelson Cowan stellte 2001 fest, dass nur 4 ± 1 unverbundene Chunks zu einem bestimmten Zeitpunkt im Fokus der Aufmerksamkeit gehalten werden können. Die Wissenschaftler untersuchen die Menge an Infos, die wir behalten können, mit Experimenten wie dem sogenannten *Wortlängeneffekt*. Machen Sie doch mal einen Selbstversuch. Lesen

Informations-Chunks

Sie die nachfolgenden Wörter und verdecken Sie sie danach sofort:

Wind Gras Hirn Duft Keks

Können Sie sie alle aufzählen? Ja, das war jetzt nicht ganz so schwer, oder? Aber wie ist es mit den nachfolgenden Wörtern? Gleiches Prinzip: kurz lesen, abdecken und anschließend alle in der richtigen Reihenfolge niederschreiben:

**Lokomotive Vegetation Marionette Aluminium
Stanniol Chemikalie Abiturient**

Der Wortlängeneffekt Dieser Wortlängeneffekt lässt sich so beschreiben: Ihre Gedächtnisspanne ist bei kürzeren Wörtern (gemessen an der Silbenlänge und Sprechdauer) größer als bei längeren Wörtern. Hat nicht so geklappt mit dem Erinnern? Macht nichts. Im Originalversuch bekamen die Kandidaten im Schnitt gerade einmal 2,6 der mehrsilbigen Wörter hin! Warum ist das so? Weil ein untrainierter CEO im wahrsten Sinne des Wortes den Kopf schnell voll hat. Die Menge der behaltenen Wörter ist tatsächlich abhängig davon, wie lange wir für die Aussprache des jeweiligen Wortes benötigen. Dies bestätigte auch ein Versuch der Kognitionspsychologen Alan Baddeley und Giuseppe Vallar: Die Anzahl der richtigen Worterinnerungen nahm parallel zur Zunahme der Wortlängen ab (Baddeley / Vallar 1982).

Vorzimmer Nr. 1 Gerade haben Sie das eine Vorzimmer des CEO kennengelernt: Da steht Frau Müller mit dem Diktiergerät – eben jene phonologische Schleife. Die nutzen Sie beispielsweise, wenn Ihnen jemand eine Telefonnummer zuruft und Sie sich diese merken wollen, bis Sie die nächste Gelegenheit nutzen, sie niederzuschreiben. Sie ist eine Art Diktiergerät mit einem ganz kurzen Tonband für die eben beschriebenen sieben Informations-Chunks.

Vorzimmer Nr. 2 Gehen wir nun ins zweite Vorzimmer. Dort hält Frau Müller schon das Flipchart bereit. Hier haben wir es mit dem schon erwähnten visuell-räumlichen Notizblock zu tun. Sie nutzen ihn hauptsächlich, um mentale Bilder und mentale Karten zu erzeugen und zu manipulieren. Er wird in der rechten Hemisphäre (in der folgenden Abbildung Areal 6, 19, 40 und 47) angenommen und auch seine Kapazität ist begrenzt.

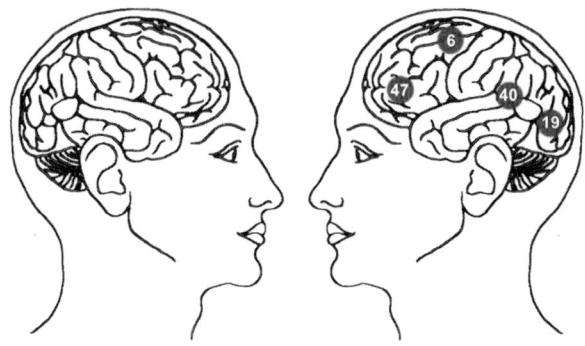

Abb. 4: Das Flipchart in Ihrem Gehirn

Stellen Sie sich ein Stück Ihrer Lieblingstorte vor. Diese Vorstellung können Sie jetzt stufenlos rotieren, sodass sich der hintere Teil nach vorne dreht oder Sie unter das Objekt schauen, indem Sie es vor Ihrem geistigen Auge hochheben. Ein wenig spröder war der Originalversuch Baddeleys. Die Kandidaten hörten zwei Serien von Sätzen. Eine Gruppe bekam eine Serie räumlicher Zuordnungen zu hören, die andere eine Unsinnsserie. Den Inhalt dieser Sätze sollten die Kandidaten dann im Kopf in einem vorgestellten 4×4-Gitter mit 16 Quadraten platzieren.

Diktiergerät trifft Flipchart

Räumliches Material

Im Anfangsquadrat steht eine 1.
Rechts daneben steht eine 2.
Im Quadrat darüber steht eine 3.
Rechts daneben steht eine 4.
Im Quadrat darunter steht eine 5.
Im Quadrat darunter steht eine 6.
Im Quadrat links davon steht eine 7.
Im Quadrat darunter steht eine 8.

Unfug-Material

Im Anfangsquadrat steht eine 1.
Im nächsten Quadrat schnell steht eine 1.
Im nächsten Quadrat gut steht eine 2.
Im Quadrat neben dem schnell steht eine 3.
Im Quadrat neben dem schlecht steht eine 4.
Im Quadrat neben dem schlecht steht eine 5.
Im nächsten Quadrat langsam steht eine 6.
Im nächsten Quadrat schlecht davon steht 7.

Und wie sieht es jetzt vor Ihrem geistigen Auge aus? Gut, wenn Sie sich eben für die Unfugssequenzen entschieden haben, fühlen Sie vielleicht einen kleinen Schwindel. Aber das geht vorbei. Wenn Sie die sinnvolle Sequenz genutzt haben, sollte das Ergebnis wie folgt aussehen:

		3	4
	1	2	5
		7	6
		8	

Mehrdeutige Figuren

Sie haben mithilfe des räumlichen Materials die oben stehende Aufteilung? Dann haben Sie die Aufgabe gelöst. So schaffen es auch die Versuchskandidaten. Psychologen hatten bereits in den 80er-Jahren Studien gestartet, in denen sie den Klassiker der mehrdeutigen Figuren, die Ente-Kaninchen-Figur, kurz darboten. Versuchen Sie es einmal selbst. Sie sehen die Figur. Dann schließen Sie die Augen und versuchen, nur mithilfe Ihrer Imaginationskraft die andere Interpretation vor Ihrem geistigen Auge zu sehen!

Abb. 5: Kippbild

Sicher haben Sie festgestellt, dass nach der ersten Interpretation das Wechseln zur zweiten Interpretation allein in der Vorstellung nicht möglich war, das konnten die Probanden in dem Experiment erst leisten, nachdem die Figur aufgezeichnet wurde. Vorgestellte Bilder sind also an eine Interpretation gebunden und werden eventuell anders verarbeitet als gesehene. Ein zweites Beispiel: Bitten Sie Ihre Kollegen, sich den Buchstaben D vorzustellen, diesen nach links zu kippen und ein J unten anzufügen. Was sehen sie? Richtig, einen Regenschirm. Aus den Ergebnissen folgerten Wissenschaftler: Zusammengesetzte mentale Bilder werden genauso gut erkannt wie reale Bilder.

Reale und mentale Bilder

Tatsächliches Sehen und das Vorstellen von Bildern vor dem geistigen Auge scheinen zwei ganz verschiedene Paar Schuhe zu sein. Einig ist die Forschung sich da zwar nicht, aber einen spannenden Selbstversuch bietet der Kognitionspsychologe Benjamin Wallace an (Wallace 1984). Legen Sie doch mal Ihrem Lieblingskollegen folgende Bilder vor:

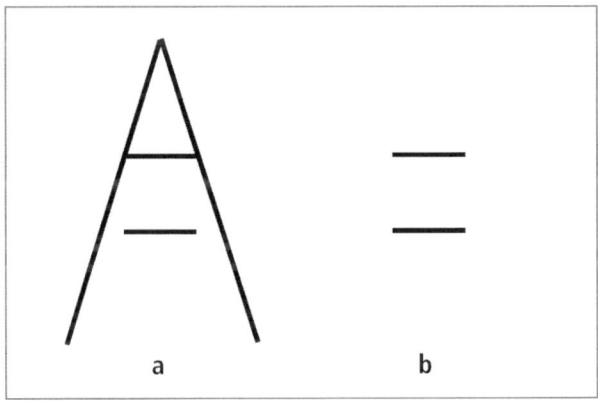

Abb. 6: Die berühmte Ponzo-Illusion

Legen Sie ihm zuerst Bild a) und dann Bild b) vor. Wenn Sie b) zeigen, bitten Sie noch kurz darum, Ihr Mitspieler solle sich ein umgekehrtes V vorstellen, das über den Linien liegt. Wie schätzt Ihr Kollege die Länge der beiden horizontalen Linien ein? Bei Bild a) liegt es auf der Hand, dass wir einer optischen Täuschung der Länge auf den Leim gehen. Bei b) mit dem vor-

Optische Täuschungen

gestellten umgekehrten V erreicht das Gehirn diese Täuschung sogar, ganz ohne sie zu sehen. Das Vorstellungssystem kann detaillierte optische Täuschungen produzieren.

Davon unterscheidbar ist ein System, das spezifisch bildliche Informationen verarbeitet. Mentale Bilder sind also spiegelbildliche Repräsentationen, die Menschen vor ihrem geistigen Auge entstehen lassen und dann in vielfältiger Art und Weise bearbeiten können. Wie stark unterschiedlich wir gesehene und vorgestellte Bilder verarbeiten, zeigte sich 1993. Der kognitive Psychologe Stephen Kosslyn belegte mit Kollegen in PET-Scans, dass die Aktivität des bildverarbeitenden Bereichs im Gehirn bei vorgestellten Bildern höher ist als bei gesehenen Bildern. Inzwischen können die Forscher mit PET-Scans dabei zuschauen, wie wir z.B. bildliche Inhalte in unserem Arbeitsgedächtnis zwischenspeichern. Wenn wir solche Inhalte im Arbeitsgedächtnis präsent halten, ist eine Aktivität in Areal 47 zu sehen – wenn Sie hingegen verbales Material codieren, ist Aktivität in Areal 8 zu beobachten (s. a. Abb. 7).

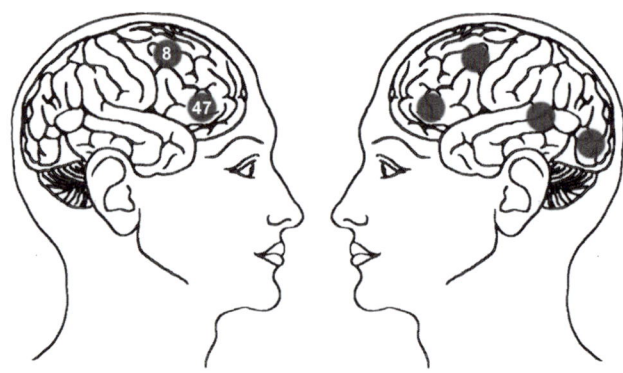

Abb. 7: Die Bereiche für das geistige Auge

Der episodische Puffer

Hinzu kommt jetzt noch eine Art Meeting-Point, der diese beiden Arten von Information in Episoden zusammenfügt, der sogenannte *episodische Puffer*. Es handelt sich dabei um ein multimodales Speichersystem mit begrenzter Kapazität. Es kann sowohl visuelle als auch phonologische Informationen in Form von »Episoden« speichern. Das machen wir alle im Alltag, wenn wir Eselsbrücken beim Lernen neuer Infos bauen. Wir bündeln verschiedene Informationen zu einer leicht zu merkenden Episode. Die Verbindung zum Langzeitgedächtnis ist dabei wie eine Art »Download«. Informationen aus dem Langzeitgedächtnis werden im episodischen Puffer zwischengespeichert. Nun stellt sich abschließend die Frage, wie diese Informationen aus den einzelnen Prozessen zusammengeführt und mit bereits gespeichertem Wissen vernetzt werden. Baddeleys Antwort darauf ist gleichzeitig die am wenigsten untersuchte Komponente seines Modells: durch die *zentrale Exekutive*.

Das Büro vom Chef: die zentrale Exekutive

Eine letzte Instanz fehlt also noch: die zentrale Exekutive. Ihre (bekannten) wesentlichen Funktionen sind es, Aufmerksamkeit zu fokussieren, zu bewegen und zu teilen (Baddeley 2003). Sie kann Informationen in die Hilfssysteme einspeisen oder daraus abrufen sowie zwischen den Systemen als Übersetzer fungieren. Und sie hält den Kontakt zum Langzeitgedächtnis, quasi dem Archiv. Sie überwacht die Informationsintegration der Inhalte aus dem Langzeitgedächtnis und ist für die Koordinierung der beiden Systeme zuständig. Die zentrale Exekutive dirigiert die Aufmerksamkeit auf die relevante Information, unterdrückt irrelevante Infos und unpassende Handlungen. Sie stellt unsere Fähigkeit dar, aktive Repräsentationen zielrelevanter Informationen trotz Störungen durch konkurrierende oder nicht relevante Infos aufrechtzuerhalten. Außerdem koordiniert sie die kognitiven Prozesse, wenn mehr als eine Handlung zugleich ausgeführt werden muss. Sie ruft Inhalte aus dem Langzeitgedächtnis ab und wird im rechten Frontallappen vermutet. Experimente zur geteilten Aufmerksamkeit bringen Probanden dazu, zwei verschiedene Verarbeitungsprozesse, die die Subsysteme beanspruchen, gleichzeitig auszuführen. Sie müssen sich eine Reihe von Zahlen merken und gleichzeitig einen Lichtpunkt mit den Augen verfolgen. Patienten mit Alzheimer schneiden dabei deutlich schlechter ab als gesunde Personen vergleichbaren Alters, welche wiederum nicht schlechter sind als junge Probanden.

Wie funktioniert die zentrale Exekutive? Multiplizieren Sie bitte 37×28 im Kopf. Bitte machen Sie es, bevor Sie weiterlesen, das erhöht den Genuss der Erklärung um ein Vielfaches!

Rechnen mittels visuellem Notizblock und phonologischer Schleife

Zwei Lösungsstrategien:

1. Sie stellen sich die Aufgabe bildlich vor und rechnen quasi so, als würden Sie die Aufgabe schriftlich lösen.
2. Sie sprechen sich die Aufgabe immer wieder vor und berechnen, ständig verbalisierend, Schritt für Schritt.

Die erste Variante stützt sich auf den visuell-räumlichen Notizblock. Die zweite nutzt die phonologische Schleife. Die zentrale Exekutive kümmert sich währenddessen um Folgendes:

1. die Rechenaufgabe speichern, lösungsrelevante Informationen aus dem Langzeitgedächtnis abrufen (z. B.: 7×8 = 56),
2. sich Überträge merken (z. B. die 5 aus 56) und schließlich
3. verfolgen, wie weit die Lösung der Aufgabe fortgeschritten ist.

Jetzt können Sie sich vorstellen, dass, wenn Ihr CEO schon bei diesen kleineren Aufgaben ordentlich rödelt, die Beanspruchung Ihres Arbeitsgedächtnisses mit komplexeren Aufgabenstellungen steigt (s. a. Damasio 2004).

Zusammenfassend gilt, dass ein funktionierendes Arbeitsgedächtnis essenziell für die Aufmerksamkeitsmodulation ist. Wegen dieser engen Verbindung zwischen Arbeitsgedächtnis und Aufmerksamkeit wird Baddeleys Modell auch als *Working-attention-Modell* bezeichnet (Hausmann et al. 2000). Das klingt nach sehr begrenzten Ressourcen für einen CEO!

Der CEO bei der Arbeit: Führen heißt integrieren

Die Aufgaben des mentalen CEO lassen sich auch mit denen eines Theaterregisseurs vergleichen. Ein Regisseur nutzt die darstellerischen und gesanglichen Künste, er nutzt die Requisiteurin und den Bühnenbauer. Er greift zurück auf die Fähigkeiten vieler Spezialisten, leitet sie an und bekommt dadurch ein Gesamtergebnis: eine etwa zweistündige Aufführung, die scheitern würde, wenn nur einer der vielen »Zulieferer« nicht seinen Job machen würde. Und noch eines verbindet den Regisseur auf der Bühne mit den Nervenbündeln hinter Ihrer Stirn: Nicht alle Entscheidungen sind optimal und manche Urteile sind durchaus anfechtbar. Im Theater sind das die Kämpfe, die der Regisseur mit den anderen künstlerischen Akteuren bei der Vorbereitung und den Proben ausfechten muss. Und es sind die Reaktionen des Publikums, die ihm den Erfolg seiner Entscheidungen und seiner Komposition ganz klar widerspiegeln.

Parallele: Theater und Gehirn

Eine solche Führungsarbeit mit allen Herausforderungen leistet auch unser mentaler CEO. Auch er muss die Führung übernehmen und die einströmenden Informationen verarbeiten und koordinieren. Ganz wie der Regisseur muss er dabei auch darauf achten, das Gleichgewicht zwischen der Eigenständigkeit der einzelnen Zulieferer und der Kontrolle selbiger zu halten, um ein Gesamtbild zu bekommen. Da ist es natürlich wichtig, wer was wann anliefert: Textbuch, Schauspielercasting, Probenablauf, Kostüm, Bühnenbau, Maske, Beleuchtung, Ton, all das muss zusammenspielen, sonst wird aus Goethes *Faust* schnell absurdes Theater. Ebenso ist es im Stirnhirn. Dieser mentale Regisseur muss von den motorischen Arealen, die Ihre Bewegungsabläufe koordinieren, beliefert werden: vom *cingulären Kortex* (Abb. 8), der an Ihren Aufmerksamkeitsprozessen beteiligt ist, und vom *parietalen Kortex* (in der Abb. 9 die Bereiche 7, 39, 40), der für die räumliche Integration sorgt. Außerdem versorgt ihn die *Amygdala* mit emotionalen Informationen und der *Hippocampus* sorgt für die notwendigen Aufräumarbeiten im Gedächtnis.

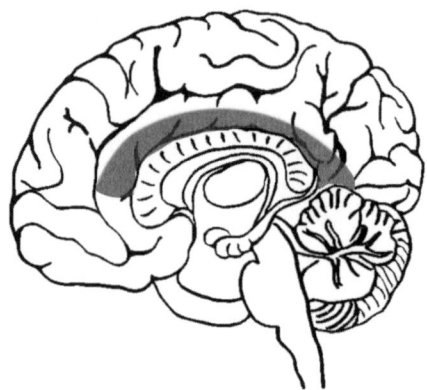

Abb. 8: Cingulärer Kortex

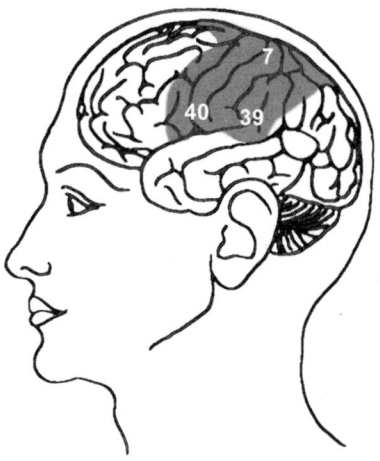

Abb. 9: Parietaler Kortex

Routinen sind die Cashcows des Denkens. Sie funktionieren ohne großen mentalen Aufwand, sind eingeübt und bringen schnell den gewünschten Handlungserfolg. Ganz nach dem Motto: »Haben wir immer schon so gemacht, läuft.« Für Routinen, das wissen Sie aus dem vorhergehenden Kapitel, hat das Stirnhirn eine eigenständige Abteilung. Übertragen auf die Theaterwelt wäre das das bestehende Repertoire eines Ensembles, Dinge, die immer wieder richtig gut funktioniert haben, die Cashcows des Denkens eben. Die andere Abteilung des Stirnhirns beschäftigt sich hauptsächlich mit dem, was neu ist. Im Theater wären das die schwierigen neuen Stücke, die man sich erst erarbeiten muss. Und das kostet Energie. Man kann es sich so vorstellen, dass der CEO sich mit neuen Strategien oder der Umstrukturierung des Unternehmens auseinandersetzen muss. Oder dass der Regisseur den Theatertext liest und anfängt, ihn in Szenen oder in psychologische Haltungen der Figuren zu strukturieren. Da ist dann richtig was los im Theater, in der Firma – und im Kopf. In diesen Situationen, wenn der Kopf neue Informationen verarbeitet, sind die stärksten Blutflüsse im Stirnhirn nachweisbar. Sobald eine gewisse Routine eintritt, verschwindet diese Aktivität. Im Kapitel »Die Denkfallen« geht es um die Gefahren dieser Routine im linken Stirnhirn. Die Kapitel zum klassischen und kreativen Problemlösen wiederum beschäftigen sich mit dem rechten Teil des Stirnhirns.

Mentale Führungskräfte auf unteren Hierarchieebenen

Die Verarbeitung der im Gehirn eintreffenden Infos wird natürlich nicht auf einer einzigen Ebene vorgenommen. Vielmehr können drei Ordnungsstufen unterschieden werden. Auf der ersten Ebene werden die sensorischen Reize verarbeitet. Der Neokortex im hinteren Bereich des Kopfes beispielsweise verarbeitet die eintreffenden visuellen Informationen. In einem Bereich in der Mitte des Kopfes treffen die *somatosensorischen Reize* ein; das sind alle Informationen über den Körper. Hinzu kommen die *motorischen Reize*, also alle die Bewegung betreffenden Informationen, die hinter der Stirn aufgearbeitet werden. Die gehörten Reize werden im akustischen Kortex an der Seite des Kopfes verarbeitet. Interessanterweise sind die Areale dieser ersten Ebene größenmäßig so entwickelt, dass sie

Erste Ebene

die relative Wichtigkeit der jeweiligen Sinneswahrnehmung widerspiegeln. Die Wahrnehmungspsychologie spricht davon, dass 60 Prozent unserer Großhirnrinde an der Wahrnehmung und Interpretation visueller Reize mitarbeiten.

Zweite Ebene Von diesen Bereichen geht es auf die zweite Hierarchieebene. Hier werden komplexere Informationen verarbeitet, die auf der ersten aufgenommen und »aufbereitet« wurden. Die neuronalen Abteilungsleiter (Fachjargon: modalitätsspezifische Assoziationskortizes) sind allerdings auch nur für das Weiterverarbeiten der jeweiligen sensorischen Infos zuständig und vermischen bzw. integrieren sie nicht weiter.

Dritte Ebene Das geschieht auf der dritten Ebene. Hier wird sehr komplexe Arbeit verrichtet. Hier kommt zusammen, was zusammengehört, hier werden die Einzelheiten kombiniert. Und das passiert eben auch zu großen Teilen im Stirnhirn bzw. PFC. Aber auch die Bereiche *inferotemporaler Kortex* (in der Abb. 10 Nr. 20) und *inferoparietaler Kortex* (in der Abb. 10 Nr. 39 und 40) sind beteiligt. Sie bilden die Kombinationsareale im Gehirn.

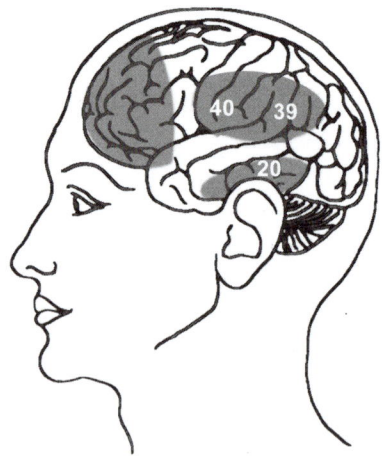

Abb. 10: Die Kombinationsareale

Kommunikation und Integration als Leistungsprinzipien Die Weitergabe von Informationen erscheint also graduell von einer Bearbeitungsebene zur anderen mit dem Ziel der Zusammenführung zu einer klaren Planungs- und Handlungsbasis.

Kommunikation und Integration sind daher die Leistungsprinzipien, die den mentalen Regisseur mit dem Theaterregisseur bzw. der Führungskraft im Unternehmen verbinden. Ein guter Regisseur, ein guter CEO, sollte ebenso gut vernetzt und klar hierarchisch aufgebaut sein wie ein gutes Stirnhirn. Im nächsten Kapitel schauen wir uns die XING-Qualitäten des Stirnhirns an.

Der CEO als Power-Netzwerker

Vor einiger Zeit habe ich ein deutsches Unternehmen bei der Gestaltung seiner Vertriebstagungen begleitet. Die Vertriebsmannschaft war eine klasse Truppe. Die Menschen mochten sich, sie konnten miteinander arbeiten und feiern, dass die Wände wackeln. Und sie hatten einen jungen Chef. Alles schien zu passen. Doch nach und nach schlich sich bei mir das Gefühl ein, dass irgendetwas fehlte. Schließlich ging mir ein Licht auf. Die richtigen Verbindungen fehlten! Es schien fast so, als fälle der Wirtschaftsführer seine Entscheidungen nahezu ohne die notwendigen, vielfältigen Feedbackschleifen im Team. Wenn unser Stirnhirn so agieren würde, wären wir ein Fall für den Psychiater!

Gute Kommunikation ist das Salz in der Führungssuppe: Zu viel ist schädlich, zu wenig macht das Ganze fad. Das Gehirn »weiß« das. Dementsprechend ist das Stirnhirn ein wahrer Power-Netzwerker. Es unterhält direkte Verbindungen mit jeder funktionalen Einheit des Gehirns:

Wie das Stirnhirn netzwerkt

- Es kommuniziert mit dem Zentrum für das Integrieren von Wahrnehmungen (dem Assoziationskortex),
- hält Kontakt mit den Bewegungszentren (prämotorischer Kortex, Basalganglien und Zerebellum),
- ist verbunden mit den Zentren, die normalerweise mit dem Gedächtnis in Verbindung gebracht werden (Hippocampus),
- weiß über Emotionen Bescheid (cingulärer Kortex),

- steht in Verbindung mit dem Kontrollzentrum für die wichtigsten homöostatischen Funktionen (Amygdala),
- spricht mit den Zentren, die für die Aktivierung und Erregung zuständig sind (die Nuklei im Hirnstamm).

Ein Team von Experten

Im Grunde kann das Stirnhirn seine Führungsaufgabe nur deshalb wahrnehmen, weil es direkte Informationen aus den anderen Bereichen des Gehirns bekommt, die es dann zu einer Gesamtheit verdichten kann. Das bedeutet, dass das Stirnhirn zumindest ungefähr weiß, wo welche Informationen zu holen sind. Dafür muss es quasi über einen Gebäudeplan der verschiedenen Abteilungen (Hirnregionen) verfügen. Nur so kann es die Verbindung herstellen und dafür sorgen, dass die notwendigen Mitarbeiter (Schaltkreise) aktiviert werden. So macht es auch ein guter Unternehmensleiter. Wenn er das Okay für einen neuen Auftrag gegeben hat, muss er die Mitarbeiter zusammenbringen, die die notwendigen Kenntnisse und Fähigkeiten besitzen, um den Auftrag auszuführen. Es geht also im Unternehmen wie im Gehirn darum, ein Team von Experten zu versammeln, um ein komplexes Projekt umzusetzen. In jeder Phase des Projekts müssen die notwendigen Informationen (Menschen) zur Verfügung stehen, und es muss immer ein wenig vorausgeplant werden, damit für die nächste Projektphase auch wieder alles bereit ist. Und jede Phase braucht in der Regel mehr als einen Experten! Die Vernetzung im Stirnhirn funktioniert, weil es eben nicht nur eine einzige Funktionalität hat, sondern prozessübergreifend funktioniert. Die meisten Areale sind nur auf die Verarbeitung einer bestimmten Art von Reizen ausgerichtet. Manche verarbeiten nur Kanten von Objekten, manche Farben, manche den Satzbau. Dann machen sie nur das und nichts anderes. Das Stirnhirn kann nahezu alles verarbeiten, was ihm angeboten wird. In der Tat gibt es kein vergleichbares Areal, das einen so starken Informationsfluss und damit diese Art des Denkens ermöglicht. Wenn Sie mehr Power im Stirnhirn haben, steigern Sie Ihre Fähigkeit des Informationsaustausches und fördern das Knüpfen neuer Verbindungen.

Nun ist der Chef immer nur so gut wie seine kommunikativen Verbindungen zu den Mitarbeitern. Und auch im Gehirn ist es so. Fast jedes Areal erhält eine Verbindung zum Stirnhirn aufrecht, um möglichst mit von der Partie zu sein. Der CEO im Kopf kann etwas, was kein anderer Teil Ihres Oberstübchens beherrscht: Er kann ein codiertes (gelerntes) Prinzip auf eine völlig neue und mit diesem Prinzip bisher noch nicht zusammenhängende Information anwenden. So kommen wir zu bisher ungedachten Lösungen, weil im Kopf völlig neue Netzwerke entstehen. Das Zeitalter der Netzwerkulturen hat im Gehirn also schon längst begonnen.

Bisher ungedachte Lösungen sind möglich

Warum auch ein CEO Gefühle hat

Fühlen braucht mehr Energie. Denken braucht mehr Information. Der Zusammenhang zwischen fühlendem Denken und nichtfühlendem Denken ist schon seit Langem klar. Schon 1958 hatte der Entwicklungspsychologe Jean Piaget diese Kategorien vorgestellt (s. a. Inhelder / Piaget 1958). Auch in den 80er-Jahren gingen Psychologen davon aus, dass das Fühlen (affektive Operationen) vor dem Denken (kognitive Operationen) liegt. Ersteres ist somit die Basis für das Zweite (s. a. Zajonc 1980). Dieser Gedanke gilt auch heute noch. Wann immer wir eine Erinnerung haben und eine Episode, einen Menschen, Musik, eine Geschichte oder einen Fakt wiedererkennen, ist es das Gefühl des ursprünglichen Inputs, das als Erstes auftaucht. Gefühlsreaktionen sind unausweichlich. Und sie liegen ganz klar vor dem Denken. Und weil das so ist, können Gefühle auch nicht im Vorhinein unter die Lupe des Denkens genommen werden. Wir können uns ihrer immer nur im Nachhinein bewusst werden. Und wir können sie nur im Nachhinein bewusst kontrollieren.

Emotionen kommen vor dem Denken

Der Kognitionspsychologe Robert Zajonc legte Anfang der 80er-Jahre den Finger in die Wunde des rationalen Menschen. Er drehte das Verhältnis von Denken und Emotion um, indem er davon ausging, dass Vorlieben keine Schlussfolgerungen brauchen und wir, wenn wir ein Gefühl für etwas haben, das Denken auf später verschieben. Fühlen ist also die Basis für das

Denken. Emotionale Urteile bilden die Basis für die wahrnehmungsbezogenen und gedachten Urteile.

Wie kann der mentale CEO von Gefühlen profitieren? Der Neurowissenschaftler Antonio Damasio hat die klarste Antwort darauf gegeben. In seinem lesenswerten Buch *Descartes' Irrtum* führt er mehrere Beispiele für die Nützlichkeit und Wichtigkeit der Emotionen in unserem Denkalltag an. Er formulierte den bekannten Satz »Ich denke, also bin ich« von René Descartes in »Ich fühle, also bin ich« um. Wie weitreichend die Folgen dieser Umkehrung sind, zeigt sich in unserem Denkalltag. Damasio zeigt, dass es einen Bereich im Stirnhirn gibt, der als »Mixer« von Gedanke und Gefühl angesehen werden kann. Wenn Sie mit Ihrem Finger über Ihre Augenhöhle tippen, haben Sie den Bereich lokalisiert, an dem sich der »Mixer« bzw. der *orbitofrontale Kortex* befindet (s. a. Abb. 11).

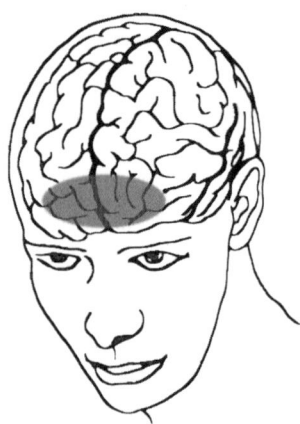

Abb. 11: Orbitofrontaler Kortex: Hier werden Denken und Fühlen integriert

Der orbitofrontale Kortex stellt die Verbindung zwischen Fühlen und Denken her. Wie funktioniert das? Es gibt zwei generelle Bereiche, die mit dem Stirnhirn verbunden sind und die unsere lebenserhaltenden Systeme und Gefühlsregungen prägen. Es sind das limbische System, das sich ganz tief innen im Hirn befindet, und der Hirnstamm. Das limbische System steuert unsere Triebe und impulsiven Handlungsmotivationen, während der Hirnstamm sich um Atmung, Herzschlag und andere vitale Grundfunktionen kümmert.

Ein Beispiel: Wenn Sie einen Projektplan aufstellen, ist das eine Leistung Ihres Stirnhirns. Wie Sie allerdings die Teammitglieder auswählen, die Teilprojekte budgetieren und die Dienstleister beauftragen, hat weitaus mehr mit Hirnstamm, limbischem System und orbitofrontalem Kortex zu tun, denn es kommen emotionale Bewertungen des Dienstleisters oder des Teammitglieds hinzu. Solche emotionalen Urteile sind uns gar nicht bewusst. Dafür laufen sie viel zu schnell ab. Sie werden bezeichnenderweise als *hot cognitions*, als »heißes Denken«, bezeichnet und den *cold cognitions*, dem »kühlen Denken«, gegenübergestellt. Kühles Denken führt zu Aussagen wie »Carl ist ein Berater für besseres Denken«, während heißes Denken zu Sätzen wie »Carl ist ein guter Dienstleister« führt. Die Mischung aus kühlem und heißem Denken ist eine sinnvolle Einrichtung für umfassende Denkprozesse.

Projektpläne und heiße Gedanken

Der heikle Punkt kommt jetzt: Die emotionalen Urteile sind sehr fest in unserem Gehirn verankert. Warum? Aus drei einfach nachvollziehbaren Gründen:

Gründe für emotionale Urteile

- Emotionale Urteile fühlen sich subjektiv richtig an. Studien belegen, dass der Affekt sogar selbst nach der völligen Entkräftung der ursprünglichen Begründungsgedanken bestehen bleibt (s.a. Ross / Lepper / Hubbard 1975). Das heißt, Sie mögen Carl immer noch, auch wenn er Ihnen jegliche argumentative Grundlage dafür entzogen hat.
- Emotionale Urteile sind immer Urteile auf Basis unserer individuellen Vorlieben. »Carl ist ein schöner Vorname und ich mag Vornamen mit C« ist ein emotionales Urteil, bei dem allein die Vorliebe den Begründungszusammenhang liefert. Bei »Carl wird mit C geschrieben« fehlen natürlich jegliche Hinweise auf Emotionen.
- Der mentale CEO ist der Champion des Unterbewussten und unser ständiger Begleiter auf dem Weg unserer Schlussfolgerungen, Urteile und Entscheidungen. Niemand entscheidet sich für eine Heirat oder Scheidung, nachdem er in einer detaillierten Analyse Vor- und Nachteile mit kühlem Kopf abgewogen hat.

Körpersprache zeigt Gefühle

Aber nicht immer ist Ihr Gegenüber so nett, sprachlich eindeutig zu zeigen, dass seinem Urteil ein Affekt zugrunde liegt. In einem solchen Fall bitte auch auf den restlichen Menschen achten: Körpersprache, Mimik und Gestik zeigen Ihnen schnell, ob da heiße Gedanken mitspielen. Letztlich ist die Fähigkeit zur emotionalen Beurteilung so tief in uns eingegraben, weil wir sie viel länger nutzen als die denkende. Babys und Kinder können schreien, weinen und lächeln, lange bevor sie auch nur annähernd einen Satz bilden können. Das limbische System gehört zu den ältesten Teilen unseres Gehirns. Diese Kontrollinstanz der emotionalen Reaktionen hat unser Verhalten geprägt, lange bevor sich Sprache entwickelte und der Neokortex uns zu dem machte, was wir heute sind.

Funktion des Bodyfeedbacks

Aber: Auch wenn Gefühle wichtige Denkturbos sind, können sie uns den Urteils-, Planungs- und Entscheidungsprozess schwer machen. Das liegt daran, dass kein mentaler CEO vor den Einflüsterungen der Denkfallen gefeit ist, die Sie in den folgenden Kapiteln kennenlernen werden. Die Kontrolle emotionaler Regungen kann durchaus von Vorteil sein. Das Pokerface wirkt in der Verhandlung nicht nur nach außen ruhig, sondern beruhigt auch nach innen. Das nennt sich Bodyfeedback; es wurde schon von Charles Darwin belegt und funktioniert so, dass das Gehirn sich den Zustand des Körpers permanent anschaut und Rückschlüsse daraus zieht. Schwitzen wir und haben wir viel Adrenalin im Körper, schließt der Kopf messerscharf auf eine bedrohliche Situation. Dieser permanente Überwachungsprozess ist im Berufsalltag eine der Hauptursachen für unsere Reaktionen, wenn wir z.B. im Meeting verbale Ohrfeigen vom Kollegen oder Chef verpasst bekommen.

Eine sozialpsychologische Studie von 2008 zeigt ganz klar: Menschen mit einer höheren Arbeitsgedächtniskapazität sind besser in der Lage, ihre emotionalen Reaktionen und Erfahrungen zu kontrollieren. Das betrifft nicht nur Scham bei einer verbalen Attacke, sondern auch andere Grundemotionen wie Abscheu, Amüsement, Ärger etc. Mit einem trainierten Arbeitsgedächtnis kann der CEO also nicht nur besser denken, sondern auch besser mit Gefühlen umgehen (s. a. Schmeichel / Volokhov / Demaree 2008). Doch das ist nicht der einzige

Grund, um in ein Training für das Arbeitsgedächtnis zu investieren, wie Sie im nächsten Kapitel sehen werden.

Warum sich ein Training für den CEO lohnt

Produktlaunches sind spannende Veranstaltungen im Hinblick auf das Erforschen von Denkmustern. Dort geht es eigentlich immer um zweierlei: motivieren und lernen. Natürlich soll der Launch den Gästen Lust auf den Vertrieb des neuen Produkts machen. Und natürlich sollen die Kollegen aus dem Vertrieb möglichst schnell die guten Argumente kennen- und nutzen lernen. Dementsprechend sind diese Veranstaltungen strukturiert: erst die Keynote vom Chef, dann die Informationen zum »Was, Warum und Wie« und schließlich ab in die Trainings. Ich habe mehrere solcher Launches im pharmazeutischen Markt begleitet, mal als Redner, mal als Moderator. Jeder CEO vermittelte in seiner Rede, wie wichtig es ihm sei, ein gut trainiertes Team an der Vertriebsfront zu haben. Ich fragte mich in diesen Momenten immer wieder: Für wie gut trainiert halten sich wohl die Kolleginnen und Kollegen im Publikum am Ende der Veranstaltung?

Erforschen von Denkmustern

    Eines Tages wagten der Projektleiter und ich als Moderator den Sprung ins kalte rhetorische Wasser. Wir stellten gegen Ende der Veranstaltung die drei wichtigsten Fragen überhaupt. Erste Frage: »Wer freut sich, das neue Produkt als echten Blockbuster zu verkaufen?« Alle Hände gingen in Sekundenschnelle hoch. Identifikation und Motivation eindeutig vorhanden. Zweite Frage: »Wer fühlt sich denn ausreichend trainiert, um diesen Erfolg ab nächste Woche in die Tat umzusetzen?« Zögerlich hoben sich zwanzig bis dreißig Hände. Also waren Wissen und Können nicht ganz so eindeutig vorhanden. Dritte Frage: »Wer steht denn bereit, um den Kollegen beim Auffüllen der kleinen Wissenslücken zu helfen?« Eine Hand ging hoch, vielleicht zwei. Bei 650 anwesenden Menschen.

Denken als Blockbuster-Produkt

Lag diese mangelnde Reaktion an den Kollegen vom Produkttraining? Eher nicht. Die gaben sich alle erdenkliche Mühe, die neuesten Erkenntnisse und Methoden anzuwenden, um Produkthighlights, Wirkweise von Produkten und Einwandbehandlung griffig zu vermitteln. Lag es an der Zeit? War es zu wenig? Kann sein, jeder lernt in seinem Tempo und in seinem Stil. Das ist inzwischen ausreichend durch die Lernforschung belegt. Was in der heutigen Zeit zwar belegt ist, aber wenig beachtet wird: Der Kopf braucht nicht nur die Wissenspower rund um das Produkt. Er braucht auch die Denkpower, um all das aufnehmen zu können. Doch ebenso wie Schmerztabletten das Topseller-Produkt eines Pharmaunternehmens sind, gilt das Arbeitsgedächtnis als das Blockbuster-Produkt Ihres Gehirns.

Wie es zum Trainingseffekt kommt

Nun würde kein CEO seine Mannschaft untrainiert auf die (kaufende) Menschheit loslassen. Der Wissensvorsprung durch Produkttrainings ist ja auch klar. Aber wie sieht das mit dem Training des mentalen CEO aus? Das fällt, wie im geschilderten Beispiel, meistens aus. Während also das Langzeitgedächtnis die tollsten Fakten rund um das Produkt abspeichert, bekommt das Arbeitsgedächtnis keinerlei Hilfe dazu, wie es die Infos anwenden soll. Im 21. Jahrhundert ist der große Alltagsnutzen von Training für den Muskel des bewussten Denkens jedoch erwiesen. So belegte Fiona McNab, dass sich bestimmte Empfängerzellen im Stirnhirn durch Denktraining sichtbar verändern (McNab et al. 2009). Messbar wurden so starke Verbesserungen im Arbeitsgedächtnis. Aber wie funktioniert dieser Trainingseffekt? Das beantwortete ein anderes Forscherteam. Weitere Versuche zeigten, dass die im Training erregten Nervenzellen die Neigung haben, für einen bestimmten Zeitraum eigenständig weiterzufunken. So bleibt die Info länger präsent. Außerdem erregen sie weitere Nervenzellen. So entsteht mehr Zwischenspeicherkapazität. Das Training hat so einen nervenstärkenden und einen selbstverstärkenden Effekt. Und diese beiden Effekte machen aus dem Arbeitsgedächtnis bei den Produkttrainings und den späteren Anwendungsfällen einen Just-in-time-Lieferanten, der mit höherer Kapazität auch mehr Leistung erbringt.

Das Training bewirkt aber noch mehr. Der oben beschriebene anhaltende Funkprozess ist z. B. die Grundlage für unsere

Fähigkeit, kreative Assoziationen zu bilden. So schafft das Gehirn Neues. Zuvor unzusammenhängende Inhalte können so verknüpft werden. Im Alltag erleben wir dieses Phänomen oftmals. Das beste Beispiel dafür sind die Gedankenketten, die sich bilden, wenn Sie eine Einkaufsliste erstellen: Sie schreiben auf: »Kasten Bier«. »Ach«, fällt Ihnen da ein, »da brauchen wir ja auch neue Gläser, und wann war das Grillen noch mal? Kommt der neue Kollege da auch? Der hat immer so gute Ideen … Ach ja, Post-its brauche ich … Wo waren die alten eigentlich noch mal? Ich muss dringend das Büro aufräumen … Wann kommt eigentlich der neue Rechner?« Diese Gedankenketten, sogenannte *trains of thoughts*, gehören zu unserem alltäglichen Leben. Und damit wir am Ende auch noch wissen, woran wir am Anfang eigentlich gedacht haben, brauchen wir das anhaltende Nervenfeuer in unserem Stirnhirn, das durch Training verbessert werden kann.

Wie Assoziationsketten funktionieren

Denn das Neuronenfeuer verpufft, wenn zehn Sekunden Leerlauf entstehen. Dann zerfällt die Repräsentation. Danach sind die Informationen weg, nicht mehr erinnerbar. Zwei Forscher von der University of California, Weiwei Zhang und Steven J. Luck, haben dies 2008 belegt. Sie zeigten, dass Repräsentationen im bildlichen Arbeitsgedächtnis für mehrere Sekunden erhalten werden können, ohne dass die Präzision dieser Bilder nachlässt; dass sie aber danach plötzlich und komplett verschwinden. Sie nannten dies »sudden death«.

Der Frage, inwiefern das auch für gesprochene Sprache gilt, gingen 2014 Evie Vergauwe, Valérie Camos und Pierre Barrouillet nach. Sie zeigten, dass im Gegensatz zu örtlicher Information, zu deren Aufrechterhaltung die Aufmerksamkeit allein reicht, die sprachliche darüber hinaus auch auf eine bereichsspezifische Aufrechterhaltung zurückgreifen kann, die unabhängig von der direkten Aufmerksamkeit ist. Mit anderen Worten: Sprachinfos werden zwar anders repräsentiert, verfallen jedoch nach einem kurzen Zeitraum ebenfalls komplett.

Dieses Prinzip des Verfügbarhaltens von Informationen gilt auch beim Auto- oder Handykauf. Auch da müssen Sie Ihr Stirnhirn voll ausreizen. Es gilt, eine Vielzahl von Merkmalen im Kopf zu behalten, um sie vergleichen zu können. Insbesondere bei Handytarifen, Reiseplanung und Urlaubskonditionen

Bewusstes Denken braucht viel Zwischenspeicher

ist das selbst dann nahezu unmöglich, wenn Sie die Zettel der Anbieter nebeneinander auf dem Schreibtisch liegen haben. Das gleiche Prinzip greift auch bei Diskussionsrunden, Projektmeetings und selbst beim Lesen umfangreicherer Zeitungsartikel. All diese kognitiven Tätigkeiten verlangen nach einem gesteigerten Zwischenspeicher Ihres bewussten Denkens.

So, jetzt haben Sie also einen Eindruck vom Führungsteam im Stirnhirn und seiner Wichtigkeit – und auch von der Wirksamkeit und Notwendigkeit des Trainings. Jetzt wollen Sie sicher noch eines wissen: Gilt das für Frauen ebenso wie für Männer? Darum geht es im nächsten Kapitel.

Männer machen es und Frauen auch, aber anders!

Missverständnisse

Nicken Sie, wenn Ihnen diese Geschichte bekannt vorkommt: Meine Frau bat mich vor einiger Zeit, Mehl zu kaufen. Wir hatten keins mehr und der Kindergeburtstag stand vor der Tür. Die Muffins mussten gebacken werden. Also ging ich Mehl kaufen. Das richtige. Mit der richtigen Nummer und der richtigen Packungsgröße. Als ich nach Hause kam, schaute meine Frau mich fragend an. Ich wusste nicht so recht, was sie wollte. Sie auch nicht. Aber irgendwie hatte sie wohl mit einem anderen Ergebnis gerechnet. Nun wurden ja über die Missverständnisse zwischen Mann und Frau schon so viele Bücher geschrieben, dass jeder gesunde Baum den Lebensmut verliert, aber das war für mich neu. Ich tue das, worum meine Frau mich bittet, und dann so was. Also habe ich einen Blick in die Forschung gewagt. Das heißt in diesem Fall: in die Neurowissenschaften der sexuellen Unterschiede. Die untersucht die unterschiedliche Entwicklung, Vernetzung und Benutzung der Hirne bei Männern und Frauen. Und sie belegt in einer aktuellen Studie, was wir alle schon immer geahnt haben: ==Frauen denken und Männer auch, nur anders.== Im Dezember 2013 veröffentlichte die Radiologin Ragini Verma die aktuellste Studie dazu. Ragini

Verma ist Professorin für Radiologie an der University of Pennsylvania. Sie belegt mit ihren Kollegen, dass Frauen, wenn sie gebeten werden, etwas zu tun, andere Teile des Gehirns nutzen als Männer. Die strengen in einer vergleichbaren Situation eher einseitig das Hirn an – sie nutzen in der Tat nur eine Seite des Gehirns. 949 Menschen zwischen acht und 22 Jahren wurden von den Forschern untersucht. Das Ergebnis: Männer lösen das Problem direkt, Frauen hingegen aktivieren offenbar Bereiche, die mit Schlussfolgern und Sensibilität beim Lösen des Problems zu tun haben. Sie nehmen den weniger direkten Weg zur Lösung.

Ich also kaufe Mehl. Wenn meine Frau Mehl kauft, kommt sie mit dem gesamten Einkauf für die nächste Woche wieder und vergisst auch nicht das neue Shampoo und das Bier für den Fußballabend, zu dem wir die Nachbarn eingeladen haben. Das sind die Unterschiede unserer Gehirne beim Einkauf im Supermarkt. Das also wollte meine Frau mir mit ihrem Blick sagen. Doch wie kommt es zu diesen Unterschieden und wozu führen die im Denkalltag?

Die Denkunterschiede zwischen Männern und Frauen beginnen schon bei den biologischen, biochemischen und strukturellen Voraussetzungen. Fangen wir am Anfang an: im kuscheligen Bauch der Frau Mama. Schon in dieser frühen Entwicklungsstufe im Mutterleib beginnt das Wettrüsten zwischen den (denkenden) Geschlechtern. Die Hirne der Ladys entwickeln sich schneller als die der Herren. Mädchen habituieren schneller, reagieren schneller auf andere Schreihälse und schauen im Babyalter länger auf Gesichter. Und was macht der Herr der Windel? Der schaut tatsächlich schon in jüngsten Jahren eher auf Autos als auf Gesichter und hängt auch sonst den Babydamen etwas hinterher. Doch die fast schon klicheebestätigenden Unterschiede beginnen erst in den Folgewochen, ihre volle Wirkung zu entfalten.

Unterschiede zwischen den denkenden Geschlechtern

Die Anatomie im sich entwickelnden babyhaften Damenschädel bringt es an den Tag: Die Hirnrinde ist dicker als die des Babyherrn und verfügt über mehr Windungen. Ferner weist sie eine dichtere Vernetzung in den kognitiven und limbischen Teilen auf, in den Bereichen, mit denen sie später denken und fühlen. Und das gilt auch schon für die Bereiche der

Sprachzentren, die im linken Schläfenlappen liegen. Auch der Hirnteil, der die beiden Hälften verbindet und für den wichtigen Austausch zwischen ihnen sorgt, ist dichter vernetzt. Die Herren können nicht einmal mit zwei gleich stark vernetzten Hemisphären aufwarten. Auch sind diese Hemisphären bei Männern mitunter stark asymmetrisch. Integriertes Denken ist also schon so früh Fehlanzeige bei den Jungs. Da haben sie schon in jungen Jahren einiges aufzuholen. Und doch haben auch die Herren ein Spezialgebiet, auf dem sie in so jungen Jahren besser abschneiden als die Gehirnbesitzerinnen: Die Amygdala funktioniert besser. Die Amygdala ist zentraler Aspekt der emotionalen Informationsverarbeitung und springt bei emotionalen Reaktionen wie Angst an. Während viele Forschungsergebnisse die weitverbreitete Meinung stützen, dass Frauen im Leben mitfühlender und offener für emotionale Reize sind, könnte die frühkindliche Ausprägung in der Tat zu einer prekären Schlussfolgerung führen: Männer können mehr Gefühle zeigen, trauen sich aber schon als Babys nicht?

Nun sind ja »Gefühle haben« und »Gefühle zeigen« sowieso zwei Paar Schuhe. Und dass Männer sie also haben, und zwar schon im Babyalter, lässt hoffen. Was aber den Damen wiederum in die Wiege gelegt ist und sich mit zunehmendem Alter immer weiter ausprägt, sind die größeren Sprachzentren. Das sind hauptsächlich die *Broca-* und *Wernicke-Areale*. In der Forschungsgeschichte werden sie vor allem mit der Sprachverarbeitung in Verbindung gebracht (vgl. Abb. 12).

Frauen sind doch keine Quasselstrippen

Das weibliche Sprachzentrum kann später bis zu 20 Prozent größer sein als das männliche. Weiterhin scheint es so, dass Frauen beim Reden beide Hemisphären nutzen, Männer vorwiegend die linke Hälfte. Eindeutig widerlegt wurde inzwischen, dass Frauen so viel mehr reden als Männer. James Pennebaker und Kollegen wiesen das 2007 nach. In ihrem Versuch trugen die Probanden kleine Aufnahmegeräte mit sich, die sich im Versuchszeitraum von bis zu zehn Tagen automatisch an- und abschalteten und so alle 12,5 Minuten für 30 Sekunden alles aufnahmen. Die Ergebnisse sind eindeutig: Frauen reden demnach pro Tag ca. 16 215, Männer 15 669 Wörter. Das ergibt eine Differenz von sage und schreibe 546 Wörtern

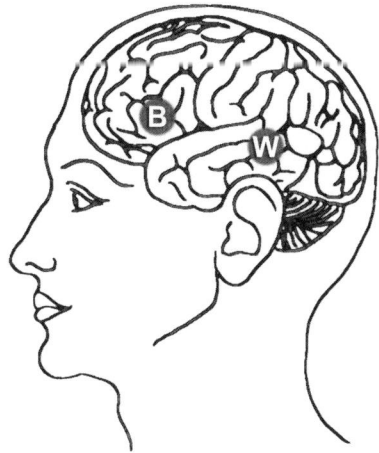

Abb. 12: Broca, motorisches Sprachzentrum für Grammatik, und Wernicke, sensorisches Sprachzentrum für den Sinn eines Satzes

(Chung / Pennebaker 2007). Schluss mit dem Mythos »Quasselstrippe versus stoischer Schweiger«!

Ein weiterer Mythos, der in diesem Zusammenhang entlarvt werden muss, ist der Glaube »Mehr hilft mehr«. Männer haben im Schnitt 100 Gramm mehr Masse zwischen den Ohren. Und dieser Unterschied besteht auch, wenn die unterschiedliche Körpergröße von Männern und Frauen berücksichtigt wird. Ergibt Masse also Klasse? Der genauere Blick auf den Neokortex könnte das klären. Dort verfügen Männer über ca. 22,8 Milliarden Neuronen, Frauen bieten ca. 19,3 Milliarden auf. Und das zeigt sich hauptsächlich im Stirnhirn. Hat das Konsequenzen für die Qualität des Outputs? Jill Goldstein ging dieser Annahme zusammen mit einigen Kollegen 2005 auf den Grund. Sie testete das Arbeitsgedächtnis von Männern und Frauen, während diese im Hirnscanner lagen. Und in der Tat zeigte sich bei den Frauen eine andere Form der Aktivierung. Bei ihnen arbeiteten Bereiche intensiver im mittleren, inferioren und orbitalen präfrontalen Kortex. Clifton Bell und Kollegen legten 2006 nach. Auch sie zeigten, dass Männer und Frauen, wenn sie Denkaufgaben bewältigen, signifikant andere Aktivierungsmuster im präfrontalen Kortex aufweisen. Die

Mythos »Mehr hilft mehr«

Mentale Rotation

Frage ist nun natürlich: Wie schlägt sich das im Denkalltag der Geschlechter nieder? Allerdings lässt sich eines klar erforschen: Es gibt geschlechterbedingt unterschiedliche kognitive Vorlieben. Diese haben ihren Ausgangspunkt in der unterschiedlichen neuronalen Verarbeitung. Gemäß den Ausprägungen der Sprachareale ist es in der Tat so, dass Frauen immer dann beim Problemlösen punkten können, wenn die Aufgaben den Einsatz sprachlicher Fähigkeiten erfordern. Männer gehen nur in Führung, wenn es mehr um das räumliche Vorstellungsvermögen bei der Lösung von Aufgaben und Problemen geht. Erneut belegt haben das Studien zu Beginn des 21. Jahrhunderts, in denen die Teilnehmer vor ihrem geistigen Auge Objekte mental rotieren mussten (Hausmann et al. 2000). Als *mentale Rotation* bezeichnet die Forschung die Fähigkeit, zwei- oder dreidimensionale Objekte im Geist zu drehen. In der Regel brauchen Menschen mehrere Sekunden für das mentale Drehen von Objekten. Abhängig ist das von der Stärke der Verdrehungen. Die Objekte

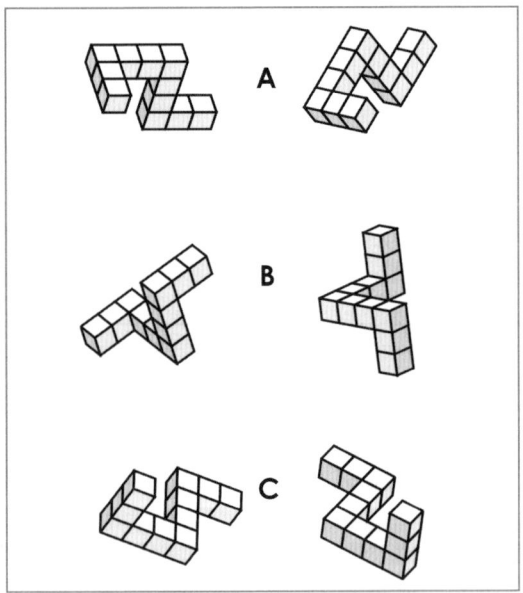

Abb. 13: Mentales Drehen von Objekten
(Nachbau der Originalaufgaben von Shepard)

beim Test von Hausmann ähnelten denen, die Sie in Abb. 13 sehen. Die Aufgabe: mental testen, ob die beiden Objekte übereinstimmen.

Allerdings holen auch in der Visualisierungsfähigkeit die Frauen in ihrem Können auf, wenn sie sich in der Phase nach ihrem Eisprung befinden. Wahrscheinlicher Grund ist eine veränderte Hormonzusammensetzung zu diesen Zeitpunkten. Frauen weisen in solchen Phasen mehr Testosteron und weniger Östradiol auf. Das Verhältnis dieser beiden Hormone ist eng verbunden mit der Fähigkeit, die visuell-räumliche Vorstellungskraft einzusetzen. Und das gilt auch für den männlichen Hormonhaushalt. Die Forscher Doreen Kimura und Elizabeth Hampson von der Universität Western Ontario konnten 1994 belegen, dass Männer im Frühjahr sichtbar besser bei solchen Tests abschneiden als zu allen anderen Jahreszeiten. Das hängt wiederum mit einem geringeren Testosteronanteil zusammen, der im Frühling deutlich geringer ist als z. B. im Herbst.

Einfluss der Hormone auf das Denken

Grundsätzlich belegen viele Studien: Je komplexer Denkanforderungen werden, desto stärker beanspruchen beide Geschlechter ihren Denkmuskel. Das lässt sich an entsprechenden Hirnscans wunderbar zeigen. Bei den Damen wird der linke Bereich des Hirns stärker durchblutet, in dem wichtige Prozesse der Detailverarbeitung verortet werden. Bei den Herren steigt die Durchblutung rechtsseitig, was den Schluss nahelegt, dass sie ganzheitlicher, integrierender denken. Auch hierzu wurde ein mentaler Rotationstest zur Beweisführung genutzt. Und dabei zeigte sich, dass die Männer bei zunehmender Komplexität des Objekts die Figur als Ganzes betrachteten. Die Frauen hingegen hingen sehr an den Details der Objekte. Die Psychologen Sebastian Ocklenburg, Marco Hirnstein, Markus Hausmann und Jörg Lewald beschreiben das als eine verbal-analytische Strategie (Ocklenburg et al. 2010). Gemäß dieser Strategie zerlegen Frauen ein Objekt in Sätze wie »Zwei Würfel nach hinten, vier nach oben, einer nach rechts«. Da sie so in ihrer Analyse die Figur in kleinere Einheiten unterteilen, dauert diese Herangehensweise länger als die der Männer und ist auch anfälliger für Fehler. Aktuelle Scanbilder vom arbeitenden Gehirn unterstützen diese Aussage zu den unterschiedlichen Strategien.

Fähigkeit zur Orientierung

In Magdeburg und Zürich gingen Forscher den unterschiedlichen Denkstrategien von Männern und Frauen nach. Untersuchungsgegenstand war die Fähigkeit zur Orientierung. Und da wurde nur eines sichtbar: Bei den Männern waren drei Hauptzonen aktiv: Areale zur Verarbeitung von Seheindrücken, von geometrischen Informationen und zur gedanklichen Rotation. Auch die Frauen nutzten diese Bereiche. Aber zusätzlich aktivierten sie zwei weitere. Die zusätzlich aktivierten Funktionen beschäftigten sich mit den Eigenschaften der jeweiligen Objekte. Frauen verbinden eine Rotationsstrategie mit einer Objekterkennung, Männer fokussieren auf eine visuelle Strategie ohne Objekterkennung. Frauengehirne verfügen also über eine Extra-Sammelleidenschaft, mit der sie auch Infos aufnehmen, die für das Bearbeiten der Aufgabe gar nicht relevant sind. Männer wiederum legen Scheuklappen an und fokussieren ihre Informationsaufnahme auf die geometrischen Informationen.

Die Rolle von Denkklischees

Beim Blick ins denkende Gehirn zeigten sich auch die Einflussfaktoren *mangelndes Selbstvertrauen* und *negative Stereotype* als wichtige Leistungsverhinderer, die vor allem das Problemlösen beeinträchtigen. Die Psychologin Sian Beilock belegte 2008, dass die Gefahr nicht in den Denkklischees an sich liegt. Sie schlummert in unserem Glauben an diese Klischees. Dazu untersuchte die Forscherin, wie Männer und Frauen in Stresssituationen ihre kognitiven Leistungen abrufen. Sie schaute dabei genau darauf, wie sehr negative Stereotype die Fähigkeiten, Probleme zu lösen, beeinflussen. Wenn die Damen im Experiment z.B. intensiv an das Klischee erinnert wurden, dass Männer ja per se besser in Mathematik seien, zeigte das Wirkung. Die Frauen, die das Klischee nicht genannt bekamen, schnitten deutlich besser bei den Aufgabenstellungen ab als diejenigen, die nicht nur mit der Aufgabe, sondern auch gleichzeitig mit dem negativen Stereotyp zu kämpfen hatten. Also Achtung, wenn Sie eine Frau sind: Klischees klauen Ihr Können!

Kognitive Stile

Generell aber zeigen alle Studien: Viele Geschlechterunterschiede im Gehirn sind Mythen. Differenzen z.B. bei verbalen oder mathematischen Fähigkeiten sind sehr gering ausgeprägt. Frauen und Männer haben zwar tendenziell unterschiedliche

Denkprozesse, landen aber in der Regel bei den gleichen Ergebnissen. Unterschiede bei den kognitiven Fähigkeiten sind also eher die Ausnahme als die Regel. Unterschiede bei den kognitiven Stilen sind wie oben beschrieben hingegen sichtbar. Ein Stil ist die Art, wie wir als Individuen unsere Fähigkeiten in einer bestimmten Situation einsetzen. In den Königsdisziplinen des Denkens, wie z. B. dem Entscheiden, sind in der Tat kleine Unterschiede zwischen Mann und Frau sichtbar. Dabei geht es selten um ein klares, wahrheitsorientiertes Richtig oder Falsch, wie in den Aufgaben zur mentalen Rotation (s. Abb. 13).

Das zeigen auch die ungewöhnlichen Versuche von Elkhonon Goldberg. Er bediente sich geometrischer Figuren. Diese sind in der Forschung sehr beliebt und einfach herzustellen. Er zeigte Männern und Frauen jeweils drei Objekte (vgl. Abb. 14).

Experiment zu kognitiven Stilen

 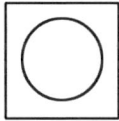 

Abb. 14: Versuch von Elkhonon Goldberg

Nun sollten die Teilnehmer die Form auswählen, die ihnen am besten gefiel. Zwei unterschiedliche kognitive Stile konnte der Forscher ausmachen: Die Menschen entschieden sich entweder bezogen auf ein Ziel, das den Entscheidungskontext vorgab, oder sie wählten auf Basis ganz individueller Beurteilungen, die in keinem Bezug zu irgendeinem Kontext standen. Erstere änderten also ihre Wahl, je nachdem, was sie mit der Wahl erreichten, Letztere blieben einfach immer bei der gleichen Farbe oder dem gleichen Objekt. Und da zeigten sich in der Tat Geschlechterunterschiede. Männer entscheiden eher kontextunabhängig, Frauen bevorzugen das Gegenteil. Goldberg beschreibt die männliche Entscheidungsart als eine Allzweckreaktion, die auf möglichst viele Situationen passen soll. Die weibliche Strategie hingegen ist eher ein Versuch, Entscheidungen je nach den speziellen Anforderungen einer Situation maßzuschneidern (Goldberg 2002).

Optimum liegt in der Mitte

Nun ist es wie so oft im Leben: Das Optimum liegt in der Mitte. Ein Mix aus beiden Strategien ist besser. Denn wenn das Umfeld stabil bleibt, ist eine Allzweckreaktion natürlich effizient und zielführend. Wenn Sie sich aber in einem instabilen Umfeld befinden, einem Veränderungs- oder Changeumfeld, dann macht die kontextabhängige Strategie einfach mehr Sinn. Auch zählt, wie gut Mann und Frau einer Situation Herr werden können. Je größer die Kontrolle, desto sinnvoller kann das Ausprobieren des Maßschneiderns sein. Je geringer die Beherrschung der Situation, desto mehr Sicherheit kann aus einer bewährten Herangehensweise gezogen werden. Um beides situationsgerecht zu beherrschen, könnten sich also die Geschlechter austauschen und tatsächlich voneinander lernen!

Die Entwicklungen in den Unternehmen belegen das. Für den *Credit Suisse Gender 3000* von 2014 wurden 3000 Unternehmen in 40 Ländern in allen zentralen Branchen befragt. Die Ergebnisse zeigen, dass zwischen 2012 und 2014 die großen Unternehmen, die mindestens eine Frau im Vorstand hatten, die anderen um fünf Prozent schlugen.

Der SMART-Faktor: Wie viel Denken geht überhaupt?

Beziehung zwischen Arbeitsgedächtnis und Intelligenz

In einem Buch über das Denken muss zumindest einmal das Wort »Intelligenzquotient« vorkommen. Eine IQ-Bestimmung ist in Vielem das Maß der Dinge. Sie ist so genau, wie jemanden beim 100-Meter-Lauf mit der Stoppuhr zu messen. Die Forschung nimmt einen klaren Bezug zwischen diesem messbaren IQ und dem Arbeitsgedächtnis an. Nash Unsworth von der University of Oregon hat 2014 eine direkte Abhängigkeit zwischen Arbeitsgedächtnis und Intelligenz gezeigt. Diese wird durch drei Faktoren moderiert. Unterschiede in der Leistungsfähigkeit des einzelnen Gehirns hängen demnach von der Kapazität, der Aufmerksamkeitskontrolle und dem Langzeitgedächtnis ab. Diesen aktuellen Forschungen steht die Messung des Intelligenzquotienten gegenüber. Wie passen diese Konzepte zusammen? Der IQ-Test wurde Anfang des 20. Jahrhunderts vom französischen Psychologen Alfred Binet eingeführt und von William Stern weiterentwickelt, um die Leistungsfähigkeit von Menschen beim Lösen unterschiedlicher Aufgaben zu bestimmen. Eigentlich diente er der Beurteilung kindlicher Schulreife. Später wurde er ausgedehnt, um auch die Denkfähigkeit erwachsener Menschen zu messen. Ein durchschnittlicher Denker hat einen IQ von 100. Albert Einstein hatte 160, Bill Gates auch. Man sieht es an ihren Denkergebnissen. George Bush kommt auf 125, aber das lassen wir hier einmal unkommentiert. Das Tragfähige am IQ ist, dass er nur ganz bestimmte Fähigkeiten abbildet. Es geht z. B. darum, Zahlenreihen richtig fortzuschreiben oder identische Objekte zu erkennen und logische Schlussfolgerungen zu ziehen. Diese Fähigkeiten wiederum finden sich in einer Unterteilung wieder, der die Psychologie schon viele Jahre folgt: in der Trennung zwischen *fluider* (Gf) und *kristalliner* (Gc) Intelligenz. Ursprünglich ausgemacht durch Raymond Cattell, werden die beiden Spielarten heute verstanden als die Fähigkeit, logisch zu denken und Probleme in unbekannten Situationen und unabhängig vom bestehenden Wissen zu lösen (Gf), und als das Vermögen, Fähigkeiten, Wissen und Erfahrung anzuwenden (Gc). Letzteres ist zwar nicht identisch mit dem Modell des Langzeitgedächtnisses, aber die Gc greift auf Informationen aus dem Langzeitgedächtnis zurück.

Fluide und kristalline Intelligenz sind das, was die meisten IQ-Tests messen. Mit Cattell nahm die Forscherelite an, dass die kristalline Intelligenz, also das, was wir lernen, von der fluiden Intelligenz, also von dem, was wir per Gen verstehen können, beeinflusst wird. Das klingt auf den ersten Blick ein wenig pessimistisch: Denkfähigkeit als Frage der Gene. Wenig Spielraum. Gibt es Auswege? Der Neuropsychologe und kognitive Neurowissenschaftler Elkhonon Goldberg hat einen etwas weniger bekannten Faktor entwickelt, den SMART-Faktor. Der beschreibt nicht so sehr die Fähigkeiten, wie es Gf und Gc tun, sondern eher das Wesen der (denkenden) Person. Dieser Schlaugkeitsfaktor ist eine Mischung aus der Fähigkeit, die eigenen Handlungen gut zu planen, und der Befähigung, die

Fluide und kristalline Intelligenz

Handlungen anderer Menschen nachzuvollziehen oder gar vorauszuahnen. Für beides braucht der Mensch den PFC, also das Stirnhirn. Wie passt das alles zusammen?

Während sich die fluide Intelligenz also auf unsere geistige Kapazität, Aufgabenanalyse, logisches Denken und unser generelles Verarbeitungsniveau bezieht, ist kristalline Intelligenz das Konstrukt aus *explizitem Wissen* (semantisches, faktisches, episodisches Wissen) und *implizitem Wissen* (gelernte Fähigkeiten wie z. B. Rad fahren). Unsere kristalline Intelligenz ist sozusagen das Ergebnis unserer fluiden Intelligenz.

Und Goldberg? So apart seine Erklärung auch ist, sie kann an der Teilung von Cattell nicht rütteln. Und letztlich muss Goldberg das auch nicht. Der S-Faktor scheint eine Art alltagstauglicher Test zu sein, den, so Goldberg, jeder schnell durchführen kann, indem er einfach mit seinem Gegenüber spricht und zuhört: Wie gut plant der Gesprächspartner, wie gut kann er den Handlungen anderer Sinn beimessen und diese einschätzen? Was nun beide Konzepte eint, ist, dass sie diese Prozesse im Hirn hinter der Stirn verorten. Und da gilt die Maxime: Je höher unsere Kapazität ist, desto besser schneiden wir beim Problemlösen und Schlussfolgern ab (s. a. Kane / Engle 2002). Und diejenigen unter uns, die über eine höhere Kapazität verfügen, leisten mehr, wenn es um Aufgaben geht, die gewohnheitsmäßiges Verhalten durch neue Ziele außer Kraft setzen. Beispielsweise beim Stroop-Test. 1885 bewies der Psychologe James McKeen Cattell, dass Menschen schneller darin sind, Wörter zu lesen, als die zugehörigen Objekte bzw. Eigenschaften dieser Objekte (z. B. Farben) zu benennen. John Ridley Stroop war dann derjenige, der die Wort- und Eigenschaftsdimension in ein und demselben Reiz kombinierte. 2014 belegten Anastasia Kiyonaga und Tobias Egner von der Duke University, dass beim *Stroop-Effekt* die Aufmerksamkeit und das Behalten sich die gleichen Ressourcen teilen müssen. Das Zwischenspeichern stört immer wieder die Aufmerksamkeitsprozesse und umgekehrt – egal ob Menschen die Wörter lesen oder sie sich nur vorstellen. Im klassischen Stroop-Experiment sollen die Probanden die Farben der dargebotenen Wörter benennen. Handelt es sich dabei um Farbwörter, die nicht ihrer Druckfarbe entsprechen, steigen Reaktionszeit und Fehlerzahl.

Gedächtnissysteme

Die moderne Forschung arbeitet mit sogenannten *Ablenkungsaufgaben*, die diesen Stroop-Tests durchaus ähneln. Das sind Aufgabenstellungen, bei denen Probanden so viele Stimuli erhalten, dass sie die Infos zwangsweise über einen längeren Zeitraum zwischenspeichern müssen. Dazu verschiebt ihr Gehirn die Inhalte von einem *ersten Gedächtnissystem* in ein *zweites Gedächtnissystem*. Sie können sich das erste Gedächtnissystem wie ein Vorzimmer zum Arbeitsgedächtnis vorstellen. Das Arbeitsgedächtnis ist dann Teil des zweiten Gedächtnissystems. In einer solchen Einteilung wäre dann ein tertiäres, ein drittes Gedächtnis das bekannte Langzeitgedächtnis. Fluide Intelligenz kann nun auf unterschiedliche Weise getestet werden: entweder durch Aufgaben für das Messen der Arbeitsgedächtniskapazität. Oder mit einfacheren Aufgaben wie z. B. Aufgaben zum Wiedererkennen, die dazu dienen, das zweite Gedächtnissystem genauer zu messen. Die schwierigeren Testaufgaben verlangen vom Probanden, mithilfe kontextueller Schlüsselbegriffe eine effiziente Suche im zweiten Gedächtnis zu absolvieren. Jacqueline Mogle konnte 2008 zeigen, dass die Power des Arbeitsgedächtnisses maßgeblich davon abhängt, wie effizient Informationen aus dem Gedächtnis wieder abgerufen werden (Mogle 2008). Die Teilnehmer mussten eine Vielzahl von Aufgaben lösen. Es ging um Tests zur Verarbeitungsgeschwindigkeit, zum ersten Gedächtnis, zum Arbeitsgedächtnis, zum zweiten Gedächtnis und zur fluiden Intelligenz. Nachfolgend ein Beispiel dazu, wie solche Aufgaben aussahen.

Das zweite Gedächtnis war der stärkste Vorhersagefaktor für die fluide Intelligenz. Was dieses Gedächtnis leisten konnte, lässt Rückschlüsse darauf zu, wie »gut« Menschen denken können. Wer hier gut abschneidet, hat auch beim Arbeitsgedächtnis in der Regel ordentlich was zu bieten. Es sind also die Fähigkeiten in diesem zweiten Gedächtnis, die das Arbeitsgedächtnis und das gute Denken so abhängig voneinander machen. Und so wird das getestet:

Versuch zum zweiten Gedächtnis:
1. Geschichten wiedererkennen. Eine Geschichte wird eine Minute lang präsentiert. Dann werden Inhalte abgefragt. Der Teilnehmer muss per Ja/Nein-Antwort entscheiden, was stimmt.
2. Wörter wiedererkennen. Eine Liste von 20 Wörtern wird für 20 Sekunden präsentiert. Der Teilnehmer muss diese Wörter wiedererkennen.

Versuch zum Arbeitsgedächtnis:
1. Transaktionsspanne: Die Teilnehmer müssen in Spannen von je 1,25 Sekunden Gleichungen verifizieren und sich an Buchstaben erinnern.
2. Lesespanne: Die Teilnehmer müssen in Spannen von je 1,25 Sekunden Sätze verifizieren und sich an Zahlen erinnern.

Nichtrelevantes ausblenden

Im Grunde geht es bei der Bestimmung Ihrer Stirnhirn-Power also darum, wie gut Sie darin sind, aufgabenrelevante Informationen präsent zu halten und nicht relevante Informationen auszublenden. Wenn Sie an einem solchen Experiment teilnehmen, lesen Sie zwischen zwei und sechs Sätze und werden gebeten, sich jeweils das am Ende des Satzes stehende Wort zu merken. Sie müssen also gleichzeitig lesen und lernen. Probieren wir es einmal aus: Lesen Sie die nachfolgenden Sätze durch und merken Sie sich gleichzeitig die letzten Wörter in den jeweiligen Sätzen. Dann verdecken Sie die Sätze für 1,5 Sekunden und schreiben aus dem Gedächtnis die gemerkten letzten Wörter in der richtigen Reihenfolge auf.

Hunde können schwimmen.
Frösche haben Ohren.
Flugzeuge sind leichter als Luft.
Arme haben Knie.
Vögel können fliegen.

Hohe und geringe Stirnhirnkapazitäten

Menschen mit hohen Kapazitäten im Stirnhirn werden bei solchen Aufgaben nach ein paar Durchgängen immer schneller. Die geringer Bestückten stecken eher in ihren Gewohnheiten fest. Sie scheinen wiederholt die Konzentration auf die Zielsetzung zu verlieren und »zappen weg«. Und das passiert keineswegs nur beim Versuch im Labor. Die Kognitionspsychologen Jonathan Schooler, Erik Reichle und David Halpern zeigten 2004, dass auch in unserem Alltag geringere Kapazitäten im Arbeitsgedächtnis bedeuten, dass wir unsere Gedanken »verlieren« und gedankenverloren vor uns hin sinnen. Menschen mit hoher Kapazität haben eine sehr hohe Fähigkeit, bei der Sache zu bleiben; ihre Konzentration ist fast vollständig auf die Aufgabe fokussiert. Bei geringerer Anforderung an das Arbeitsgedächtnis jedoch checken die Menschen mit der hohen Kapazität schneller aus. Menschen mit geringerer Kapazität verlieren sich unter hoher Anspannung eher in ihren Gedanken, was darauf hinweist, dass es ihnen misslingt, ihre Gedanken zu kontrollieren, sobald die Aufgaben schwerer werden.

Warum Multitasking gefährlich ist

Der Mythos Multitasking stirbt nicht. Aufgefallen ist mir das in einer meiner Trainingsveranstaltungen mit dem Titel »Kribbeln im Kopf – Wege aus der Infoflut« mit einer Führungsmannschaft vor einigen Jahren. In der Pause kamen zwei der Teilnehmer auf mich zu und berichteten, dass sie eigentlich gar keine andere Wahl mehr hätten, als parallel die E-Mails zu bearbeiten, während sie mit Mitarbeitern und Kunden telefonierten. Auch würden sie nicht stundenlang an einem Projekt sitzen, sondern parallel an mehreren Projekten arbeiten. Entspannt ignorierend, was die Forschung seit 30 Jahren predigt, wähnten sie sich in der Lage, die physiologischen und neurologischen Gesetzmäßigkeiten außer Kraft zu setzen. Damit widersprachen sie zwar dezent, aber doch deutlich einem Kerninhalt des Trainings, denn das Arbeitsgedächtnis ist kein Zettelkasten und hat keinen skalierbaren Parallelprozessor. Mehrere Aufgaben, die Aufmerksamkeit und Denkpower benötigen, bekommen wir nicht gleichzeitig hin. Meinen Ausführungen wurde jedoch kein Glauben geschenkt. Also nutzte ich den Rest der Pause, um einen kleinen Multitaskingtest zu bauen.

Was ist dran am Multitasking?

Der Live-Versuch zum Multitasking

Nach der Pause bat ich nun die Möchtegern-Multitasker, ihre parallele Denkpower unter Beweis zu stellen. Den Teilnehmern wurden Karten mit farbigen Wörtern gegeben. Diese sollten sie laut lesen. Währenddessen wurden ihnen zwölf Aufgaben gestellt – einfachste Rechenaufgaben (3 x 14 = ?) oder Aufmerksamkeitsaufgaben (Welche Sockenfarbe hat der Trainer?). Anschließend wurden diese Aufgaben noch einmal abgefragt. Von den zwölf Fragen wurden zwei richtig beantwortet. An manche konnten sich die Teilnehmer nicht einmal mehr erinnern! Von wegen Multitasking.

Multitasking macht nachweislich langsamer

Die Studienergebnisse des Neurowissenschaftlers Eyal Ophir zeigen, dass gerade die Menschen, die nach eigener Aussage viel Multitasking betreiben, beim Multitasking-Test miserabel abschneiden. Sie sind extrem anfällig für Unterbrechungen durch irrelevante Umgebungsreize. Auch ihr Arbeitsgedächtnis leidet mehr als bei Nicht- oder Wenig-Multitaskern, weil die Menschen leichter durch irrelevante Gedächtnisinhalte abgelenkt werden. Im Ergebnis sind die starken Medien-Multitasker gerade in dem schlecht, was Multitasking eigentlich ausmacht, nämlich der Fähigkeit, von einer Aufgabe zur anderen zu wechseln, dem sogenannten *Taskswitching* (Ophir et al. 2009). Die Ergebnisse sind in der Tat wenig schmeichelhaft für die Verfechter des multiplen medialen Arbeitens im 21. Jahrhundert.

Gloria Mark von der University of California in Irvine untersuchte das Ganze auf einer etwas größeren Skala. Sie schaute 1000 Informationsarbeitern über die Schulter: In der Regel verbrachte ein Mitarbeiter elf Minuten am Stück an einem Projekt. In dieser Zeit wechselte er – auch ohne Unterbrechung durch nervige Kollegen – in dreiminütigem Abstand zwischen den Aufgaben: E-Mails, Web, Excel-Sheet, PowerPoint. Kam jetzt auch noch ein Kollege vorbei und riss ihn aus der Arbeit, brauchte der arme Mitarbeiter zusätzlich bis zu 25 Minuten, um nach einer solchen äußerlichen Unterbrechung wieder zur ursprünglichen Aufgabe zurückzukehren.

Kognitive Selbstüberschätzung

Vor einiger Zeit arbeiteten wir an einem spannenden Projekt, das das Verhältnis zwischen Mitarbeitern und Unternehmern intensivieren sollte. Spannend war allerdings nicht nur das Projekt, sondern die Art der Vorbereitung: Vieles wurde angesprochen, parallel per mündlicher Aufforderung in die Wege geleitet, an dies und das sollte noch gedacht werden. So wurde vieles erst in allerletzter Minute in allertiefster Nacht erledigt. Last-Minute-Projekte entstehen wie in diesem Fall zumeist aus einem Gedanken heraus: »Ich schaffe das parallel zu meinen sonstigen Aufgaben. Ich nutze ja eh nur zehn Prozent meines Hirns.« Dieses Denken führt regelmäßig dazu, dass Projekte genau daran scheitern. Der Mythos Multitasking stirbt nur langsam. Immerhin: 2012 hat die Bundesanstalt für Arbeitsschutz und Arbeitsmedizin eine Arbeitshilfe mit dem Titel *Bitte nicht stören! Tipps zum Umgang mit Arbeitsunterbrechungen und Multitasking* herausgegeben. Zur Unterstützung dieses Unterfangens auch hier ein neuer Anlauf: Schon seit mehr als 100 Jahren werden Ablenkungen wissenschaftlich erforscht. Immer mit dem gleichen Ergebnis. Denn früh merkten Psychologen: Wenn man mit einem Mitarbeiter sprach, während er eine Nachricht telegrafierte, machte er schneller Fehler. In der Tat wenig überraschend! Wenn das schon so lange bekannt ist, wieso hält sich dann aber der Irrglaube, man könnte mehrere Dinge gleichzeitig tun?

Es liegt wohl an der gefühlten Kontrolle. Wir haben den Eindruck, zwei Dinge gleichzeitig zu bearbeiten, beiden dabei unsere ungeteilte Aufmerksamkeit zu schenken und in beiden gut zu sein. Doch tatsächlich macht unser Gehirn etwas anderes. Die Forschung nennt es »Taskswitching«, das schnelle Wechseln von einer Aufgabe zur anderen. Wie gut funktioniert das? 2012 machten Larry Rosen von der California State University und seine Kollegen einen modernen Praxistest. Sie beobachteten 263 Studenten 15 Minuten lang, während diese zu Hause lernten. Ganze sechs Minuten blieben die Lernenden bei der Sache, bevor sie sich einem der vielen technischen Geräte widmeten. Nach dem Motto: »Ich konnte nicht lernen, Facebook zwang mich dazu.«

Gefühlte Kontrolle

Der Grund, warum das nicht hinhauen kann, liegt im präfrontalen Kortex. Sie erinnern sich vielleicht noch, dass er wie ein Tellerjongleur arbeitet. Beim Multitasking bzw. Taskswitching will er nun die Teller links am Drehen halten, während er sich aber zugleich ganz auf die rechte Seite konzentriert. Wie hoch ist die Chance, dass das gut geht? Eben.

Allerdings gibt es einen Bereich, der das geringfügig verbessern kann. Der frontopolare Kortex. Er kann zwischen verschiedenen Prozessen hin- und herschalten und damit die Beschränkungen des Stirnhirns bei Bedarf, wenn auch in sehr geringem Maße, ausheben.

Dieser Bereich versetzt Sie beispielsweise in die Lage, bei der Aufgabe (2+4) x (5+7) zuerst die Zahlen in der ersten Klammer zu addieren und dann die 6 im Hintergrund präsent zu halten. Das erste Ergebnis steht uns dann, nachdem wir (5+7) gerechnet haben, für die Multiplikation wieder zur Verfügung. Das Umschalten erlaubt Ihrem mentalen CEO eine erhöhte Flexibilität bei leichten Parallelprozessen. Aber wie immer ist Vorsicht geboten, denn ein solcher »Flexibilitätsbooster« kostet Energie. Eine Beanspruchung des Denkens wie bei der obigen Rechenaufgabe halten Sie nicht besonders lange durch.

Je geringer der Wunsch nach multiplem Verarbeiten, desto effektiver sind wir. Diese Art der selbstgesteuerten »Top-down-Aufmerksamkeitskontrolle« erleichtert es uns, die kognitiven Ressourcen zu fokussieren und uns nicht ablenken zu lassen. Wir arbeiten eher in die Tiefe und finden die Konzentration leichter, während die »Multitasker« eher in die Breite arbeiten und ihre Aufmerksamkeit streuen müssen.

Auswirkungen im Alltag Löcher in Wahrnehmung und Verarbeitung entstehen beispielsweise, wenn Sie auf dem BlackBerry tippen, während der Kollege die Budgetkürzungen mit Ihnen durchgeht. Oder wenn Sie beim Autofahren mit dem Handy telefonieren. Es ist dann übrigens egal, ob Sie das Mobiltelefon in der Hand haben oder ob es in der Halterung sitzt, denn nicht das Halten des Handys ist das Problem. Das mental Anspruchsvolle ist die Diskussion. Egal ob mit Freisprecheinrichtung oder mit dem Sitznachbarn. Wenn Sie sich angeregt unterhalten, übersehen Sie doppelt so viele Verkehrszeichen wie normal und verlangsamen Ihre Reaktionszeit signifikant (bis zu einer halben Sekunde!).

Radiohören ist dagegen tendenziell nicht bedrohlich, solange Sie nicht bei einer Call-in-Sendung landen und dringend per Telefon zwei Karten für das nächste Sting-Konzert ergattern wollen!

Also: Ihr Stirnhirn liebt und lebt die Devise »Eins nach dem anderen«. So sorgt es dafür, dass wir uns beim Denken nicht verheddern. Es verhindert Konfliktsituationen, die zwischen den unterschiedlichen Aufgaben entstehen können, und verbessert so unsere Fähigkeit, etwas effektiv zu tun.

TEIL 2:
Wie denkt's? Die Denkfallen

*»Wir sehen die Dinge nicht so, wie sie sind,
sondern so, wie wir sind.«*

IMMANUEL KANT

Vielen Managern ist bewusst, dass ihre Kollegen nicht objektiv sind, doch nur wenige setzen sich damit systematisch auseinander. Dass wir alle so wenig objektiv sind, liegt an den Denkfallen, die unser Gehirn für uns bereithält. Die Lösungen für das Umgehen der verschiedensten Denkfallen, die Sie hier finden, sind wie Kontaktlinsen für das Denken. Klingt komisch, trifft aber genau den Kern: Wenn Sie schlecht sehen, können Sie sich Kontaktlinsen kaufen – Ihre Augen bleiben trotzdem kurzsichtig. Das ist beim Denken nicht anders: Sie können Hilfsmittel wie eine Statistik heranziehen, Ihr grundsätzliches Denkvermögen bleibt gleich. Beim Sehen merken Sie sehr schnell, ob Sie sich gerade auf das Hilfsmittel verlassen oder ob Sie ohne es gerade nichts sehen. Beim Denken merken wir das oft erst später, wenn die Ergebnisse so klar vor Augen liegen, dass wir uns sagen: »Warum habe ich daran nicht gedacht?« Die Abkürzungen des Denkens werden Sie Ihrem Gehirn nicht austreiben können. Sie können aber immer wieder die »Kontaktlinsen« benutzen, um mit diesen Lösungen für gutes Denken zu sorgen. So schalten Sie den Autopiloten im Kopf immer mal wieder aus und übernehmen selbst die Steuerung.

Es gibt für jeden lernfähigen Organismus nur eine grundlegende Unterscheidung: »Achtung, neu« oder »Ach, kenn ich schon«. Auf dem Übergang vom Neuen zur Routine basiert unser Lernen und unser Denken. Allerdings läuft der Großteil unseres Denkens auf Autopilot. Das heißt, unser Gehirn funktioniert überwiegend durch Routinen. Das spart Kraft und Energie, kann uns aber teuer zu stehen kommen. Viele Denkfallen, die Sie hier kennenlernen, sind für das Gehirn besonders verführerisch, weil sie Daumenregeln bereithalten. Daumenregeln sind immer dann erfolgreich, wenn sie in dem Kontext angewendet werden, aus dem sie stammen. Dann erfüllen sie die Kriterien der Effizienz und der Energieersparnis, die der mentale CEO schätzt. Diese Faktoren machen die Denkfallen für unser Gehirn so ungemein attraktiv, weil es Routi-

Denken auf Autopilot

nen, Vereinfachungen, erprobte Muster als Sparmaßnahmen liebt. Denken hilft sparen. Gesparte Energie ist gut für den Notfall.

Kurze Begriffsklärungen

Dieses Buch kommt fast ohne Fachchinesisch aus. Einige Begriffe aus der Forschung bringen jedoch die jeweilige Sache so gut auf den Punkt, dass sie hier kurz erklärt werden sollen.

- *Kognition* bzw. *kognitiv:* Dabei geht es um die Gesamtheit aus Wahrnehmung, Erkennen, Vorstellen, Wissen und Denken.
- *Denken:* Im Unterschied zum Begriff *Kognition* gibt es hier ein eindeutiges Verständnis des Begriffs: Denken ist alles, was Sie aktiv im Kopf unternehmen. Also wenn Sie Assoziationen folgen, Vorstellungen bilden, Erinnerungen wachrufen und Sprache benutzen, um etwas zu verstehen.
- Der Begriff *Denkfallen* ist kein Fachbegriff. Die Forschung nennt viele der kognitiven Abkürzungen und mentalen Kurzschlüsse, zu denen unser Hirn neigt, anders: *Tendenz* oder *Verzerrung*. Die Ungenauigkeit dieser Begriffe liegt an der Übersetzung aus dem englischen *Bias*, was auch als »Voreingenommenheit« übersetzt werden kann. Egal welches Wort Sie im Text finden, es geht immer darum, dass der Kopf seine ganz eigene Art hat, mit der Welt fertigzuwerden. Er hat seine »Neigungen«, seine Lieblingsdenkmuster. Und denen versuchen wir im Folgenden auf die Spur zu kommen.
- Beim *deduktiven Schließen* greifen wir auf uns Bekanntes zurück und leiten daraus neues Wissen ab. Damit schaffen wir es, neue Infos in Bekanntes einzuordnen. Es läuft also immer gleich ab: Wir haben eine Meinung oder eine Theorie. Dann sehen wir etwas Neues. Und weil das Neue gut zur Theorie passt, schlussfolgern wir, dass es Teil der Theorie ist. Einfach gesagt: Vom Generellen schließen wir auf das Spezielle; von oben nach unten – von einer Hypothese zur Bestätigung. Wir folgen dem Motto: »Das war schon immer so. Das hier ist ähnlich, also ist es auch so.«
- Beim *induktiven Schließen* geht es genau andersherum: Wir schließen vom Einzelfall auf das Ganze; von unten

nach oben – von der Wahrnehmung zur Theorie. Nach dem Motto: »Wenn das einmal funktioniert hat, dann funktioniert das auch jetzt, also immer.«

- Beim *Urteilen* kommen wir nach einer kritischen Bewertung der uns zur Verfügung stehenden Informationen zu einem Schluss.
- Beim *Schätzen* bewegen wir uns mental auf ganz dünnem Eis. Denn wir bilden uns eine Meinung aufgrund unvollständiger Informationen. Das passiert notwendigerweise oft. Ins Schätzen geraten wir immer dann, wenn wir die Wahrscheinlichkeit von Ereignissen einordnen wollen.
- Beim *Entscheiden* müssen wir zwischen zwei oder mehreren Alternativen wählen.
- Beim *Problemlösen* geht es darum, dass wir unsere mentale Power auf einen Zweck ausrichten. Wir sind darauf aus, Ziele zu erreichen und auf dem Weg zum Ziel Hindernisse aus dem Weg zu räumen. Gäbe es keine Hindernisse, müssten wir nicht bewusst mental aktiv werden. Dann würden wir immer sofort am Ziel sein. Dem ist aber nicht so. Deshalb ist Problemlösen eine Schlüsselkompetenz.
- Beim *kreativen Problemlösen* liegt der Fall noch etwas komplizierter. Mit dem Modell des Denkpsychologen Dietrich Dörner lässt dies sich so umschreiben: Das klassische Problemlösen setzt sich mit geschlossenen Problemen auseinander. Beispiele sind Aufgaben in Mathematik, Physik oder Chemie. Die können wir mit Techniken und Methoden lösen, die wir gelernt haben. Beim kreativen Problemlösen geht es hingegen um offene Probleme. Eine Lösung lässt sich nicht durch Routinen finden, sondern durch neue, nützliche Produkte, so der Psychologe Joachim Funke 2009 zusammenfassend.

Alte Lösungen für neue Probleme

Wenn wir nun das Energiesparkonzept und die begrenzte Kapazität des mentalen CEO sehen, ist klar, warum wir überhaupt in Denkfallen tappen. Salopp formuliert: Aus Faulheit wendet das Gehirn alte Lösungen auf neue Probleme an. Das Erstaunliche ist, dass unser Gehirn diese Möglichkeit zu unvernünftigem Verhalten überhaupt zulässt.

Die Sammlung der folgenden 22 Denkfallen erhebt keinen Anspruch auf Vollständigkeit. Sie ist danach zusammengestellt, wie sehr die kognitiven Fehlleistungen unseren Alltag bestimmen. Um einen Weg aus der Sackgasse aufzuzeigen, haben wir jeder Falle auch eine Lösung beigestellt. ==Denn umgehen kann eine Falle nur, wer die Alternative kennt.==

Schlussfolgern

> »Jeder Mensch schließt von sich auf andere und vergisst, dass es noch anständige Menschen gibt.«
> HEINRICH ZILLE

Dieser Mensch ist so, weil alle anderen auch so sind

Oft reichen die Informationen, die wir im Kopf haben, nicht, um ein vollständiges Bild aufzubauen. Dann erschließen wir uns aus dem, was wir wissen, die fehlende Zusatzinfo. Wann immer ich in Meetings, bei Projektbesprechungen oder auf der Bühne für eine Idee kämpfe, gibt es mindestens einen Astrologiefreund, der sich den Ausspruch nicht verkneifen kann: »Der ist ==Stier. Kein Wunder, dass der so mit dem Kopf durch die Wand will==.« Bestimmt haben Sie auch schon einmal in einer angeregten Diskussionsrunde astrologische oder andere pauschalisierende Schlussfolgerungen über sich ergehen lassen müssen. Natürlich funktioniert dieses Prinzip nicht nur mit schnellen Rückschlüssen über Tierkreiszeichen. Nationalitäten, Stadtteile, Berufsgruppen oder Hobbys eignen sich ebenfalls optimal, um in Hochgeschwindigkeit Aussagen über Menschen zu produzieren. Nennen Sie es, wie Sie wollen: Typisierungen, Verständnishilfen, Klischees, Schubladen. Lawrence Parsons und Daniel Osherson fanden heraus, dass bei deduktivem Schließen eine stärkere Aktivierung in der rechten Hirnhälfte stattfindet, unser Umgang mit Wahrscheinlichkeiten aber in der linken Hirnhälfte stattfindet (Parsons / Osherson 2001). Bei der Deduktion sind die Gehirnbereiche 21, 44 und 47 aktiv (vgl. Abb. 15).

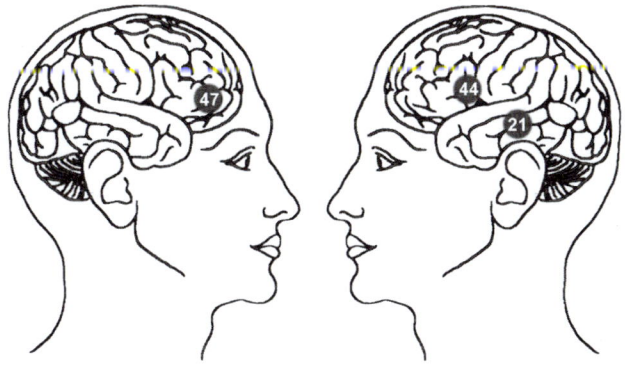

Abb. 15: Aktive Gehirnbereiche beim Schlussfolgern

All das sind Ergebnisse aus Studien zum Schlussfolgern, einer Fähigkeit, die den Kern der menschlichen Intelligenz ausmacht (Stanovich 1999). Was macht diese Fähigkeit so besonders? Ihr liegt ein verlockend einfaches Prinzip zugrunde: die Logik des Aristoteles. Mit ihr können Sie vom Allgemeinen aufs Einzelne schließen. Sie bedienen sich bei Ihrem Wissen über die Welt, stellen eine Regel auf und übertragen das Ergebnis auf die aktuelle Situation. Beispiel: Sie wissen, was Regen ist. Sie kennen die Regel: Wenn es regnet, wird die Welt nass. Jetzt übertragen Sie Wissen und allgemeine Regel. Sie sehen eine nasse Straße und schlussfolgern: Klar, es hat geregnet. Wo ist da der Denkfehler? Nun ja, Ihre Schlussfolgerung war falsch. Warum? Lesen Sie weiter!

Die Logik des Aristoteles

1. Denkfalle: Warum es nicht regnet, wenn die Straße nass ist

Die Frage ist in erster Linie: Warum machen wir überhaupt Fehler beim Schlussfolgern? Die Psychologie würde antworten: weil wir von Haus aus nicht sehr geübt im formal-logischen Denken sind. Es ist ein Mangel an Training, der zu systematischen Fehlern führt. Richtige Schlussfolgerungen halten wir für falsch, weil sie unserer Intuition widersprechen. Andere

Schlussfolgerungen für wahr, weil sie vom Inhalt her glaubwürdig erscheinen. Nun ist unser Alltag voller Situationen, bei denen wir eine bestimmte Überzeugung aus unserem Wissen bzw. unseren Erfahrungen ableiten, sprich schlussfolgern.

Beginnen wir mit dem *konditionalen Schließen*. Das sind Schlussfolgerungen nach dem Wenn-dann-Prinzip. Ein bekanntes Beispiel findet sich in der Enzyklopädie der Psychologie:

> (Antezedent) Wenn es regnet, (Konsequenz) dann ist die Straße nass.
> (Nebenprämisse) Es regnet.
> (Konklusion) Also ist die Straße nass.

Stimmt's? Ja. Die Prämissen (Antezedent + Konsequenz) und die Nebenprämisse sind wahr. Daher ist auch die Konklusion wahr. Aber wie sieht es hiermit aus:

> (Antezedent) Wenn es regnet, (Konsequenz) dann ist die Straße nass.
> (Nebenprämisse) Die Straße ist nass.
> (Konklusion) Also regnet es.

Stimmt auch das? Nein. Warum? Aus Sicht der Logik trifft die Konklusion, also die Schlussfolgerung im letzten Satz, nur zu, wenn wahre Voraussetzungen *immer* einem wahren Schluss nach sich ziehen. Das gilt nun für die nasse Straße nicht: Es muss nicht am Regen liegen, dass sie nass ist. Vielleicht liegt es ja auch am Wasserrohrbruch im Büro über Ihnen. Dann haben Sie ein ganz anderes Problem als die Logik. Und wie sieht es mit diesem Beispiel des Psychologen Thomas Schmidt von der Technischen Universität Kaiserslautern aus?

> (Antezedent) Wenn es morgen regnet, (Konsequenz) dann werden wir uns freuen.
> (Nebenprämisse) Wir werden uns morgen nicht freuen.
> (Konsequenz) Also wird es morgen nicht regnen.

Formale vs. mentale Logik

Der Schluss ist logisch gültig, auch wenn er inhaltlich unsinnig ist! Die Erklärung dafür kommt ein wenig später. Zuerst stellt sich die Frage: Warum gelingt uns das logische Schließen manchmal und dann wieder nicht? Der kognitive Psychologe Martin Braine ging schon 1978 davon aus, dass wir Alltagsmenschen zwar über einige Mechanismen für das Schlussfolgern verfügen. Wir haben sie gelernt oder beherrschen sie intuitiv und haben sie im Langzeitgedächtnis gespeichert. Braine nennt diese Mechanismen »natürliche Logik«. Aber diese können sich von den logisch richtigen Schlussfolgerungsmechanismen unterscheiden. Das führt zu Anwendungsfehlern. Denn während wir die Prämissen lesen und unser mentaler CEO sie zwischenspeichert, sucht er im Langzeitgedächtnis nach einer passenden Formel, die uns hilft, die Informationen zu sortieren. Und da führt der Unterschied zwischen formaler und mentaler Logik unter Umständen in die Denkfalle. Entweder weil das, was wir in unserer natürlichen Logik für wahr halten, von dem abweicht, was in der formalen Logik wahr ist, oder weil wir die Regeln falsch anwenden; vielleicht kennen wir die richtige gar nicht oder wenden die richtige falsch an. Das ist ein Biotop für Denkfallen. Sie können sich das so wie eine Art Murphy's Law vorstellen: »Whenever you wash your car, it is surely going to rain. But washing your car to make it rain doesn't work.«

In manche Fallen tappen wir einfach, weil der mentale CEO überlastet ist. In der Folge speichert er die Prämissen falsch oder unvollständig. Die sog. *Prozessfehler* sind dann unvermeidbar. Die Kapazitäten des CEO lassen sich jedoch, so eine der Hauptthesen dieses Buches, durch Training erweitern. Dem widmet sich der dritte Teil dieses Buches. Hier gehen wir nun der Frage nach, welche Fehler noch entstehen und was wir gegen sie unternehmen können. Die Denkfallen beim logischen Schließen tauchen in zwei weiteren Situationen auf. Entweder wir haben die Aussagen nicht richtig verstanden und landen so bei *Verständnisfehlern*. Oder wir haben zwar verstanden, können aber mit dem, was wir an Strategien im Kopf haben, keine direkte Lösung erzielen und greifen deshalb auf Daumenregeln zurück. Das sind die *Strategiefehler*. Wo führen uns diese Fehler im Alltag in Denkfallen hinein?

1. Wie gut habe ich es verstanden?

Wie selten wir wirklich gut hinhören, haben die Straßeninterviews des Comedians Wigald Boning immer wieder eindrucksvoll bewiesen. Auf die Frage »Was meinen Sie als Unbeteiligter zum Thema Intelligenz?« antworteten Passanten: »Ja, äh, isch sach ma, muss man immer was von dabeihaben!«

Stellen Sie sich vor, Sie laufen bei einem Marathon mit. Sie schaffen es bis an die dritte Stelle im Feld. Wenn Sie nun bei einem Schlussspurt den bis dahin Zweiten überholen, an welcher Stelle laufen Sie dann? Die meisten Menschen antworten intuitiv: an erster Stelle! Das ist aber natürlich Quatsch. Denn wenn Sie den Läufer an Platz zwei überholen, dann sind Sie selbst ja Zweiter.

Beim logischen Schließen ist es extrem gefährlich, wenn man nur so halb hingehört hat. Wir speichern die Ausgangsaussagen nicht genau und lassen Interpretationsmöglichkeiten unbeachtet. Fangen wir mit den Prämissen, also den Ausgangsaussagen, an. Schon 1959 legten Loren und Jean Chapman ihren Probanden Prämissen vor wie »Alle Psychologen sind Akademiker« und fragten, ob daraus auch »Alle Akademiker sind Psychologen« folgt. Die Antwort: Nein. Diese Umkehrung ist nicht zulässig. Intuitiv aber würden wir aus der Aussage »Alle A sind B« schließen: Alle B sind A. Ein typischer Verständnisfehler zwischen der Sprache der Logik und der des Alltags.

Deutlich wird das, wenn es ein wenig abstrakter wird – wie in der Studie von Stephen Newstead und Richard Griggs aus dem Jahr 1983. Dort antworteten über 35 Prozent aller Versuchspersonen, dass »Alle ...« und »Einige ... nicht« konvers seien. Ein konverses Begriffspaar sind beispielsweise »Ehefrau« und »Ehemann«. Mit zwei unterschiedlichen Äußerungen lässt sich die gleiche Bedeutung transportieren: »A ist die Ehefrau von B« sagt dasselbe wie »B ist der Ehemann von A«. Dieses falsche Verstehen ist vielleicht darauf zurückzuführen, dass wir intuitiv immer von einem Prinzip ausgehen, das aus der Sprachwissenschaft bekannt ist: »Sei so informativ wie möglich, aber nur so informativ wie nötig.« Dann wird aus dem logischen »einige«, das »mindestens eine und möglicherweise alle« bedeutet, ein alltagssprachliches »einige«, bei dem die Option »alle« intuitiv ausscheidet. Folglich verstehen Menschen dieses »einige« im Alltag anders und interpretieren es mitunter sogar um zu »mehr als die Hälfte«. Logisch richtig ist das zwar nicht, im Alltag aber möglich.

Dieser Erklärungsansatz für unsere Begriffsstutzigkeit ist in der Forschergemeinschaft durchaus umstritten. Er deutet aber auf ein grundlegendes Problem hin: Die Sprache der Logik ist nicht immer die Sprache des Alltags. Und da lauert die Denkfalle. Doch wenn wir nicht richtig verstehen, kann es zu einem falschen Modell im Kopf kommen. Und so denken wir dann, dass es regnet, weil die Straße nass ist.

Und damit kommen wir zur zweiten wichtigen Quelle für Denkfallen, den *Strategiefehlern*. Die setzen ein, wenn wir die Prämissen verstanden haben. Dann bauen wir eine Vorstellung vor unserem geistigen Auge auf, ein sogenanntes *mentales Modell*. In diesem Modell sehen wir vor unserem geistigen Auge, was wir gelesen oder gehört haben. Und manchmal auch ein bisschen mehr. Ein Beispiel:

> Das Kind fiel vom Fahrrad und die Mutter schrie.
> Die Mutter schrie und das Kind fiel vom Fahrrad.

Achten Sie darauf, wie Sie diese Aussagen in Ihrem mentalen Modell repräsentieren. Und achten Sie auf Ihre Reaktion, wenn Sie den folgenden Satz lesen: Die beiden Sätze sind absolut identisch in ihrer Aussage. Wahrscheinlich zögern Sie gerade einen Moment. Das liegt daran, dass in der Logik »und« immer nur »und« bedeutet, wir aber in unserem mentalen Modell bei den obigen Sätzen intuitiv ein »deshalb« einfügen. Phillip Johnson-Laird hat schon 1991 belegt, welch großen Einfluss dieser Mechanismus auf unsere Modellbildung hat.

In einem Satz: Fehler entstehen, weil wir ein löchriges mentales Modell aufbauen. Löchrig ist dabei die Art, wie wir mit unserer Sprache umgehen bzw. mit welcher Bedeutung wir ein Wort verwenden, z. B. wenn »einige« und »alle« im Spiel sind. Nehmen Sie folgendes Beispiel:

Ein löchriges mentales Modell

> Alle Kirchgänger sind Gläubige.
> Einige Agnostiker sind keine Gläubigen.
> Einige Agnostiker sind keine Kirchgänger.

SCHLUSSFOLGERN

Das ist jetzt etwas schwerer zu beweisen als die Sache mit dem Regen. Denn dafür müsste der mentale CEO verschiedenste Logikregeln abrufen, und wenn er diese nicht kennt, versuchen, selbst welche zu erstellen, er müsste Zwischenergebnisse im Kopf behalten, Falsches verwerfen etc. Da ist die Überlastung vorprogrammiert. Und leider scheinen die Schlussfolgerungen im Alltag eher dieser komplexeren Art zu folgen, auch wenn »einige« und »alle« nicht darin vorkommen.

Beispiel IBM Ein Beispiel aus dem Businessalltag: IBM wollte in den 80er-Jahren ganz hoch hinaus und am PC-Boom teilhaben. Das Unternehmen war Branchenführer. Um der Nachfrage gerecht zu werden, lagerte es die Produktion einzelner Komponenten an – damals – kleine Unternehmen aus, darunter auch Microsoft. Immer mit der Erfahrung im Kopf: Unsere Kunden sind bereit, für unsere teureren Produkte mehr Geld auszugeben, weil wir für etwas stehen. Der Wirtschaftsautor Stuart Crainer verfolgte 2002 dieses Denkmuster und wies als Grund für den Gewinneinbruch von IBM folgende Schlussfolgerung nach:

Ausgangsaussagen: Alle IBM-Produkte sind immer teuer und ein Hit gewesen. IBM baut in Zukunft mit der gleichen Qualität wie in der Vergangenheit.
Schlussfolgerung: Also werden IBM-Produkte auch in Zukunft teuer und ein Hit sein.

Alltagssprache als Irrtumsquelle Viele bekannte wirtschaftliche Misserfolge können auf diese Fehleranfälligkeit beim Ziehen von Schlüssen zurückgeführt werden. Denn die Sprache der Logik wird ganz besonders bei diesen komplexeren Zusammenhängen von der Alltagssprache, sagen wir, verdrängt.

2. Wie sehr beeinflusst uns unser Wissen?
Ein Beispiel: Sherlock Holmes und Doktor Watson gehen zelten. Auf einer Waldlichtung schlagen sie ihr Zelt auf und schlafen ein. Mitten in der Nacht wird Watson von Holmes geweckt. »Watson, schauen Sie nach oben, und sagen Sie mir, was Sie sehen.« Watson antwortet: »Ich sehe Millionen von Sternen.« Holmes: »Welchen Schluss ziehen Sie daraus?« Watson überlegt einen Augenblick: »Astronomisch bedeutet es, dass es

Millionen von Milchstraßen geben muss mit möglicherweise Milliarden von Sternen. Astrologisch bedeutet es, dass Saturn im Sternzeichen Löwe steht. Zeitlich bedeutet es, dass es etwa Viertel nach drei ist. Theologisch bedeutet es, dass im Vergleich zum mächtigen Herrgott wir alle klein und unbedeutend sind. Meteorologisch bedeutet es, dass wir morgen wahrscheinlich einen schönen Tag haben werden. Welchen Schluss ziehen Sie?« Holmes schweigt einen Moment und sagt dann: »Watson, Sie Idiot, es bedeutet, dass jemand unser Zelt geklaut hat.«

Was war Watsons Problem? Vielleicht hat er es einfach nicht für möglich gehalten, dass jemand es wagen würde, ihm und Holmes das Zelt zu nehmen. Sherlock Holmes bestehlen in dieser schönen, sternenklaren Nacht? Nicht möglich. Zumindest in der Welt, die Dr. Watson im Kopf hat. Und damit ist er in guter Gesellschaft. Karl Christoph Klauer, Jochen Musch und Birgit Naumer von der Universität Bonn belegten 2000, dass Menschen viel eher Schlussfolgerungen akzeptieren, wenn sie diese persönlich als glaubhaft einstufen. Und das gilt unabhängig von deren logischer Gültigkeit. Wir bevorzugen bestimmte Interpretationen unserer Ausgangsüberlegungen, weil sie in unserem Alltag so ganz oft vorkommen. Und die Denkfalle lauert hier, weil wir uns bei unseren Schlüssen seltener als angenommen von der Logik und öfter als vermutet von unseren Einstellungen gegenüber diesen Ausgangsüberlegungen leiten lassen. Diese Einstellungsverzerrung wird in der Regel noch dadurch begünstigt, dass wir uns im Alltag nicht die Mühe machen, Prämissen förmlich aufzudröseln. Nicht zuhören, falsche Modelle aufbauen und unser Alltagswissen über die Logik stellen, das können wir gut. Nicht nur im Test bei den kognitiven Psychologen, sondern auch im Schlussfolgerungsalltag.

Nehmen Sie beispielsweise die Eskimos. Das sind die einzigen Menschen, die nur Fleisch bzw. Fisch essen. Studien der Weltgesundheitsorganisation haben gezeigt, dass Eskimos wirklich gute Zähne haben. Daraus könnten Sie schließen, dass Menschen, die kein Fleisch essen, schlechte Zähne haben. Die Psychologen Ute und Wolfgang Schönpflug bemerkten 2006 zutreffend, dass man von Fleischessern nicht wirklich ernsthaft auf Nicht-Fleischesser schließen kann. Ob die beiden Vegetarier sind, ist nicht überliefert.

Aus dem Innovationsalltag

Zum Abschluss ein schönes Beispiel aus dem Innovationsalltag. Auch das stammt von Stuart Crainer, der 2002 ein Buch über erfolgreiche und gescheiterte Unternehmensentscheidungen veröffentlichte: Charles Goodyear war ein berühmter Erfinder. Der Prozess der Vulkanisierung entstammt seinem Hirn. Damit konnte die Gummiherstellung in ungeahnte Höhen schnellen. Doch so eine Erfindung bleibt nicht lange geheim. In so einer Situation hat man zwei Möglichkeiten: das Patent schützen lassen oder einfach immer schneller neue Sachen erfinden und vom eigenen Erfindungsreichtum leben. Was tat Goodyear? Er könnte folgender Schlussfolgerung anheimgefallen sein:

Ausgangsaussagen: Ich habe die Vulkanisierung erfunden.
Ich kann also noch mehr Produkte erfinden.
Und: Wenn ich mir noch einen guten Erfinder hinzuhole, dann ist unser Output doppelt so hoch.
Schlussfolgerung: Ich brauche kein Patent.

Deshalb suchte er nach einem Gleichgesinnten, um den Erfolg zu sichern. Und versagte. Denn seine Patente waren nicht geschützt, wurden schnell kopiert und die Rechtsstreitigkeiten trieben ihn in die Pleite.

Voreilige Schlüsse

Warum ist das eine Fehlerquelle im Alltag? Stellen Sie sich vor, Sie stehen am Flughafengate oder am Bahnhof. Eine Frau und ein Mann streiten sich. Sie warten dort ebenfalls und sind zufällig in Hörweite. Im Streit fallen Worte wie »das Haus« oder »die Kinder«. Es wäre nur natürlich, wenn Sie messerscharf und ohne viel Nachdenken schließen würden: Wenn ein Mann und eine Frau solche Begriffe in einem Streit verwenden, sind sie ein Paar. Das erscheint logisch, ist es aber keineswegs. Vielleicht haben die beiden über einen Zeitungsbericht gestritten. Doch unser Hirn liebt es, voreilige Schlüsse zu ziehen. Und das gilt ebenso im beruflichen Leben, wenn Sie solche Schlüsse über Kollegen, die neue Strategie oder die Produktentwicklung ziehen.

Fazit: Wir Menschen verfügen grundsätzlich über die Fähigkeit, logisch zu denken, jedoch wird diese Fähigkeit durch zahlreiche Randbedingungen eingeschränkt. Deduktive Schlüsse können die Möglichkeiten unseres mentalen CEO überfordern. Was also tun im Denkalltag?

Lösung: Ausführlichere Darstellung der Ausgangssituationen

Der Psychologe John Erickson machte auf die Lösung aufmerksam: der Versuchung, die Ausgangssituation zu verkürzen, widerstehen (Erickson 1978). Warum ist dieser Wunsch so übermächtig? Durch Verkürzung hoffen wir, leichter zu verstehen, worum es geht. So können wir schnell und erfolgreich Schlüsse ziehen. Schnelle Schlüsse erlauben schnelles Handeln. Alison Green und Ken Gilhooly führten 1992 den Gedanken weiter und zeigten eine andere – differenziertere – Ausgangssituation: Alle B sind A, und einige, aber nicht alle A sind B. Bei dieser Darstellung sinkt die Fehlerrate entscheidend.

Mächtiger Wunsch nach Verkürzung

Die folgenden vier Punkte müssen Sie beachten, um beim Schlussfolgern die richtigen Schlüsse zu ziehen.

Schritt für Schritt zu den richtigen Schlüssen

1. Alle Interpretationen durchdenken

Erinnern Sie sich daran: Sie tendieren dazu, nur die Interpretationen zuzulassen, die in Ihr Bild von der Welt passen. Zu Beginn des Schlussfolgerns gilt es also, alle Interpretationen der Ausgangssätze zu durchdenken. Denn nur wenn die Abbildung im Kopf richtig ist, sind auch die Schlussfolgerungen zutreffend. Selbst John F. Kennedy, so belegten 2009 die Psychologen Philip Johnson-Laird und Ruth Byrne, neigte zu außergewöhnlichen Schlussfolgerungen:

> »Wenn diese Nation [Irland] ihre heutige politische und wirtschaftliche Statur vor einem Jahrhundert oder mehr erreicht hätte, wäre mein Urgroßvater vielleicht nie aus New Ross weggegangen ...«

Solche hypothetischen Schlussfolgerungen zu ziehen, gelingt mit ein wenig Übung. Und die Forschung zeigt: Genau dann, wenn Sie Hypothesen über das »Was wäre, wenn« aufstellen, verleiten Sie sich dazu, auch die negativen Schlussfolgerungen

Eulerdiagramme

gleich mit zu betrachten, die unser Stirnhirn sonst unter den Tisch kehrt. Achten Sie dabei genau auf Ihre Formulierungen. Testen Sie, was Sie mit Generalisierungen wie »alle«, »jeder«, »keine«, »nie«, »immer« tatsächlich meinen. Abraham Lincoln sagte einmal: »Man kann alle Menschen für einige Zeit zum Narren halten. Man kann sogar einige Menschen für alle Zeit zum Narren halten; aber man kann nicht alle Menschen alle Zeit zum Narren halten.« Was zu beweisen wäre.

Im Notfall helfen Eulerdiagramme. Der Schweizer Mathematiker Euler hat mit deren Hilfe einer Gräfin Logik beigebracht. Warum sollte das nicht auch bei uns helfen? Die Kognitionswissenschaftler Keith Stenning und Jon Oberlander verwendeten 1995 Eulerdiagramme, um die mentale Repräsentation von Prämissen zu klären. Zwar werden sie nicht mehr so oft in der Logik verwendet, aber sie eignen sich hervorragend zur Visualisierung von Schlussfolgerungen.

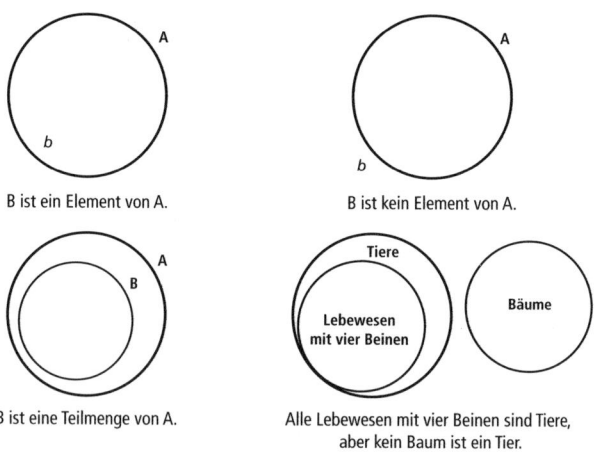

Abb. 16: Eulerdiagramme

2. Überzeugungsverzerrung ausschalten

Recherche hilft Wir alle neigen dazu, die Richtigkeit unseres Schlussfolgerns nach dem empirischen Zustand der jeweiligen Schlussfolgerung zu beurteilen. Sobald wir diese für empirisch wahr halten, halten wir die gesamte Argumentation für zutreffend. Und umgekehrt. Hier hilft nur der Königsweg der Recherche. Ihr Erfahrungsschatz ist notwendig begrenzt. Nicht notwendig ist es, ihn so begrenzt zu halten. Informieren Sie sich ausgiebig. Und achten Sie auch bei Ihrer Informationssammlung darauf: Ihnen werden immer zuerst die Dinge auffallen, die sich mit Ihrer Meinung decken. Die widersprechenden Informationen nehmen Sie immer erst auf den zweiten Blick wahr.

Das gilt besonders für die Einschätzung von Grundaussagen, die Ihnen eine Autorität präsentiert. Das ist ein Mensch, dessen Glaubwürdigkeit Sie auf dessen Aussagen übertragen. In der Forschung wird das auch *Halo-Effekt* genannt (auf Deutsch: Heiligenschein-Effekt). Überlegen Sie mal kurz: Wenn Jan Hofer, Claus Kleber oder Ulrich Wickert Ihnen einen Business-Case erläutert, der eine neue Technologie als Investitionswert darstellt – würden Sie diese Grundaussage erst einmal in Zweifel ziehen? Würden Sie schauen, ob die Technologie Segen oder Fluch ist? Studien aus der Wirtschaftswissenschaft und Forschungen des Psychologen Gary Klein belegen, dass solche Ausgangsprämissen selten infrage gestellt werden. Unser Gehirn neigt zu vorschnellen Schlüssen und bleibt dabei.

3. Die eigenen Emotionen beachten

Alle Erlebnisse in Ihrem Erfahrungsspeicher haben eine Art emotionales Etikett an sich kleben. Diese Etikettierung springt in Denksituationen wie dem Schlussfolgern schnell an. Der Wirtschaftswissenschaftler Sidney Finkelstein hat deren Einfluss bewiesen. Er zeigte, dass die Emotionen dem Gehirn Hinweise liefern, ob eine Information wichtig ist oder nicht (Finkelstein 2009). Finkelstein und sein Team belegen das anhand des Beispiels der Wang Laboratories. Deren Gründer Wang reagierte, als er den Siegeszug des PC als Bedrohung für sein Unternehmen erkannte. Er entwickelte seinen eigenen Computer, obwohl der PC von IBM bereits Branchenführer war. Wang fühlte sich von IBM hintergangen und wollte sich so rächen. Das Ergebnis dieser von Emotionen geprägten Entscheidung? Wang Laboratories lehnte IBM-Lösungen ab – obwohl diese Lösungen, um die es ihm ging, von Microsoft und nicht mehr von IBM hergestellt wurden. Finkelstein und Kollegen zeigen, dass wir Eigeninteressen in unsere beruflichen Entscheidungen

Emotionale Etikettierung

einfließen lassen. Auch wenn wir es noch so wenig wollen. Egal ob es der Arzt ist, der ein Medikament verschreibt, oder der Wirtschaftsprüfer, der die Zahlen checkt: Unbewusste Eigeninteressen fließen immer wieder mit ein.

4. Arbeitsgedächtnis trainieren

Leichter kombinieren mit Training

Immer wieder sprechen die Forscher davon, dass unser Hang zur einfachsten Lösung mit der geringen Kapazität des Arbeitsgedächtnisses zu tun hat. Nun, da Sie wissen, dass auch dieses mit einem kleinen Zeitinvestment zu trainieren ist, tun Sie es! Denn nur ein trainiertes Arbeitsgedächtnis kann diese Kombinationsarbeit ermüdungsfrei in Angriff nehmen. Dann klappt es auch mit dem Schlussfolgern. Und das lohnt sich. Denn wie neueste Forschungen zeigen, hat die Kapazität des Arbeitsgedächtnisses einen starken Einfluss auf die fluide Intelligenz, die auch verstanden werden kann als unsere Fähigkeit zum Schlussfolgern. Training tut gut. Und das schon von Kindesbeinen an. Henrik Ullman und Kollegen vom Karolinska Institutet in Schweden belegen dies in einer Studie von 2014. Sie zeigt, dass die Kapazität des Arbeitsgedächtnisses im Kindesalter bereits ein klarer Indikator für späteren akademischen Erfolg ist.

Hier können Sie sich noch einmal testen:

Alle A sind B.	Alle Züge sind unpünktlich.
Kein C ist A.	Kein Flugzeug ist ein Zug.
Was folgt daraus?	
1. Alle C sind B.	Alle Flugzeuge sind unpünktlich.
2. Einige C sind B.	Einige Flugzeuge sind unpünktlich.
3. Kein C ist B.	Kein Flugzeug ist unpünktlich.
4. Einige C sind nicht B.	Einige Flugzeuge sind pünktlich.
5. Keine dieser Folgerungen?	Alles Quatsch, ich fahre Auto.

2. Denkfalle: Warum immer die anderen das Brett vorm Kopf haben!

Für wie rational halten Sie sich auf einer Skala von 1 (völlig unrational) bis 10 (völlig rational)? Wenn Sie es mit großen Teilen der Menschheit halten, ordnen Sie sich tendenziell oberhalb der 5 ein. Zu hoch, das wissen Sie vielleicht schon, sollte man seine Rationalität nicht einschätzen. So einigermaßen rational und logisch denken, meinen Sie, ist für Sie schon drin? Das Brett vorm Kopf haben dann doch eher die anderen? Lassen Sie sich in diesem Kapitel zeigen, wie die psychologische Forschung die biblische Aussage von der Suche nach dem Splitter im Auge des anderen belegt.

Meine Frau und ich haben uns vor der Kamera kennengelernt, noch lange bevor wir uns privat lieben gelernt haben. Da wir beide nicht mehr so oft gemeinsam auf der Bühne stehen, genießen wir Theaterabende als entspannte Zuschauer umso mehr. So wollten wir auch eines Abends die Vorstellung einer erfolgreichen Kabaretttruppe genussvoll erleben. Der Besitzer, ein Freund der Familie, hatte uns Ehrenkarten gegeben: Reihe 4, Platz 24 und 25. Das Problem: Platz 24 war von einer adretten Dame mittleren Alters besetzt. Ich suchte zuerst nach dem Fehler im eigenen Denken: »Haben wir vielleicht die falsche Reihe gewählt, weil die Reihennummern hinten auf den Stühlen stehen und nicht vorne? Oder sind die Plätze doppelt vergeben worden, weil es sich um Ehrenkarten und nicht um reguläre Karten handelt?« Der Theaterbesitzer versicherte uns: Nein, mit den Karten sei alles in Ordnung. Nun waren es nur noch vier Minuten bis zum Beginn der Vorstellung und die Dame saß entspannt zurückgelehnt auf Platz 24 in der 4. Reihe. Ich ging auf die Dame zu und fragte sie höflich, ob es vielleicht möglich sei, dass sie in der falschen Reihe sitze. Sie schaute mich verständnislos an. Es stellte sich heraus, dass ihr Mann eine Reihe hinter ihr saß. Auch das kam den beiden nicht merkwürdig vor, da sie so von der Richtigkeit ihrer Platzwahl überzeugt waren. Es dauerte noch einige Zeit, bis sie feststellten, dass nicht nur die Frau, sondern auch der Mann auf dem falschen Platz saß, und uns dann Platz 24 überließen.

Warum stellen wir die eigenen Überlegungen so ungern in-

Beispiel Platzreservierung

Eigenes Denken stellen wir ungern infrage

frage? Hat es damit zu tun, dass unsere Geistesgeschichte von jeher gutes Denken mit logischem Denken gleichsetzt? Von Platon und seinem Werk *Phaidros* (4. Jahrhundert v. Chr.) über Descartes mit seiner *Abhandlung über die Methode des richtigen Vernunftgebrauchs und der wissenschaftlichen Wahrheitsforschung* aus dem 17. Jahrhundert bis zu Immanuel Kant mit seiner *Kritik der reinen Vernunft* (1781) und George Boole mit seinem 1854 erschienenen Werk *Laws of thought* folgten die Denker unserer Geistesgeschichte der Idee durch und durch vernunftbedingten Denkens und Erkennens. Der in unserer Gesellschaft verankerte Wunsch nach klarem Denken scheint eine Ursache dafür zu sein, dass wir unser eigenes Denken stets als das klare und das des Gegenübers als das verworrene ansehen. Aber gibt es noch weitere Gründe?

Kartenexperiment

Schauen wir uns dazu einmal an, wie die Forschung der Neuzeit Sie zum deduktiven Schließen einlädt. Die legendäre Kartenaufgabe von Peter Wason und Philip Johnson-Laird (Wason 1960) verführt Sie zum Kartenspielen – allerdings in einer psychologisch veränderten Variante. Vier Karten liegen vor Ihnen auf dem Tisch. Das Besondere an diesem Quartett ist dessen Gestaltung: Die Karten sind beidseitig bedruckt. Auf der einen Seite stehen Buchstaben, auf der anderen jeweils Zahlen. So liegen die vier Karten auf dem Tisch:

Abb. 17: Kartenexperiment

Um die Rückseite der Karten zu sehen, müssten Sie sie logischerweise umdrehen. Und darum soll es nun auch gehen. Es gilt eine einfache Regel: Eine Karte mit einem Vokal auf der einen Seite muss auf der anderen Seite eine gerade Zahl aufweisen. Nun gilt es, zu schlussfolgern, welche Karten mindestens umgedreht werden müssen, um diese Regel zu testen! Na, kommen Sie darauf? Kleiner Tipp: mehr als eine und weniger als drei! Ich vermute, Ihre Antwort lautet: Die E-Karte und die Karte mit der 4. Manche Teilnehmer wählen sogar noch weitere, nämlich die Karte mit der 7.

Und hier die Lösung: Das Umdrehen der E-Karte ermöglicht Ihnen zu prüfen, ob die eine Aussage der Regel wahr ist, nämlich: »Wenn Vokal, dann gerade Zahl«. Damit aber bekommen Sie in Bezug auf die zu testende Regel keine neuen Informationen. Denn die Regel besagt gar nichts darüber, was passiert, wenn auf der Vorderseite eine gerade Zahl ist. Wenn Sie die Karte mit der 7 umdrehen, testen Sie den Umkehrschluss der Regel. Wenn hier ein Vokal auf der anderen Seite zu finden wäre, würde dies der Regel widersprechen. Das Aufdecken der Karte mit der 4 würde ebenfalls nur die Regel bestätigen. Das richtige Verhalten, um eine Regel zu testen, ist aber nicht, sie zu belegen, sondern sie zu widerlegen! Um also die Aussage hieb- und stichfest zu prüfen, müssen die Karten E und 7 umgedreht werden. Das widerspricht unserem Alltagshandeln. Genau da lauert die entscheidende Denkfalle. Im Alltag neigen wir eher dazu, eine Regel oder einen Sachverhalt zu belegen, und viel weniger dazu, ihn zu widerlegen. Und wenn nun zwei Menschen dieselbe Art zu denken an den Tag legen, dann ist der Streit vorprogrammiert: Jeder sucht nach dem Splitter im Auge des anderen (Belegen des eigenen Gedanken), anstatt nach dem Brett vorm eigenen Kopf zu forschen (Widerlegen des eigenen Gedanken). Während in Versuchen bis zu 100 Prozent der Probanden im Bestätigungsmodus richtig schlussfolgern, sind beim Widerlegen nur 59 Prozent erfolgreich. Da ist viel Luft nach oben.

Widerlegen statt bestätigen

Was beim Kartentrick ein Spiel ist, wird im Alltag schnell ernst. Schauen wir dazu mal in einen Gerichtssaal (Harr 1995). Der Anwalt der Angeklagten versucht, die Aussage eines Expertenzeugen zu nutzen, um die Unschuld seiner Mandantin zu beweisen. Seit einer Stunde befragt er ihn. Er schießt aus allen Rohren, erhöht das Tempo, lässt den Zeugen ins Leere laufen, provoziert ihn. Schließlich macht der Expertenzeuge folgende Aussage: Wenn ein Schadstoff (TCE) aus dem Fluss gekommen und nicht eingeleitet worden wäre, müsste er auch im Flussbett zu finden sein. TCE war aber nicht im Flussbett.

Beispiel Anwalt

SCHLUSSFOLGERN

Der Anwalt springt daraufhin auf und behauptet, die Aussage stimme überein mit der Konklusion, dass kein TCE im Fluss ist. Der Zeuge stimmt zu. Doch dem Anwalt ist ein Fehler unterlaufen. Seine Schlussfolgerung ist zwar möglich, aber nicht unausweichlich. Er fokussiert darauf, was wahr ist, und vernachlässigt, was falsch ist. Um auf das Kartenbeispiel zurückzukommen: Der Anwalt hat mit seiner Argumentation sozusagen die Karte mit der 4 umgedreht und nicht die Karte mit der 7. Fazit? Wir machen mit Vorliebe drei Dinge, wenn wir schlussfolgern:

1. Wir ignorieren Gegenbeweise.
2. Wir suchen nur nach Bestätigung, nie nach Widerlegung.
3. Wir geben unsere Hypothesen selten auf, auch wenn sie falsch sind.

Was können Sie also tun, um ab jetzt zumindest die Wahl zu haben, wie Sie an eine Schlussfolgerung herangehen können? Versuche zeigen, dass Training im logischen Denken erschreckend wenig Erfolg hat. Logikstudenten sind bei der Kartenaufgabe nur 3 Prozent besser als vergleichbare Denker ohne Logiktraining. Erklärung? Auch wenn Sie Logik studiert haben, bringen Sie Logik nicht im Alltag ein. Was also tun? Hier eine konkrete Hilfe für Ihren Alltag.

Lösung: Konkretisieren Sie immer und formulieren Sie Gebote!

Modus ponens und Modus tollens

Wir sind dann gut im Schlussfolgern, wenn die Fragestellung unseren Wunsch zum Belegen unserer Gedanken berücksichtigt. Und in der Tat spricht nichts dagegen, Fragestellungen so zu formulieren. Die meisten von uns nutzen, was in der Logik *Modus ponens* genannt wird, und vernachlässigen den *Modus tollens*. Wenn wir im Modus ponens (aus dem Lat. übersetzt: die stellende Schlussfigur) aktiv sind, nutzen wir unser Denken zur Bestätigung von Sachverhalten. So gelingt es uns, aus zwei Prämissen des Typs »Wenn A, dann B« und »A ist der Fall« messerscharf die Schlussfolgerung »Dann ist B der Fall« abzuleiten. Kennen Sie schon, ist die Sache mit dem Regen aus dem vorhergehenden Kapitel: Wenn es regnet (A), wird die Straße nass (B). Es regnet (A ist der Fall). Also ist die Straße nass (Schlussfolgerung: B ist der Fall). Viele von uns beherrschen also diese treffsichere Art, unsere Wahrnehmung und unser Denken zu bestätigen, und nutzen sie gerne im Alltag. Der Modus tollens (Lat.: aufhebende Schlussfigur) dagegen verlangt von uns, die Falschheit der Schlussfolgerung zu überprüfen. Das verursacht in unserem Kopf echte Arbeit, weil wir es sehr selten freiwillig machen. Angewendet auf das obige Beispiel, hätten wir aus den beiden Prämissen »Wenn A, dann B« und »Nicht B ist der Fall« die Schlussfolgerung »Nicht A ist der Fall« ableiten müssen. Nun ist es zwar die gewöhnungsbedürftigere Denkalternative, aber in so mancher Situation eben die treffsicherere. Die Frage ist natürlich: Warum ist das so, dass wir in solchen Schlussfolgerungen mit unserem Denken so danebenliegen?

Das haben sich Patricia Cheng und ihre Kollegen auch gefragt und ein konkretes Beispiel gewählt, das im Alltag eher vorkommt als Spielkarten mit Buchstaben und Zahlen: Briefe und Briefmarken. Im Versuch heißt die Regel: »Wenn ein Umschlag verschlossen ist, dann hat er eine 5d-Briefmarke drauf.« Jetzt gab es aber offene und geschlossene Umschläge und welche mit 4d- und 5d-Briefmarken. Die abstrakte logische Verknüpfung dahinter: Wenn ein X auf der einen Seite ist, dann ist ein Y auf der anderen Seite.

Briefexperiment

Abb. 18: Briefexperiment

Mit der Briefmarken-Konkretisierung schafften es im Versuch 92 Prozent der Probanden, aber nur 8 Prozent schafften es in der abstrakten XY-Version. Das bedeutet also, dass Sie jede logische Abhängigkeit am besten in die Erfahrungswelt

Ihrer Mitdenker übertragen. Metaphern und Analogien sind eine Möglichkeit dafür. Sie nutzen dafür einfach die konkreten Erlebnisse, die Ihre Zuhörer am genauesten kennen, weil sie Teil ihres Alltags sind. Konkretes Anschauungsmaterial führt zu größerer Einsicht in die logische Struktur.

»Du darfst« hilft beim Denken

Ist also die Konkretisierung die Mutter aller guten Schlussfolgerungen? Im Briefexperiment stellte sich heraus, dass die Erfolgserlebnisse weder nur am realistischen Inhalt noch am gespeicherten Briefmarkenwissen der Mitspieler lagen. Vielmehr wurden die besten Ergebnisse – bis zu 100 Prozent richtige Schlussfolgerungen – bei Fragen mit *deontischem Schlussfolgern* erreicht. Deontisches Schlussfolgern betreiben wir immer dann, wenn wir uns über Verbote, Gebote und erlaubte Dinge Gedanken machen. Das heißt, anstatt der schwierigen Version »Wenn da ein P ist, ist da ein Q« wählen Sie die deontische: »Wenn du P tust, dann musst du Q tun« (s. a. Cheng / Holyoak 1985). Dieses Ergebnis wird auch durch die aktuell bevorzugte Theorie der mentalen Modelle gestützt, die davon ausgeht, dass das Verstehen ein zentraler Bestandteil unserer Fähigkeiten zum Schlussfolgern ist. Denn solche mentalen Modelle bauen wir dann auf, wenn wir die sprachliche Beschreibung des Problems nachvollziehen können, und auf dieser gelungenen Repräsentation und der darauf aufbauenden kognitiven Verarbeitung beruht dann auch das erfolgreiche Ergebnis unseres Schlussfolgerns.

Wir sind also nicht so gut in reiner Logik. Gut sind wir, wenn es um Verhaltens(maß)regeln geht. Mit der Vorgabe »Erlaubtes und Verlangtes« betreiben wir pragmatisches und praktisches Schlussfolgern. Es ist also wenig überraschend, dass unser Logikvermögen begrenzt ist auf das Analysieren von Erlaubtem und Verpflichtungen, denen wir im Alltag ausgesetzt sind. Für Ihren kommunikativen Alltag bedeutet das: Binden Sie am besten jede abstrakte und zahlenbasierte Information in einen sozialen Zusammenhang ein, denn wird Abstraktes eingebettet in universelle Erfahrungen, ist es für jeden leicht speicherbar. Zweierlei ist wichtig:

1. Gerade beim abstrakten Schlussfolgern ist die Formulierung mehr als entscheidend.

2. Unser Weltwissen kann nützlich für uns sein, um logische Problemstellungen leichter nachzuvollziehen, und ist hilfreich für das Training zur Analogiebildung.

3. Denkfalle: Warum wir immer recht behalten (wollen)

Wir beauftragen Experten, weil wir auf deren Expertise vertrauen. Sie schließen unsere Wissenslücken – bis zu dem Punkt, wo sie uns etwas sagen, was uns nicht gefällt. Stellen Sie sich vor, die berühmte New Yorker Exbank Lehman Brothers hätte 2008 eine Studie in Auftrag gegeben mit dem Ziel, Aussagen über die nähere Zukunft des Bankensektors zu machen. Die Unternehmensberatung tut, wie ihr geheißen, und legt einige Zeit später das Ergebnis vor. Alle Topführungskräfte sind versammelt, schließlich geht es um die Zukunft des Gewerbes. Mit dabei Richard Fuld, 2008 im Zenit seiner Macht als Chef von Lehman Brothers. Die Berater zeigen das mögliche Zukunftsszenario: viele Kredite an viele Menschen vergeben. Wenige davon werden sie bedienen können. Es könnte also zu einem Desaster kommen. Das Ergebnis: Einige Banken wird es in naher Zukunft nicht mehr geben. Die Führungskräfte um Richard Fuld nicken. Ja, das glauben sie auch. Die Berater referieren weiter, dass Lehman Brothers sehr wahrscheinlich zu den Verlierern gehören wird, wenn es so weitergeht mit den Krediten. Fuld und Kollegen kräuseln die Stirn. Das kann gar nicht sein. Was für eine schlechte Studie! Dafür bezahlen wir nicht. Vielen Dank, dass Sie da waren, Herr Berater, auf Wiedersehen.

Kommt Ihnen das irgendwie bekannt vor? Sie vertrauen den Aussagen eines Menschen genau so lange, bis er etwas sagt, was sich nicht mit Ihren Überzeugungen deckt?

Die famosen Lehman-Brüder

- Umgeben sich Menschen in Ihrem Umfeld auch mit Leuten, die deren Einstellungen und moralische Grundsätze teilen? Wenn Sie einen Moment innehalten, fallen Ihnen bestimmt ein, zwei Situationen ein, in denen Sie

Eigene Überzeugungen stehen an erster Stelle

die Menschen ein ganz klein wenig bevorzugt haben, die Ihre Einstellungen und Grundsätze teilten.
- Haben Sie schon einmal erlebt, wie schnell Sie sich eine Meinung zu einem Kollegen gebildet haben? Und wie Sie alle neuen Infos zu dem Kollegen erst einmal auf der Basis Ihrer ersten Meinung gecheckt haben?
- Kennen Sie Situationen, in denen Menschen miteinander streiten und jeder versucht, den anderen von der Richtigkeit der eigenen Ideen zu überzeugen, anstatt sie selbst mal kritisch zu hinterfragen?
- Ist Ihnen schon aufgefallen, dass beim Abseits immer derjenige kein solches sieht, dessen Lieblingsmannschaft dadurch im Nachteil ist – und wie überzeugend er seine Argumente vorbringt?
- Kennen Sie das? Ärzte vertrauen der eigenen Erfahrung mehr als wissenschaftlichen Studien zu einem bestimmten Krankheitsbild (s. a. Bördlein 2000).

Das Bestätigungsbias kann tödlich sein

Hat Ihr Gehirn sich einmal eine Meinung gebildet, nutzt es alles zur Verfügung Stehende, um diese Meinung zu stützen und zu schützen. Es sieht eine gebildete Meinung als richtig an und vernichtet alles, was dem in die Quere kommen könnte. Wie sehr Menschen am eigenen Glauben, an den eigenen Mustern, festhängen, bewiesen die Psychologen Charles Lord, Lee Ross und Mark Lepper von der Universität Stanford (Lord et al. 1979). Sie legten Versuchsteilnehmern zwei kurze Artikel vor. Einer sprach sich für die Todesstrafe aus und stellte deren abschreckende Wirkung in den Vordergrund. Der andere widerlegte diese Wirkung und argumentierte gegen die Todesstrafe. Wie reagierten die Teilnehmer auf die Studien und die darin verwendeten Methoden? Würden sie ihre vorherige Meinung, egal ob dafür oder dagegen, verändern? Gerade nach der Lektüre des Artikels, der ihre eigene Einstellung widerlegte, fühlten sich die Leser in ihrer Einstellung noch bestärkt. Warum? Sie erinnerten sich nur an die Argumente, die ihnen recht gaben, und vergaßen diejenigen, die ihre Auffassung infrage stellten. Auch zweifelten sie diese konträren Informationen eher an und äußerten sich abschätzig über den Autor. Das beängstigende Resultat der Studie: Menschen interpretieren objektiv gleiche Informationen vor dem Hintergrund ihrer eigenen Meinung subjektiv völlig verschieden.

Dieses Verhalten ist bekannt. Von Spielsüchtigen. Die erklären ihre Verluste für nebensächlich und überhöhen die Gewinne. Belegt hat das Thomas Gilovich von der Cornell University 1983. Es ist also nicht mehr wichtig, wer die besseren Argumente hat, sondern wer mit mehr Nachdruck die Bestätigung vertritt. Sehr schön fasst dies ein geflügeltes Wort zusammen, das ich auf einer Tagung eines IT-Riesen aufschnappte: »You can send a message around the world in ⅐ of a second; yet it may take several years to move a simple idea through a ¼ inch of human skull.«

Warum ist das so tückisch? Wer bestätigend denkt, spart Energie. Das ist der Grund dafür, warum es uns unglaublich schwerfällt, Gründe für die Falschheit der eigenen Annahme zu finden. Doch trösten Sie sich. Falls Sie in diese Falle tappen, sind Sie in bester Gesellschaft. Galileo stritt sich mit Johannes Kepler, weil er dessen Hypothese ablehnte, dass der Mond die Gezeiten beeinflusst, Leibniz wetterte gegen Newtons Annahme der Schwerkraft. Und heute? Grüne Gentechnik, Bundeswehr, PKW-Maut.

Wer bestätigend denkt, spart Energie

Das Fazit leihe ich mir von Peter Ustinov aus. Der brachte es wie folgt auf den Punkt: »When you are arguing with an idiot, make sure the other person isn't doing the same thing.«

Das mentale Stromsparen treiben wir Menschen übrigens so weit, dass wir widerlegende Informationen einfach ignorieren. Schauen Sie mal in Ihrem Bekanntenkreis: Wenn einer gerne den *Focus* liest, dann akzeptiert er sehr viel seltener Informationen aus einem anderen Magazin. Wenn Sie dem mit dem englischen *Economist* kommen würden, dann hätte er schnell viele Argumente, warum das gar nicht zutreffen kann, was da drin steht.

Stromsparen führt zu Streit im Denkalltag

Die Fähigkeit, das eigene Denken ab und zu anzuzweifeln, führt nicht nur schneller zum Aufdecken fehlerhafter Lösungen, sie verhindert auch viele Streitsituationen, Auseinandersetzungen und Kompetenzgerangel. Die entstehen zu großen Teilen nämlich nur, weil alle auf der Richtigkeit ihrer Lösung beharren und diese verteidigen wollen. Suchen Sie lieber gemeinsam nach Lösungen, die die Widerlegbarkeit überleben

Das eigene Denken auch mal anzweifeln

SCHLUSSFOLGERN

und daher die richtigen sein müssen. Die meisten Streitgespräche in Problemlöseteams entstehen nur, weil jeder versucht ist, seine Sicht aufrechtzuerhalten und den Fehler in der des anderen zu sehen, anstatt mögliche Fehler in der eigenen Sichtweise zu suchen.

Lösung: Mehr Zeit und mehr Selbstkritik

Drei Dinge helfen sehr, wenn Sie der Bestätigungsverzerrung aus dem Weg gehen wollen: genug Zeit, Strukturieren der Informationen und ein kritischer Blick auf das eigene Selbstbewusstsein.

1. Zu wenig Zeit zum Überlegen

Sie sollen schnell viele Informationen beurteilen und daraus eine gültige Schlussfolgerung für das Projekt, die Investitionen oder die Strategie ziehen. Da springen die Schnellschussturbos an und Sie geben sich mit der ersten guten Lösung zufrieden. Und: Wenn die Uhr tickt, nutzt das Hirn den Tunnelblick. Das belegen Experimente zum Schlussfolgern unter Zeitdruck, die Henry Markovits 1995 durchgeführt hat. Nachdenken klappt dann nicht mehr. Der Stress frisst die Ressourcen des mentalen CEO auf. Gibt es eine Abhilfe? Ja. Der Neurobiologe Gerhard Roth beharrt darauf, sich viel Zeit zu nehmen. Selbst eine Stunde Pause hilft enorm, dem Schnellfeuer z. B. beim Schlussfolgern entgegenzuwirken. Der italienische Psychologe Sebastiano Bagnara belegt dies mit seinen Kollegen 2014 erneut in einer Studie zum Verarbeitungsverhalten, bei der es darum geht, wie Menschen mit Informationen umgehen.

2. Zu viel Information auf einmal

Aber es liegt nicht nur an der Zeit. Selbst wenn Menschen ausreichend Zeit zur Verfügung haben, ist es immer noch eine Frage dessen, wie intensiv sie sich mit den angebotenen Infos auseinandersetzen wollen oder können. Eine klassische Lösung, die außerhalb der Seminarmauern immer wieder in Vergessenheit gerät, ist der einzige sinnvoll einsetzbare Filter zur Informationsminimierung durch Strukturierung: die PQ4R-Methode. 2013 wurde von der Erziehungswissenschaftlerin Bonke Omoteso erneut deren Wirksamkeit für das Verstehen und Behalten neuer Inhalte belegt. Sie entstammt den Köpfen der Entwicklungspsychologen Ellen Thomas und Alan Robinson. Sie präsentierten die Methode 1972, um Lernenden ein strukturiertes Tool für das Verstehen neuer Inhalte, aber auch das Problemlösen zu geben. Ihr Ansatz wird unverändert in guten Universitäten gelehrt und von den Studenten beherrscht.

Die Herangehensweise besteht aus sechs Schritten: 1. Preview / Überblick (das Überfliegen des Materials für einen ersten Überblick); 2. Questions / Fragen (die Formulierung von Fragen, die durch das Lesen beantwortet werden sollen); 3. Read / Lesen (nun erst lesen Sie die Abschnitte, die Ihre Fragen beantworten – und eben nicht das ganze Buch); 4. Reflect / Nachdenken (denken Sie darüber nach, suchen Sie Beispiele); 5. Recite / Wiedergeben (fassen Sie das Verstandene in eigene Worte); 6. Review / Überprüfen (schauen Sie an den Stellen nach, bei denen Sie unsicher waren). Besonders die Schritte 1 bis 4 helfen, die Informationsmenge drastisch und sinnvoll zu reduzieren. Der Erfolg verdankt sich dabei der Art, wie das Gehirn die Informationen strukturiert und elaboriert.

Sechs Schritte zur Strukturierung von Informationen

3. Kritischer Blick auf das eigene Selbstbewusstsein

Meinungen, die Menschen sich schon in Jugend und Kindheit angeeignet haben, sind hartnäckige Musterbilder. Je länger sie gelten, umso weniger werden sie hinterfragt. Das liegt auch daran, dass die Quelle der Meinungsbildung gar nicht mehr aufzutreiben ist. Die Meinung ist Teil des Selbst. Woher kommt das? Die Welt zu verstehen, ist eine komplexe Aufgabe. Die versuchen wir seit dem ersten Lebensmoment auf der Erde zu meistern. Um sie so einfach wie möglich zu gestalten, bildet unser Gehirn Hypothesen, Annahmen darüber, wie die Dinge so ablaufen. Diese Hypothesenbildung ist für das Gehirn Schwerstarbeit. Sie können das leicht testen, indem Sie sich eines der berühmten Suchbilder vornehmen, die Sie zuvor noch nicht durchschaut haben. Sie werden schnell merken, wie viel Arbeit die Sinnsuche macht. Hier ein Bild (Abb. 19,

Suchbilder – Arbeit fürs Gehirn

angelehnt an ein Experiment von Sheldrake von 1983) zur Probe. Können Sie irgendetwas erkennen?

Abb. 19: Suchbild 1

Sie merken vielleicht, wie Ihre Wahrnehmungsfilter in die Irre laufen. Sie können im wahrsten Sinne des Wortes keinen Sinn erkennen. Und doch gibt es einen. Nur Ihr Gehirn fängt so langsam an, den Glauben daran einzustellen. Sie merken das daran, dass Ihre Aufmerksamkeit nachlässt und Sie an andere Dinge denken. Nun die Auflösung: Es ist ein Männergesicht. Sie sehen es im Profil. Der Herr blickt nach links und stützt seine Hand auf den Mund. Erkannt? Wunderbar. Hatten Sie vorher schon erkannt? Okay, hier das Ganze für Fortgeschrittene:

Und, haben Sie es schon? Ja, es ist Jesus, so schaut Sie an. Der große weiße Fleck ist sein Umhang. Auf dem liegt ein wenig Bart. Jetzt haben Ihre Gehirne das Muster gespeichert und die Welt macht wieder Sinn. Sie werden nie wieder zu dem Bild jetzt nicht mehr zu dem ursprünglichen Chaos aus schwarzen und weißen Flächen zurückkehren können. Ihr Gehirn hat den Prozess abgeschlossen und fängt nicht wieder von vorne an. Denn weil das so viel Energie kostet, verzichtet Ihr Gehirn auf eine Neuevaluierung. Es bleibt bei seinem Muster bzw. bei seiner Meinung. Manche nennen das »Kohärenz«, andere »Sturheit«, Sie ab jetzt »eine gefährliche Denkfalle«.

Auch über uns selbst haben wir Muster. Das Selbstbild ist ein solches, das wir gerne kohärent halten. Wenn Menschen nach Selbstbestätigung streben oder ein ausgeprägtes Selbstbewusstsein haben, sind sie auch vermehrt von der eingebauten Richtigkeit ihrer Entscheidungen überzeugt. Und sie schützen ihre Überzeugungen aus Angst vor Gesichtsverlust stärker. Reputation kommt vor Kontemplation.

Angst vor Gesichtsverlust

Doch wie lässt sich dieses Phänomen auf den Unternehmensalltag übertragen? Einzelne Führungskräfte laufen eher Gefahr, Dinge durch eine »rosarote Brille« zu sehen, als Führungsteams, in denen verschiedene Überzeugungen aufeinandertreffen. Zeitdruck und Informationsdichte sind auch nicht

SCHLUSSFOLGERN **103**

gerade Randerscheinungen in Unternehmen jeglicher Größe. Und was die Persönlichkeitsstrukturen von Führungspersonen angeht, hat nicht erst das Victory-Zeichen von Josef Ackermann oder die Biografie über Jürgen Schrempp diese in den Fokus von Entscheidungsverhalten gerückt.

Je selbstbewusster ein Mensch ist oder je mehr er nach Selbstbestätigung sucht, desto deutlicher ist er auch von der Richtigkeit der eigenen Meinung überzeugt. Warum zweifeln oder nach Widerlegungen der eigenen Meinung suchen, wenn die doch in den eigenen Erklärungsmustern richtig ist? Ein möglicher Ansehens-, Kontroll- oder Machtverlust verstärkt das noch. Also, machen Sie es anders als Herr Fuld und das Ehepaar im Theater. Seien Sie so selbstbewusst, sich einzugestehen, dass man auch mit voller Überzeugung einer falschen Meinung anhängen kann. Seien Sie so selbstbewusst, sich selbst zu hinterfragen. Das macht weniger Stress und mehr Spaß beim Schlussfolgern!

4. Denkfalle: Das ist immer so, ich habe das schon einmal erlebt

Gefährliche Generalisierungen

Nicht nur Zahlen, sondern auch unsere eigenen Erfahrungen können zu gefährlichen Denkfallen führen. Sie bilden unsere persönlichen Ausgangspunkte für die Schlussfolgerungen über die Welt, in der wir leben, und über die Menschen, mit denen wir leben. Wir neigen dabei häufig zu Generalisierungen. Sie klingen nach Weisheit, sind aber problematisch. Und zwar immer dann, wenn Menschen ihre persönliche Erfahrung zur Weisheit erheben nach dem Motto: »Ich habe das so erlebt. Und deswegen ist das immer und überall so.« Dieses Generalisieren der Einzelerfahrung ist ein beliebtes Mittel der Argumentation. Ein Beispiel: Dieser Vogel ist ein Schwan. Dieser Schwan ist weiß. Induktiver Schluss: Alle Vögel, die Schwäne sind, sind weiß. Erinnert Sie an? Schwarze Schwäne? Nassim Nicholas Talebs Bestseller widmet sich der Denkfalle, die im induktiven Schließen lauert. Nun ist das nichts Neues. David Hume fing damit an – der lebte im 18. Jahrhundert. Doch es wirkt auch heute. Hier eine Alltagsversion davon: Vor mir steht ein Kunde aus Düsseldorf. Die bisherigen Kunden aus Düsseldorf, die ich kennengelernt habe, waren sehr skeptisch. Der muss also auch skeptisch sein. Diese Form des Schlussfolgerns ist deshalb so gefährlich, weil zwei Dinge zusammenspielen:

1. Diese Schlussfolgerung kann niemals endgültig bewiesen werden.
2. Im Alltag bauen wir solche Schlussfolgerungen sehr schnell auf. Ein, zwei (Kunden-)Erlebnisse reichen schon und wir haben das Muster in unserem Kopf gebildet.

Vielleicht haben Sie sich auch schon einmal bei dem Gedanken »Das ist doch eine Mistfirma« ertappt, weil Sie gerade ein unschönes Erlebnis mit einem Produkt hatten. Medienberichte verführen geradezu zu so einem induktiven Schlussfolgern. Bei Radfahrern der Tour de France hat man Dopingsünder gefunden – und man schließt daraus: Der ganze Radsport ist drogenverseucht. Nationale Eigenheiten und Klischees gründen auf genau diesem Prinzip. Oder wie viele Engländer haben Sie wirklich schon einmal Lamm mit Pfefferminzsauce essen sehen?

Auch im Unternehmen sind wir davor nicht gefeit. Wir nennen es die »n = 1-Falle«. Der Name ist schnell erklärt. In der Wissenschaft bezeichnet »n« die Menge der Teilnehmer an einem Experiment. Logischerweise sollte »n« also immer etwas größer sein, damit das Ergebnis des Experiments auch verallgemeinerbar ist, z. B. »n = 100«. Wenn Sie etwas bei 100 Menschen festgestellt haben, ist das schon etwas sicherer verallgemeinerbar als nur bei einem. In einer Sitzung fängt jemand begeistert an: »Wir sollten unbedingt mehr Geld für die Entwicklung digitaler Spiele rund um das Metapherntraining ausgeben. Die Kunden wollen das.« Nun springt mindestens bei einem anderen der Anwesenden die »n = 1-Alarmglocke« an. Kann es sein, dass der geschätzte Kollege nur die Rückmeldung von ein paar Kunden hat und daraus induktiv schlussfolgert: »Ich habe mit unseren Kunden gesprochen, die finden die Lösung gut, also müssen alle unsere potenziellen Kunden die Lösung auch gut finden«? So können Investitionen in letzter

Induktives Schlussfolgern im Unternehmen

Minute gestoppt oder Entscheidungen verändert werden, weil sich bei genauerer Nachfrage herausstellt, dass induktives Schlussfolgern mit »n = 1« vorliegt.

Induktives Schließen, so fassten es der Psychologe John Holland und seine Kollegen 1986 zusammen, setzen wir immer dann ein, wenn wir Vorhersagen von Ereignissen machen, mit subjektiver Wahrscheinlichkeit argumentieren, Abhängigkeiten verstehen und nutzen oder bei komplexeren Formen des Regellernens. Bei all diesen Denkvorgängen handelt es sich um datengetriebene kognitive Prozesse, wir schließen also von der Beobachtung auf eine Regel.

Fehler durch ein bisschen Beobachtung und viel Schlussfolgern

Diagnosen erstellen wir so, ebenso Prognosen, wenn wir Gewinn und Verlust aufgrund aktueller Marktdaten vorhersagen. Wir schätzen so Risiken wie Unfall oder Verletzung ein und bauen Ursache-Wirkungs-Regeln auf. Jedes Körperspracheseminar basiert auf diesem Denkvorgang. Das Problem dabei ist, dass die Informationen, von denen wir ausgehen, nur begrenzt gültig sind. Umso wichtiger ist es, dass wir uns (und die anderen) auf der metakognitiven Ebene immer wieder daran erinnern, dass diese Schlussfolgerungen stets unsicher sind. Zwei Dinge können wir tun. Das eine erklärt uns der französische Nobelpreisträger Alexis Carrel: »Ein bisschen Beobachtung und viel Schlussfolgern führt zu Fehlern, viele Beobachtungen und ein wenig Schlussfolgern zur Wahrheit.« Die andere Möglichkeit ist, richtig zu fragen.

Lösung: Fragen wie ein Therapeut

Diese Denkfalle beruht auf den Tücken der Sprache. Genauer gesagt auf der verheerenden Mischung aus dem, was wir sagen, und der Art, wie wir es sagen. Es besteht ein Unterschied zwischen dem, was wir im Kopf haben, und dem, was aus unserem Mund kommt. Die Denkfalle umgehen wir am schnellsten, wenn wir die »Nebelwand« der Aussagen unseres Gegenübers durchdringen und zu dem gelangen, was er im Kopf hat. So erfahren wir, was unser Gegenüber wirklich meint.

Der berühmte Sprachwissenschaftler Noam Chomsky hat diese Trennung auf ein festes Theoriegerüst gestellt. Seine Transformationsgrammatik unterscheidet zwischen einer Tiefenstruktur, also dem, was tief in uns an Gedanken formuliert ist, und einer Oberflächenstruktur, also den Worten, die aus unserem Mund kommen. Spannend ist nun, was auf dem Weg aus der Tiefe an die Oberfläche passiert. Die Gedanken bzw. die Formulierungen durchlaufen dabei drei Filter:

Tiefenstruktur und Oberflächenstruktur

- Wir generalisieren Einzelerfahrungen zu generellen Grundsätzen.
- Wir verzerren Erfahrungen durch individuelle Interpretationen.
- Wir verdrängen Informationen, die uns nicht ins Konzept passen.

Diese Filter sind der Grund für diese Denkfalle. Und mit der hier vorgestellten Lösung lernen Sie die Fragetechniken kennen, um durch den Nebel der Filter zur Tiefenstruktur vorzudringen, also zu dem, was unser Gegenüber denkt. Das führt zu mehr Eindeutigkeit und Klarheit im Denken und in der Folge auch in der Kommunikation.

Möchte man sprachliche Äußerungen mit dem Metamodell beleuchten, empfiehlt es sich, die Äußerung in der folgenden Reihenfolge zu hinterfragen: Generalisierung, Verzerrung, Verdrängung. Wichtig dabei ist, dass Sie, wann immer Sie einen solchen Denkfallensatz erkennen, einfach losfragen. Je schneller Sie reagieren, desto schneller kommen Sie an den Gedanken hinter der Aussage. Sie werden feststellen, dass die Sätze sehr einfach und generisch sind. Genau darin liegt ihr Charme: in ihrer Unauffälligkeit. Das ist ihr Erfolgsgeheimnis. Wenn Sie die nun folgenden Beispielsätze lesen, denken Sie daran, dass Sie anstelle von »Kunden« auch »Freunde«, »Partner«, »Schüler«, »Lehrer« usw. einfügen können. Das Frageprinzip bleibt davon unberührt: Sie durchschneiden den Nebel der Aussage und finden den dahinterliegenden Gedanken im Kopf des Gegenübers.

Mit Fragen aus der Falle

»Unsere Kunden wollen Metapherntrainings.«

Hinter die Regel schauen

In einem solchen Satz fehlt ganz klar die Information, wer zu dieser Schlussfolgerung gekommen ist. Ihr Gegenüber übersetzt hier einzelne Erfahrungen in eine immer und überall geltende Regel. Ihnen gelingt es mithilfe der Fragen, hinter diese Regel zu schauen und den Urheber der Regel zu erkennen. Ist es allein derjenige, der diesen Satz sagt (also n = 1)? Sie decken diese Falle auf mit den Worten »Welche Kunden denn genau?« oder »Woher wissen Sie, dass die das wollen?«. Diese beiden Reaktionen helfen unter Garantie schneller aus der Schlussfolgerungsfalle als die Reaktion »Ach, das glaube ich nicht«.

»Unsere Kunden verstehen unser Angebot nicht.«

Ungenaue Aussagen aufdecken

»Ach?!«, reagieren Sie, »und woran erkennt wer, dass sie welches Angebot nicht verstehen?« In der einen Aussage Ihres Gegenübers stecken gleich drei Fallen, erkennbar durch die Frageworte »woran«, »wer« und »welches (Angebot)«. Alle drei ungenauen Aussagen müssen Sie mit der gleichen Akribie spezifizieren. Dann kommen Sie von einer globalen Aussage auf ein spezifisches Problem, das Sie lösen können, anstatt deprimiert auf das generell so unverständliche Angebot Ihres Unternehmens zu starren.

»Dieser Kunde macht mich verrückt.«

An der Oberfläche: ein einfaches Ursache-Wirkungs-Prinzip. In der Tiefe: die Denkfalle, dass es außerhalb des eigenen Wirkens liegt, anders zu reagieren. Die Frage »Wie bringt das, was er macht, Sie dazu, dass Sie sich entscheiden, sich so zu fühlen?« deckt dieses falsche Ursächlichkeitsdenken auf. Und der Wortlaut ist wichtig, weil er elegant den Gedanken, dass Ihr Gegenüber sich aktiv für seine Reaktion entschieden hat, einbaut!

»Das hat noch nie funktioniert« oder
»Never change a winning team«.

Beharrlich nachfragen

Hier können Sie zum einen reagieren mit »Wirklich niemals?«. Je mehr Entrüstung Sie in diese Frage legen, desto verblüffter wird Ihr Gegenüber sein. Schnell kommt dann die Reaktion:

»Nein, natürlich nicht nie, aber selten.« Wunderbar, da haben Sie einen Ansatz! Jetzt können Sie dieses »selten« festklopfen und genau herausfinden, warum es da funktioniert hat.

»Na ja, Kunden sind halt risikoscheu!«

Darauf reagieren Sie gelassen mit: »Kennen Sie wirklich keinen einzigen Kunden, der zumindest ab und zu einmal etwas Risiko eingeht?« Oder: »Alle Kunden? Immer?« Dieses Vorgehen macht sich bei Universalien bezahlt – alle, nie, keiner, dauernd, niemand, immer, ewig, jeder und man schreien förmlich danach, entgeneralisiert zu werden. Sie können dieser Denkfalle auch mit einer eleganteren Formulierung zu Leibe rücken, z. B. so: »Was würde denn passieren, wenn wir X verändern?«

Abschließend ein kurzer Zwischentest für Sie. Wann immer Ihnen der Satz unterkommt: »Das ist so«, dann fragen Sie: **Kurzer Zwischentest**

_____

_____ ?

Und wenn Ihnen Aussagen wie »Alle Männer wollen immer nur das eine!« begegnen, dann reagieren Sie:

_____

_____ ?

Schätzen und urteilen

> »Wir unterschätzen das, was wir haben,
> und überschätzen das, was wir sind.«
> MARIE VON EBNER-ESCHENBACH

Wie kommen wir zu unseren Urteilen? Wie schätzen wir Dinge ein? Ergeht es uns da besser als beim Schlussfolgern im Denkalltag? Eine Kolumne vom 16.11.2014 in der *Welt am Sonntag* schildert etwas, was ich selbst auch erlebt habe.

Ich saß im Zug nach Wiesbaden, der aber plötzlich in Mainz, also drei Stationen vorher, endete. Das verkündete der Lautsprecher. Der Grund: Verspätungsabbau. So hat es die Bahn genannt, schreibt Inga Michler in der WamS. Da ist jemand zu dem Urteil gekommen, dass es besser wäre, die Strecke gar nicht mehr zu Ende zu fahren, sondern die Passagiere einfach den Zug wechseln zu lassen. Aber die Konsequenzen hat Inga Michler aufgezeigt: Die Bahn könnte nun doch auch zu dem Urteil gelangen, zum Abbau von Servicemängeln Schalter zu schließen. »Oder«, so Michler, »auch die überflüssige Innenausstattung in den Zugabteilen, z. B. die Sitze, zu entfernen.« Wäre dem Verschmutzungsabbau sehr dienlich.

Urteilen unter Unsicherheit Prinzipiell müssen wir beim Urteilen und Schätzen auf unsere eigenen Überzeugungen zurückgreifen. Bei einer Wahl, beim Wetter und auch bei Krankheiten. Die Ergebnisse solcher Denkanstrengungen kündigen sich an. »Ich denke, dass ...« oder »Es ist doch wohl sehr unwahrscheinlich, dass ...« oder »Meine Mutter sagt immer ...«. Das alles sind Anzeichen dafür, dass uns nicht annähernd so viele Informationen zur Verfügung stehen, wie wir es gerne hätten. Im psychologischen Fachjargon nennt man das »Urteilen unter Unsicherheit«. Das ist der Moment, wo wir uns »Heuristiken« zuwenden. Gerd Gigerenzer, Direktor des Max-Planck-Instituts in Berlin, definiert sie in der *Enzyklopädie der Psychologie* wie folgt: »Eine Heuristik ist eine Regel, die den Prozess – nicht nur das Ergebnis – einer Problemlösung beschreibt. Sie ist einfach, weil sie auf evolvierte und erlernte Fähigkeiten zugreifen kann, und sie ist intelligent, weil sie Umweltstrukturen nutzen kann.«

Beim Schätzen und Urteilen basieren diese Heuristiken auf Zahlen: Wahrscheinlichkeiten, Chancen, Quoten. Doch unsere subjektiven Wahrscheinlichkeiten sind verzerrt.

Einfach gesagt, halten wir für wahrscheinlicher, was wir leichter im Gedächtnis abrufen können. Wir berechnen eine Wahrscheinlichkeit nicht, sondern wir schauen, welches Ergebnis am ehesten repräsentativ ist. Wenn wir einen Menschen als ein wenig scheu, zurückgezogen und mit einem Faible für Struktur und Detail beschrieben bekommen, würden wir, wenn wir gefragt würden, welchen Job er wohl hat, eher auf einen Bibliothekar als auf einen Landwirt tippen. In diesem Moment vernachlässigen wir sehr gerne, dass es doch sehr viel mehr Bauern als Bibliothekare gibt, dass also die Wahrscheinlichkeit gegen unsere Schätzung spricht. Und doch scheint es uns intuitiv richtiger, den Menschen in eine Bibliothek als auf einen Traktor zu setzen.

Wo treffen wir noch auf solche Denkfallen und was können wir dagegen tun?

Wahrscheinlichkeiten

5. Denkfalle: Warum wir uns krank schätzen

Gesundheit ist ein wertvolles Gut. In der heutigen Zeit ist sie auch ein teures Gut. 245 Milliarden Euro betrugen die Ausgaben für Gesundheit in Deutschland im Jahr 2006. 278,3 Milliarden 2009. 50 000 Medikamente sind in Deutschland auf dem Markt. Die gäbe es nicht, wenn nicht irgendwer sie einnehmen würde. Deutsche Bundesbürger kostet ihre Gesundheit ca. 3400 Euro im Jahr. Jeder zweite Deutsche bestätigte 2010 in einer Studie seine Angst, schwer zu erkranken. Mehr Angst haben Menschen nur noch vor Naturkatastrophen, überforderten Politikern, der schlechten Wirtschaftslage oder den steigenden Lebenshaltungskosten. Vor diesem Hintergrund ist es dann keine Überraschung mehr, dass viele Teilnehmer bei der nachfolgenden Schätzung ziemlich danebenliegen.

Nehmen Sie an, es ist eine besonders schwere Form der Grippe ausgebrochen, eine wirklich tödliche Variante. Sie ist

Beispiel Grippe

hoch ansteckend und es gibt noch keine wirksame Therapie. Schlimmer noch: Äußerlich können keine Symptome festgestellt werden, jeder wahrscheinlich Infizierte muss zu einem Test. Einiges ist über die Verbreitung bekannt: Die Grundwahrscheinlichkeit der Infektion beträgt 1 Promille. Jeder Tausendste ist also erkrankt. Wenn Sie zum Test gebeten werden, weist dieser in 99 Prozent aller getesteten Fälle die vorliegende Krankheit nach. Allerdings hat er eine gewisse Ungenauigkeit in sich: 5 Prozent aller Fälle zeigen ein positives Testergebnis, obwohl die Krankheit nicht vorliegt.

Jetzt schätzen Sie doch mal Folgendes: Ihre Nachbarin lässt den Test machen. Der Test ist positiv. Aber wie hoch ist die Wahrscheinlichkeit, dass die nette Nachbarin wirklich erkrankt ist? Ihre Schätzung lag zwischen 80 und 90 Prozent? Die richtig berechnete, bedingte Wahrscheinlichkeit liegt aber bei 2 Prozent (s. a. Mangold 2007).

Warum haben Sie sich verschätzt? Sie beziehen die Grundwahrscheinlichkeit nicht mit ein und überschätzen den tatsächlichen Wert.

Hier eine Berechnung, die aufzeigt, welche Größen wir hätten mit beachten sollen: 10 000 Personen werden getestet. 1 Promille, also 10 davon, sind erkrankt. Die 10 Personen werden durch den Test auch entdeckt. Nun haben aber aufgrund der fünfprozentigen Fehlerquote auch 500 Gesunde einen positiven Test bescheinigt bekommen, macht 510 positiv Getestete. Aber nur 10 von 510 haben wirklich den Erreger in sich, d. h. $^{10}/_{510}$, mithin ein Anteil von 2 Prozent.

Beispiel Alkohol am Steuer

Warum kommt es im Alltag zu diesem Fehler? Zum einen weil nur sehr wenige etwas über die Basisrate wissen. Zum anderen ist die Berechnung komplex. Ein Beispiel: Polizisten machen Alkoholtests. Die zeigen in fünf Prozent der Fälle fälschlicherweise Betrunkenheit an. Wenn aber der Getestete wirklich betrunken ist, funktionieren sie. Einer von 1000 Fahrern fährt tatsächlich betrunken. Wie hoch ist die Wahrscheinlichkeit, dass ein gestoppter Fahrer betrunken ist? Für je 1000 getestete Fahrer gilt: Ein Fahrer ist betrunken und wird gefunden. Es gibt also ein richtiges positives Testergebnis. 999 Fahrer sind nicht betrunken. Unter diesen gibt es 5 Prozent falsch positive Ergebnisse. Also: 49,95. Die Wahrscheinlichkeit, dass einer der Fahrer unter den 1+49.95 = 50.95 positiven Testresultaten wirklich betrunken ist:

$p(\text{drunk}|D) = 1/50.95 \approx 0.019627$

Na dann, prost!

Lösung: Frequenzen machen gesund

Zwei Dinge müssen wir beachten, wenn wir Wahrscheinlichkeiten schätzen.

1. Was eine Wahrscheinlichkeit des Eintretens eines Ereignisses für den konkreten Einzelfall bedeutet, ist nicht immer einfach zu erkennen. Ein eindrückliches Beispiel liefern Andreas Glöckner und Kollegen vom Max-Planck-Institut zur Erforschung von Gemeinschaftsgütern in Bonn in ihrem Bericht von 2010: »Bei nächtlichen Bedingungen identifiziert ein Zeuge die Farbe eines Taxis in 8 von 10 Fällen richtig, in 2 Fällen aber falsch. Es gibt 1000 Taxis in der Stadt, 990 sind gelb, 10 sind blau. Würden dem Zeugen alle 1000 Taxis vorgeführt, würde er von den gelben Taxis (990 × 80 % =) 792 korrekt als gelb identifizieren, die übrigen 198 aber fälschlich als blaue Taxis identifizieren. Von den 10 blauen Taxis würde er 8 korrekt als blau und 2 fälschlich als gelb identifizieren. Entsprechend wäre die Zeugenaussage ›es war ein blaues Taxi‹ nur sehr selten richtig – in etwa in 4 % der Fälle (= 8/206)! Die Nichtberücksichtigung der niedrigen Grundwahrscheinlichkeit der blauen Taxis würde somit zu einem viel zu starken Vertrauen in die Aussage des Zeugen führen, wenn dieser ›blau‹ sagt.«

2. Wenn Menschen in solchen Szenarien antworten, schätzen sie offenbar nicht im engeren Sinne die Wahrscheinlichkeit ein, sie raten vielmehr auf Grundlage dessen, was ihnen plausibel erscheint. Der erste Schritt zu einer gesicherten Einschätzung ist die Beachtung der Basisrate. Das ist die Häufigkeit, mit der ein Ereignis stattfindet. Diese kann man, wie das obige Beispiel zeigt, gut berechnen, denn sie ergibt sich immer aus den Informationen für die Schätzung.

Erste Hilfe bietet die Website www.eeps.com/riskicon/. Dort

Basisrate beachten

Frequenz statt Wahrscheinlichkeit berücksichtigen

können Sie online Wahrscheinlichkeiten berechnen. Und Ulrich Hoffrage und Kollegen zeigten 2002, dass es sich empfiehlt, statt auf die *Wahrscheinlichkeit* auf die *Frequenz* zu setzen. Die Frequenz ist die Häufigkeit, mit der etwas in einem bestimmten Zeitrahmen auftritt. Und das ist sinnlich erfahrbar. Ob es schneit oder nicht, erleben Sie, aber nicht die Wahrscheinlichkeit von Schneefall. Nehmen Sie alle Winter seit 1960 – und dann schauen Sie, in wie vielen es am 24.12. geschneit hat. Es fällt Ihnen wie Schuppen von den Augen: Es ist eine einfache Frage der Addition. Sie haben eine klare Vorstellung davon, ob es in diesem Jahr schneien könnte.

Beispiel: Ingenieure und Rechtsanwälte

Zurück zur Basisrate: Sagen wir, Sie haben eine Gruppe von 70 Ingenieuren und 30 Rechtsanwälten. Und eine Gruppe, bei der es genau umgekehrt ist: 30 Ingenieure und 70 Rechtsanwälte (s. a. Kahnemann / Tversky 1973). Wie hoch ist die Basisrate, mit der ein Ingenieur per Zufall aus einer der Gruppen ausgewählt wird? Richtig: 0,7 bei der ersten und 0,3 bei der zweiten Gruppe. Dann wird den Gruppen gesagt: Es wurde eine Person mit folgenden Eigenschaften ausgewählt:

> Ein verheirateter Mann namens Jack ist 45 Jahre alt. Vier Kinder gehören zu seiner Familie. Er wird als konservativ, vorsichtig und ehrgeizig beschrieben. Sein Interesse an Politik und sozialen Fragen ist gering. Seine Freizeit verbringt er mit Heimwerken, Segeln und Denksportaufgaben.

Beide Gruppen geben nun eine Schätzung ab, ob es sich um einen Ingenieur handelt oder nicht. Die Schätzung ergibt bei beiden Gruppen 0,9. Und das, obwohl beide Gruppen eine völlig unterschiedliche Basisrate angegeben haben. Die Forscher geben nun noch eine Personenbeschreibung vor:

> Der 30-jährige Dick ist verheiratet. Er hat keine Kinder. Er verfügt über große Fähigkeiten und wird als motiviert beschrieben. Auf seinem Gebiet ist er sehr erfolgreich. Seine Kollegen mögen ihn.

Die Forscher haben sich wirklich Mühe gegeben, den Text so inhaltsleer wie möglich zu gestalten. Nichts an der Beschreibung weist darauf hin, ob es sich bei Dick um einen Ingenieur handelt oder nicht. Und die Versuchsgruppen? Wie schätzen sie die Wahrscheinlichkeit bei dieser zweiten Person ein? Zu 0,5 schätzen sie, dass es sich hier um einen Ingenieur handelt. Das heißt, sie ignorieren nicht nur die selbst zu Beginn erarbeiteten Basisraten, sie nehmen auch noch völlig nutzlose Informationen als Basis ihres Schätzurteils. Die Formel zur Berechnung sieht gemeingefährlich aus, ist aber echt harmlos und richtig hilfreich.

Das gilt nicht nur für Berufseinschätzungen oder Grippefälle. Es gilt für die Wahrscheinlichkeit, dass ein Schwangerschaftstest bei Ihrer minderjährigen Tochter nur bedingt richtig anzeigt. Die Hälfte aller Frauen, die einen Schwangerschaftstest machen, ist wirklich schwanger. Und manche Schwangerschaftstests geben die gleichen Mengen an falsch positiven und falsch negativen Ergebnissen. In einem solchen Fall ist die Anzahl der falsch negativen Tests bei schwangeren Frauen fast gleichauf mit der Anzahl der falsch positiven Tests bei nichtschwangeren Frauen. Es gilt aber auch, wenn Sie die Wahrscheinlichkeit eines guten Schülers, eines gutes Bewerbers etc. voraussagen wollen. Eine geringe Basisrate zwingt da nämlich immer zu einer klaren Strukturierung der nachfolgenden Auswahlverfahren, um die geeigneten Kandidaten am Ende auch wirklich zu finden.

Einen weiteren Aspekt sollten Sie im Blick behalten, wenn es um die Schätzung von Wahrscheinlichkeiten geht. Er hat zwar nichts mit der Vernachlässigung der Basisrate zu tun, schlägt aber zu, wenn wir die generelle Wahrscheinlichkeit eines Ereignisses abschätzen wollen. Es ist der *Monte-Carlo-Effekt*. Der besagt, dass wir glauben, ein Ereignis wird wahrscheinlicher, weil es lange nicht eingetreten ist. So wie ein Glücksspieler in Monte Carlo vor dem Roulettetisch steht und sagt: »Jetzt ist seit drei Stunden keine 11 gefallen, jetzt muss es gleich passieren.« Da aber ein Roulettetisch sich nicht merken kann, wann welche Kugel wie gefallen ist, kann er auch nicht dieser Annahme folgen.

Der Monte-Carlo-Effekt

6. Denkfalle: Der Mensch als Persönlichkeitspsychologe

Spontane Einschätzungen

In Köln ist der Fluggast verwöhnt. Die Parkplätze sind so nah, dass man fast in das Abfluggate reinfahren kann. Das Sicherheitspersonal ist nett. Nur die Mitreisenden?! Noch vor einer Woche stand ich in der Kölner Innenstadt und musste schnell zum Flughafen. Diesmal ohne Privat-Pkw. Also versuchte ich ein Taxi anzuhalten. Als ich eines herangewinkt hatte, drängte sich ein Mann um die 50 an mir vorbei und versuchte einzusteigen. Was für ein egoistischer, ungehobelter Mensch, dachte ich. Da erklärte er: »Ich bin Flugkapitän.« Nun, das war ein Grund, meine erste Einschätzung der Persönlichkeit des Rowdys zumindest einmal zu überdenken.

Steckt in uns allen ein Persönlichkeitspsychologe? Mal ehrlich, wie oft haben Sie schon gedacht: »Der verhält sich so, weil der eben eine bestimmte Art Mensch ist«? Verhalten erscheint so als eine Funktion der Persönlichkeit. Wenn Sie so denken, begehen Sie einen Fehler, einen großen Fehler, den fundamentalen *Attributionsfehler*. Der Sozialpsychologe Lee Ross hat ihn 1977 so genannt. Was ist das? Unsere Tendenz, das Verhalten unserer Mitmenschen allein auf deren Persönlichkeit zurückzuführen und die Situation unbeachtet zu lassen.

Beispiel: Vom Opportunisten zum Gutmenschen

Ein Beispiel: Wenn wir sagen: »Der Peter, der ist ein hilfsbereiter Mensch, deswegen hat der heute Morgen geholfen«, dann schreiben wir Peter eine Eigenschaft, ein Attribut, zu. Wir attribuieren. In diesem Fall, dass Hilfsbereitschaft eine Eigenschaft seiner Persönlichkeit ist. Wenn wir sagen: »Der Peter hat heute Morgen nur geholfen, weil der Chef seine Golfschläger nicht allein tragen konnte«, dann schreiben wir Peter eher zu, er sei Opportunist. Auch das als eine Eigenschaft seiner Persönlichkeit. Wenn wir aber sagen: »Peter hat heute Morgen geholfen, weil der Chef seine Golfschläger zum Müll bringen wollte und es aufgrund seines Bandscheibenvorfalls nicht allein hinbekam«, dann ist es nicht mehr so sehr die Hilfsbereitschaft, sondern wir beschreiben neutral die Situation. Die Situation zu berücksichtigen, ist aufwendiger. Und da sind wir schon ganz nah an der Denkfalle dran: Denkfallen sind ja nahezu immer Energiesparmaßnahmen des Gehirns.

Schnellschuss: Freund oder Feind

Warum machen wir das? Es geht schnell. Und es ist nicht immer so falsch. Schließlich haben wir einen gewissen Erfahrungsschatz, der uns belegt, dass Menschen tatsächlich oft so handeln, wie es ihrer Persönlichkeit entspricht. Doch leider neigen wir ein wenig zu oft dazu, das Verhalten an der Persönlichkeit festzumachen. Die Wichtigkeit situativer sozialer Informationen unterschätzen wir einfach. Das ist im Alltag einer Führungskraft durchaus nachweisbar. Ein Beispiel: Führungskräfte wurden gebeten, ihre Reaktion auf Mitarbeiterversagen festzuhalten. Dazu wurden ihnen fünf Beispielsituationen vorgelegt. Die Beurteilung basierte auf vier Faktoren: auf den Fähigkeiten des Mitarbeiters, auf seinen Bemühungen, auf der Aufgabenschwere des Einzelfalls und auf den situativen Gegebenheiten in Form von »Glück gehabt«. Es galt zu beurteilen, inwieweit das Versagen des Mitarbeiters durch ihn selbst oder durch die Gesamtsituation zu erklären war. Die Auswertung zeigte deutlich, dass die Führungskräfte die Ursachen zu großen Teilen bei der Person sahen. Und: Je strukturorientierter ein Manager war, desto eher lastete er das Versagen der Person an (s. a. Srivastava / Sett 1998). Wir sehen nur einen Ausschnitt von der Welt. Diesen Ausschnitt halten wir für das Ganze und bewerten ihn hoch subjektiv.

Hier der Beweis: In einem Versuch sollten sechs Menschen eine Unterhaltung zwischen zwei Personen, Thomas und Valentina, beobachten. Zwei saßen an der Seite und je zwei direkt neben einem der beiden Redner. Im Anschluss wurden die Beobachter gefragt, wer denn die Gesprächsführung und wer die Diskussionsthemen bestimmt hatte. Die Beobachter, die gegenüber von Valentina gesessen hatten, schrieben ihr beides zu. Die Beobachter gegenüber von Thomas schrieben ihm beides zu. Die Forscher hatten den Dialog geschrieben und mit Valentina und Thomas geprobt. So konnten sie beweisen, dass wir uns auf einen Teil einer Situation konzentrieren, weil die Gesamtsituation uns immer wahrnehmungstechnisch überfordert. Auf dieser Konzentration allerdings bauen wir unser Urteil über die Gesamtsituation auf. Also: was tun?

Lösung: Immer zwei Schritte machen, wenn Sie urteilen

Bewusst denken Gegen den ersten Schritt in der Zuschreibung von Verhalten können Sie nichts tun. Ihr Gehirn sucht immer die schnelle und einfache Lösung. Wichtig ist daher, dass Sie nach diesem ersten automatischen Schritt einen bewussten zweiten Schritt gehen. Das heißt, Sie müssen eine Anpassung vornehmen. Das geht nicht automatisch. Es verlangt den Einsatz des bewussten Denkens.

Situation betrachten Sie schauen sich im zweiten Schritt bewusst die Situation an, in der alles passierte. Dann finden Sie Faktoren, die das Verhalten ebenfalls erklären können, aber nichts mit der Person zu tun haben. Dazu müssen Sie sich bewusst Zeit nehmen. Und das müssen Sie motiviert tun. Starke Motivatoren für Schritt zwei sind z. B. der Verdacht auf Lüge oder heimliche Motive. Aber: Eine solche Situationsbeurteilung bekommen Sie nicht so nebenbei hin. Studien ergeben, dass Beobachter, wenn sie auch nur minimal abgelenkt sind oder sich kurz in Gedanken etwas anderem widmen, gar nicht mehr zu Schritt zwei kommen. Umgekehrt gilt also: Wenn Sie wollen, dass jemand Ihr Verhalten nur Ihnen zuschreibt, dann müssen Sie ihn einfach nur ablenken und beschäftigen, dann lässt er die Überprüfung der situationsabhängigen Erklärungen einfach fallen.

Unbewusst gehen wir oft davon aus, dass unsere Mitmenschen uns noch viel mehr innerlich attribuieren, als sie es in Wirklichkeit tun. Fragen Sie sich also immer: Was könnte noch ein Grund für das Verhalten sein? Sie werden sehr viel entspannter durch die Welt gehen und viel netter zu Ihren Mitmenschen sein.

Natürlich wenden wir solche Attributionen auch auf uns selbst an. Hauptsächlich, um unser gutes Bild von uns zu bewahren, unser Selbstwertgefühl aufrechtzuerhalten. Und die effektivste Methode, um sich jeden Morgen noch im Spiegel anschauen zu können, ist das Attribuieren. Wenn wir erfolgreich sind, neigen wir dazu, die Gründe bei uns selbst zu suchen. Wenn etwas nicht so gut klappt, lag es nicht an uns, sondern immer an der Situation. Wir machen das besonders gerne und oft, wenn wir eigentlich keine Chance sehen, besser zu werden.

7. Denkfalle: Warum Frauen doch besser in Mathe sind

Drehen wir den Spieß einmal um. Was machen die Urteile anderer über uns mit uns? Auch die schicken unser Hirn auf Autopilot. »Sie sind Engländer?«, fragte mich ein Gala-Gast vor vielen Jahren in einer Moderationspause. »Ja«, entgegnete ich so freundlich, wie ich konnte. Ich bereitete mich auf die nächste Moderation vor. »Ah, ja, Sie sprechen gutes Deutsch dafür. Nur beim T, da hört man das.« Ich hatte in Deutschland Sprachunterricht. Ich stand in Deutschland vor der Kamera und auf der Bühne. Dass mein »T« englisch klingt, hatte noch niemand gesagt. Und ab auf die Bühne. Mein Kopf war so beschäftigt mit dem englischen T-Feedback, dass ich beinah in der Moderation den Hauptgang übersprungen hätte. Was war da passiert?

Ein anderes Beispiel: das weitverbreitete Klischee über die geringe Denkfähigkeit von Blondinen. Nicht das Blondsein macht blöd, sondern das Sich-als-»blond«-Wahrnehmen. Beate Seibt und Jens Förster, zwei Psychologen von der Universität Bremen, zeigten es in einem Experiment. Eingeladen waren Frauen mit unterschiedlicher Haarfarbe. Die Hälfte bekam klassische Blondinenwitze vorgelegt. Egal ob blond oder braun, sie mussten sie lesen. Der anschließende IQ-Test zeigte: Die Blondinen, die die Witze lesen mussten, schnitten deutlich schlechter ab als die blonden Mitstreiterinnen, die vom Witzelesen verschont geblieben waren. Selbst Witze haben also die Macht, menschliches Selbstbewusstsein und Verhalten zu beeinflussen. Unnötig zu sagen, dass die Blondinen das gar nicht lustig fanden (Seibt / Förster 2004)!

Wirkung von Blondinenwitzen

Solche mentalen Sackgassen können verhängnisvoll sein. Nehmen wir eine typische Aussage, die Alice Schwarzer die Galle auf das Himbeereis spucken lässt: »Frauen sind gar nicht fürs abstrakte mathematische Denken geschaffen!« Sie sind weiblichen Geschlechts, haben gerade empört das Buch zugeschlagen, wieder geöffnet und festgestellt, dass Sie auch schon einmal diesen Gedanken hatten? Vorsicht! Dann haben Sie ein Problem: Wenn Sie das glauben, dürfen Sie sich nicht wundern, wenn Sie tatsächlich im Rechentest unterdurchschnittlich abschneiden.

Repräsentativität, Mathe und Frauen

Natürlich können Frauen einparken, Karten lesen und Matherätsel lösen. Und natürlich können Männer zuhören, Sprachen lernen und Frauen in Führungspositionen akzeptieren. Und natürlich sind selbst Menschen, die sich für absolut vorurteilsfrei halten, ganz und gar nicht frei davon. Stereotype beeinflussen uns ständig auf subtilste Weise. Besonders gut zu sehen ist das am Beispiel »Frauen und Mathematik«. Sagt man den Damen vor einem Mathetest, ihre Leistung sei von den Genen bestimmt, sei also kaum beeinflussbar, erzielen sie prompt schlechtere Ergebnisse. Warum spornt diese abwertende Meinung Frauen nicht eher zu Höchstleistungen an? Weil sie genau dieser Anspruch »Denen muss ich es zeigen!« daran hindert. Dieser Gedanke grummelt nicht einfach nur im Hinterkopf. Er belegt die Kapazitäten im Arbeitsgedächtnis, die damit zur Lösung der Aufgaben blockiert sind.

Lösung: Üben ist der Tod jedes Klischees

Üben, üben, üben Die Lösung für dieses Problem lautet: üben, üben, üben. Wenn Frauen bestimmte Rechenvorschriften üben, sodass sie im Ernstfall dann aus dem Langzeitgedächtnis schnell abgerufen werden können, während das Arbeitsgedächtnis sich ungestört mit dem Stereotyp auseinandersetzen darf, leiden die Rechenkompetenzen nicht. Also:

Achten Sie darauf, wie Sie auf Motivation reagieren. Efrat Neter wies 1995 nach: Wenn Menschen motiviert werden, werden sie bei der Bearbeitung komplexer Aufgaben schlechter. Wenn sie wirklich motiviert sind, eine gute Lösung zu finden, geben sie sich mitunter so viel Mühe, dass sie sich dabei verkrampfen und verwirrt werden. So gehen sie schlechter mit dem Problem um, als wenn sie entspannt wären. Dieses Phänomen betrifft gerade die richtig guten Denker.

8. Denkfalle: Der Zonk und das Schätzen

Die Wissenschaftsredakteurin Marilyn vos Savant vom Magazin *Parade* veröffentlichte 1990 einen Artikel, der heftige Reaktionen auslöste. Es gab Tausende von Leserbriefen. 92 Prozent der Leser widersprachen den Aussagen. Was hatte die Autorin zu Papier gebracht? Sie hatte das berühmte *Monty-Hall-Problem* (Krauss / Wang 2003) in ihrem Artikel gelöst. Nur war die Lösung so kontraintuitiv, dass die Leser sie schlicht und ergreifend nicht glaubten. Das Monty-Hall-Problem sieht wie folgt aus:

Das Monty-Hall-Problem

Abb. 21: Monty-Hall-Problem

Für die Spieler unter Ihnen haben wir eine Variante bei www.braincheck.de im Bereich »Bildung« hinterlegt. Wie es funktioniert? Stellen Sie sich vor, ein Showmaster zeigt Ihnen diese drei Türen. Hinter einer verbirgt sich der Preis, hinter den beiden anderen jeweils Nieten. So weit, so einfach. Frohgemut zeigen Sie auf eine der Türen, sagen wir, Nummer 1. Doch der Showmaster, der weiß, hinter welcher Tür sich der Preis befindet, lässt diese nicht sofort öffnen. Er wartet auf die nicht sonderlich einfallsreiche Gameshowmusik und raunzt: »Ich zeige Ihnen mal was!« Eine der Türen, die Sie nicht gewählt haben, wird geöffnet. Dahinter: eine Niete. Nun fragt der Showmaster gänzlich unbeteiligt: »Bleiben Sie bei Tür Nummer 1 oder wollen Sie wechseln?« Was sollten Sie tun? Wechseln Sie? Bleiben Sie bei Ihrer Wahl?

In der Quizshow

98 Prozent aller Menschen, die so befragt werden, argumentieren, dass der Preis hinter der einen wie hinter der anderen

Tür sein könnte. Das klingt dann mitunter so: »Also, ich habe ja schon eine Niete gesehen. Ich habe also eine Chance von 50 Prozent, die richtige Wahl zu treffen. Egal was ich mache, prozentual ist beides gleich wahrscheinlich.« Daher entscheiden sie sich gegen den Wechsel. Was meinen Sie? Ist es besser zu wechseln?

Wechselnde Wahrscheinlichkeiten beachten

Beim ersten Raten hatten Sie noch eine Chance von eins zu zwei, also von einem Drittel. Für die anderen beiden Türen gibt es mithin eine Wahrscheinlichkeit von zwei Dritteln. Fällt die eine Tür weg, gilt die Wahrscheinlichkeit von zwei Dritteln für die verbleibende Tür. Diese wechselnden Wahrscheinlichkeiten und das Verhalten des Moderators werden fast immer ignoriert. Aber eigentlich ist die Lösung ganz einfach. Eigentlich. Folgende drei Möglichkeiten stehen zur Verfügung:

1. Der Preis befindet sich hinter der von Ihnen gewählten Tür. Also ist es sinnvoll, nicht zu wechseln, egal was der Moderator im Edelzwirn Ihnen ins Ohr raunt.
2. Der Preis ist hinter Tür 3. Dann muss der Spielmacher natürlich Tür 2 aufmachen, er will Ihnen ja weder den Preis zeigen noch verraten, ob Sie richtig liegen. Jetzt lohnt sich der Wechsel.
3. Der Preis ist hinter Tür 2 und der Moderator öffnet Tür 3. Dies ist im Grunde derselbe Fall, wie unter 2. beschrieben – nur mit anderen Türen. Auch hier lohnt sich der Wechsel.

Fazit: Wer wechselt, gewinnt in zwei von drei Fällen, also empfiehlt sich das Wechseln. So einfach ist das.

Lösung: Telefonjoker und Publikumsexpertise

Die einfachste Lösung ist es, einen Mathekünstler mitzunehmen. Der rechnet Ihnen aus, wie die Chancen stehen und wie viel Geld in verschiedenen Gameshows noch in den Koffern ist. Alles andere macht zwar Spaß, führt aber nicht zum Erfolg oder macht auf Dauer mürbe. Denn die Rechengesetze hinter Statistik, Stochastik und Wahrscheinlichkeitsrechnung sind zwar belegt, aber sehr komplex.

Die Weisheit der vielen

Wenn Sie gerade mit Schrecken festgestellt haben, dass die Anzahl der Mathegenies in Ihrem Freundeskreis gegen null tendiert, dann haben Sie trotzdem noch eine echte Chance. Denn die Weisheit der vielen gab es schon lange vor der Entwicklung der eindrucksvollen Schwarmtechnologie, mithilfe derer Großgruppen als Schwarm abstimmen und sich verhalten können. Wie also funktioniert es ohne IT-Technik?

Der Publikumsjoker

Ein Cousin von Charles Darwin, Sir Francis Galton, führte im Jahr 1906 auf dem Viehmarkt in Plymouth eine Schätzung mit 800 Menschen durch. Dabei gab es einen Preis zu gewinnen. Der winkte demjenigen, der das Gewicht eines ausgestellten Ochsen richtig schätzte. Galton trat gegen Marktexperten an: Metzger und Viehhändler. Und doch gewann er. Mit der Hilfe der 800 Gäste. Wie? Jeder der Marktbesucher, egal ob Fachmann oder Laie, gab eine Schätzung zum Ochsengewicht ab. Aus den gesammelten Ergebnissen ergab sich die durchschnittliche Einschätzung: 1207 Pfund. Der Ochse wog tatsächlich 1198 Pfund. So nah heran kam keine der einzelnen Schätzungen. Der eigentlich Überraschte war damals allerdings Galton. Der wollte nämlich eigentlich beweisen, dass die Expertise von einigen wenigen in der Dummheit der vielen unterginge. Belegt hat er aber die Schwarmintelligenz.

Die Masse liegt nicht immer richtig

Dieses Beispiel bestätigt einen sehr aktuellen Trend: große Gruppen von Menschen Situationen einschätzen zu lassen und auf dieser Einschätzung strategische Richtungen für Produktentwicklungen, Firmenausrichtungen etc. zu entwickeln. Den Siegeszug dieser Professionalisierung des Schätzens können Sie hervorragend in James Surowieckis Buch *Die Weisheit der Vielen* nachlesen. Aber: Die Masse kann zwar richtiger liegen als ein Einzelner – das ist Statistik. Aber die Masse liegt nicht immer richtig! Das liegt an der Zusammensetzung der Masse. Es gilt also nicht, den einzelnen Experten ab jetzt zu misstrauen oder nie wieder allein eine Einschätzung vorzunehmen. Es gilt vielmehr, eine solche Masseneinschätzung der eigenen gegenüberzustellen und von den Unterschieden zu lernen. Und Mittel, um eine solche Masseneinschätzung vorzunehmen, hat die moderne Welt mehr als Galton auf dem Viehmarkt der Jahrhundertwende. Möglich sind Umfragen bei XING, Interessenseiten bei Facebook oder einfach eine E-Mail-Umfrage. Achten Sie nur auf vier Dinge:

Vier Kriterien für den Publikumsjoker

1. Die Gruppe sollte vielfältig sein. Dann nutzen Sie die vielen Meinungen und den Wettbewerb der Meinungen untereinander.
2. Die Gruppenmitglieder sollten unabhängig sein. Die besten Ergebnisse entstehen aus Widerspruch, nicht aus Kompromiss.
3. Die Gruppe sollte dezentral funktionieren. So entgehen Sie Gruppenphänomenen, bei denen die eigene Meinung durch die vorherrschende geprägt wird. Jeder sollte Zugriff auf die Infos haben und sich ungestört sein Bild machen können.
4. Und natürlich sollte Ihre Gruppe groß genug sein und auch antworten wollen.

9. Denkfalle: Warum unverbindliche Preisempfehlungen so verbindlich sind

Harald Glööckler hat einen klangvollen Namen. Heute ist der bekannte Designer Juror in Tanzshows und hat ein eigenes Verkaufsformat im Teleshopping. Seine Biografie offenbart die menschliche Seite neben der pompöösen Erscheinung. Eigentlich verbindet mich nicht sehr viel mit Herrn Glööckler. Wenn da nicht dieses eine Erlebnis gewesen wäre, das sich zu einer lebensechten Denkfalle mauserte. Im Jahr 2001 moderierte ich eine Produktshow auf der Hannover Messe. Es war eine Industriemesse, der Kunde ein Kabelhersteller. Damals hatte man Harald Glööckler dafür gewinnen können, aus den Produkten der Firma einzigartige Kleidungsstücke zu entwickeln. Sie waren Teil der Show und ein Magnet für Zuschauer und Presse. Zur Premiere war der Messestand bis auf den letzten Platz gefüllt.

Viele »Ö« sind des Möderatörs Töd

Ich begrüßte das Publikum im Namen des Unternehmens und führte in das Produktuniversum ein. Der Text der zwanzigminütigen Show saß einigermaßen. Doch die Nervosität einer Premiere war nicht wegzubekommen. Sie hielt sich während der ganzen Show. Besonders gegen Ende stieg sie an. Dann sollte der Designer selbst auf die Bühne gebeten werden. Ich hatte noch nie so viele »Ö« in einem Satz ausgesprochen: »Ein herzliches Willkommen dem Designer von Pompöös, Harald Glööckler, dem berühmten Mödeschöpfer!« Ich konnte nach diesem Fauxpas leider nicht im Boden versinken, weil Messeböden aus solidem Beton sind und keine Falltüren haben.

Was mir damals passierte, wirft ein Licht auf eine Leistung des Gehirns, die in unser aller Alltag das klare Denken durchkreuzt. Die Psychologie spricht von *Bahnung* oder *Priming*. Wenn Sie ein Wort benutzen, passiert im Gehirn Folgendes: Dieses eine Wort, z. B. »Milch«, sitzt, sagen wir, an einer Kreuzung. Die Wege, die von dieser Kreuzung wegführen, leiten hin zu anderen Wörtern, die Sie mit dem Wort »Milch« assoziieren. Eine Straße führt zu »flüssig«, eine zu »gesund«, eine zu »Kuh«, eine zu »weiß« usw. Und alle diese Straßen werden in dem Moment erleuchtet, wo Sie »Kuh« sagen. Wenn Sie jetzt an das Gegenteil von »schwarz« denken sollen, dann ist »schwarz« auch an einer Kreuzung und hat Straßen zu »Farbe«, »dunkel« und eben »weiß«. Wenn Sie jetzt gefragt werden, was die Tennisspieler in Wimbledon tragen, dann aktiviert das die Kreuzung »Wimbledon« mit den Straßen »Tennis«, vielleicht »Boris Becker« oder »Erdbeeren mit Schlagsahne« und eben wieder »weiß«. Und wenn Sie nun sagen sollen, was die Kuh trinkt, dann antworten Sie in der Regel »Milch«. Was natürlich Unfug ist. Sie kannten dieses Beispiel? Hier ist eines für Fortgeschrittene: Achtung, hier geht es um den Einfluss allgemeiner semantischer Faktoren auf den *Einstellungseffekt*. Zuerst einmal lösen Sie doch bitte folgende Anagramme:

Das »Ö«-Phänomen in Ihrem Gehirn

| HMCLI | KCREUZ | ESKKE |
| SHENA | FAEFKE | NKIRTNE |

Was passierte, während Sie gerade die Lösungen suchten? Als Sie das erste Wort erkannt haben, hat es die folgenden geprimt, also leichter abrufbar gemacht. Diese Arbeitserleichterung für das Hirn ist messbar: Sieben Sekunden brauchten die Menschen im Versuch für eine solche organisierte Liste, zwölf Sekunden hingegen, wenn die Begriffe einander nicht primen, sondern aus unterschiedlichsten Bereichen kommen. Auch aktuelle Studien von Davide Crepaldi (Universität Mailand) von 2014 belegen das eindrucksvoll. Priming wirkt. Dauernd. Allerorten.

Wenn Einstellungen den Weg vernebeln

In einem Experiment spielten zwei Teams Wortpuzzle (Bargh/Chen/Burrows 1996). Team A spielte mit Begriffen wie »vorsichtig«, »weise«, »alt« »zur Ruhe gesetzt«, die anderen Teams spielten mit neutralen Begriffen, die keinen Bezug zu Persönlichkeitsmerkmalen oder Verhaltensweisen hatten, wie »Apfel«, »Straße« oder »gehen«. Anschließend stoppten die Forscher die Zeit, die die Teams auf dem Weg zum nahe gelegenen Aufzug brauchten. Spieler aus Team A brauchten in der Regel bis zu einer Sekunde länger als die Vergleichsgruppen; sie hatten die vorgegebenen wertenden Begriffe umgesetzt in eine langsamere Gehgeschwindigkeit. In einem anderen Experiment ließen Forscher Versuchspersonen fünf Minuten lang entweder Professoren oder Sekretärinnen beschreiben. Anschließend spielten alle ein paar Runden Trivial Pursuit. Die Ergebnisse verschlagen einem fast den Atem: Diejenigen, die an der Beschreibung der Professoren – die in der Regel mit hoher Intelligenz assoziiert werden – gearbeitet hatten, lagen bei 60 Prozent ihrer Antworten richtig, gegenüber 46 Prozent richtiger Antworten in der Vergleichsgruppe. Was keineswegs eine Wertung impliziert, denn die Vergleichsgruppe bearbeitete die Fragen im Vergleich deutlich effizienter – sie brauchten sechs Minuten im Vergleich zur professoralen Gruppe, deren Mitglieder im Schnitt acht Minuten mit dem Fragebogen verbrachten (Dijksterhuis/van Knippenberg 1998). Übrigens: Diese interne Assoziation kann auch für schlechtere Ergebnisse sorgen, je nachdem, mit wessen Stereotypen Sie sich auseinandersetzen.

Auf die Wortwahl achten

Bilder, Atmosphäre, Sprache: All das wirkt ebenso alltäglich wie unbewusst als Priming auf uns ein. Achten Sie also bei der nächsten Präsentation auf die Wortwahl – die eigene und die der anderen Präsentatoren. Damit können Sie gezielt die assoziativen Prozesse im Gehirn beeinflussen: in Ihrem eigenen und in dem Ihrer Zuhörer. Es macht wirklich einen signifikanten Unterschied, ob Sie von der »dunklen Zeit«, dem »drohenden Abgrund«, der »Delle in den Unternehmenszahlen«, der »herannahenden Katastrophe« sprechen oder dezent positive Varianten wählen wie »Zeit der Orientierung«, »die Frage, für welchen Weg wir uns entscheiden«, »die Möglichkeit, die Unternehmenszahlen durch Umdenken in den Lösungen zu verändern« oder »das frühere erfolgreiche Überwinden von Herausforderungen«. Zwei Dinge sind dabei wichtig:

1. Nie inflationär verwenden, es gibt nichts Schlimmeres als ein Priming, das der Empfänger bewusst erlebt.
2. Sie selbst sollten mit der Wortwahl auch glücklich sein – ein Mangel an Authentizität zerstört jegliches Priming im Keim.

Und warum ist die Wortwahl wichtig? Dahinter steckt das gleiche Prinzip wie bei Herrn Glööcklers »Ö«. Bei »Kuh« werden die Straßen »weiß« und »Milch« verstärkt aktiviert, weil die vorherigen Assoziationen dafür gesorgt haben, dass diese Straßen bereits beleuchtet sind. Weil jetzt von »Kuh« zu »Milch« eine besonders breite Straße führt, da die beiden Begriffe sehr eng miteinander assoziiert sind, fährt Ihr Denken die bereits beleuchtete Straße »Milch«, anstatt eine völlig neue unbeleuchtete Straße zu suchen, die »Wasser« heißt. Das ist in Kürze die moderne Theorie der neuronalen Netzwerke.

Jede Wahrnehmung, die Sie haben, aktiviert eine solche Kreuzung, und die damit gut verbundenen Straßen werden beleuchtet. So eine Art der Voraktivierung wiederum beeinflusst extrem, was Sie als Nächstes wahrnehmen oder denken. Wo ist das wichtig? Beim Einkaufen, beim Kennenlernen anderer Menschen, beim Beurteilen jeglicher Situation. Das belegt eine Studie, in der die Versuchsteilnehmer den Prozentsatz jener afrikanischen Länder schätzen sollten, die Mitglied bei den Vereinten Nationen sind. Im ersten Schritt drehten die Probanden an einem Glücksrad. So erhielten sie ihre Glückszahl. Nachdem sie das Glücksrad gedreht hatten und es einen Wert anzeigte, mussten die Versuchsteilnehmer schätzen, ob der Prozentsatz

Assoziationen prägen Gedanken

der afrikanischen UNO-Mitgliedsstaaten über oder unter dem vom Glücksrad angezeigten Wert liegt. Danach bat man die Gruppen um einen prozentualen Schätzwert bezüglich der Anzahl afrikanischer Mitgliedsländer in den Vereinten Nationen. Was passierte? Hatten die Teilnehmer eine hohe Glückszahl erspielt, so wanderte unbewusst auch deren Schätzquote erstaunlich weit nach oben. Hatte das Glücksrad ihnen eine niedrige Zahl gegeben, schätzten die Probanden auch gleich die Anzahl der afrikanischen Mitgliedsländer viel geringer ein. Die Glücksradzahlen wirkten als Ausgangspunkt für die individuellen Schätzungen, ohne dass sich die Teilnehmer dessen bewusst waren. Hier passierte genau das Gleiche wie beim »Ö-Phänomen«. Die Zahl am Glücksrad hatte eine Kreuzung aktiviert. Und das Gehirn tat bei der nachfolgenden Mitgliedsstaatenfrage, was es immer tut: da anfangen zu denken, wo gerade was los ist. Und das war in diesem Fall die Glücksradzahl. Die Ergebnisse waren dementsprechend deutlich »verankert«. Im Grunde erhielten die Mitspieler so nur einen für die nachfolgende Fragestellung völlig irrelevanten Ausgangspunkt oder *Anker*, wie die Forschung das nennt. Solche irrelevanten Informationen, die unser Urteilsvermögen extrem beeinflussen, werden heute auch als *uninformativer Anker* bezeichnet (Brewer / Chapman 2002).

Zahlen als Anker   Zahlen primen den Ausgangspunkt unserer nachfolgenden Wahrnehmungen, Gedanken und Handlungen im Alltag. Und das gilt für Laien geradeso wie für Experten eines Themas. Die Psychologen Gregory Northcraft und Margaret Neale zeigten dies eindrucksvoll. Sie legten Studenten und Immobilienexperten eine Häuserbroschüre vor. Beide Gruppen sollten nun die Immobilie auf Basis identischer Informationen bewerten. Na ja, so ganz identisch waren sie nicht. Eine Gruppe bekam einen anderen Preis genannt. Und siehe da: Bei den späteren Schätzungen über den Sachwert der Immobilie wurden beide Gruppen nachweislich von den jeweils angegebenen Listenpreisen, die als Anker funktionierten, beeinflusst (Northcraft / Neale 1987).

Unternehmen verweisen oft auf die UVP – die *unverbindliche* Preisempfehlung. Unser Gehirn nimmt die Vorschläge aber als extrem verbindliche Anker, auf deren Basis es sein Urteil fällt. Eine solche Beeinflussung findet in der Tat häufig statt, wenn wir uns über Situationen Gedanken machen, bei denen numerische Informationen im Vorfeld auftreten. Die Psychologen Henrik Kristensen und Tommy Gärling von der Göteborg University wiesen nach, dass in Verhandlungen die subjektive Verlust- und Gewinnsituation oftmals vom ersten Angebot abhängt (Kristensen / Gärling 1997). Personen erzielten bessere Verhandlungsergebnisse, wenn sie das Initialangebot aussprachen. Also: Achtung bei Kauf- und Verkaufsentscheidungen! Solche numerischen Anker können wir aber auch selbstsuggestiv zur Steigerung unserer eigenen Motivation und Leistung nutzen (s. a. Hinsz / Kalnbach / Lorentz 1997).

Gretchen Chapman und Brian Bornstein zeigten diesen Ankereffekt sogar bei gerichtlich festgesetzten Schadensersatzsummen, ausgelöst durch die jeweilige Höhe der geforderten Summen (Chapman / Bornstein 1996). Und zu Ihren Gunsten dürfen Sie ab jetzt davon ausgehen, dass der Zahlenvorschlag auf dem neuen Automobil Ihrer Wahl nicht wirklich da steht, weil der Händler davon ausgeht, dass Sie diesen Preis auch bezahlen sollen. Es handelt sich um einen einfachen Anker, der bei Ihnen einen – mitunter zu hohen – Ankerpunkt einbaut. Diese Denkfalle ist schon extrem grausam: Wir können nicht über bedeutungslose Informationen hinwegsehen, auch wenn sie uns bei der anstehenden Entscheidung keinen Deut weiterhelfen werden. Merken Sie sich das für Ihre nächste Gehaltsverhandlung!

Stellen Sie sich vor, Sie brauchen mal wieder ein neues Paar Schuhe. Das ist entweder eine herrliche Entscheidung, weil Sie Schuhe lieben (soll es ja geben), oder eine schnelle Entscheidung, weil Sie ja in irgendetwas rumlaufen müssen (soll es ja auch geben). Sie entscheiden sich für ein Paar Klassiker, die mindestens eine Saison halten sollten, und wollen 48 Euro investieren. Sie werden fündig. Das neue Schuhwerk passt wie angegossen und Sie wollen schon zur Kasse tänzeln, da hören Sie: »Halt! Einen Moment, hätte ich fast vergessen: Morgen sind diese Schuhe im Angebot! Sie bekommen sie dann für 36 Euro!« Verlockend?

Zahlenanker verhindern sparsames Einkaufen

Wo Sie gerade in der Stadt sind: Ein neuer Business-Anzug muss auch noch sein. Der alte ist nicht mehr ganz auf der Höhe der Zeit! Also auf zum Bekleidungsfachhändler am Ende der Fußgängerzone. Und da sehen Sie Ihren zukünftigen Anzug, richtige Farbe, toller Schnitt, richtige Größe – und der Preis? Auch hier sind die Auszeichner in Schlussverkaufslaune gewesen. Heute kostet das gute Stück noch 239 Euro, morgen, am Schnäppchentag, nur noch 227 Euro. Würden Sie auch diesen Sparvorteil nutzen? Oder nur diesen? Nur den anderen? Was beeinflusst Ihre Beurteilung, ob es ein Schnäppchen ist oder nicht? Doch wohl nicht der Ausgangspreis? Achtung: Anker!

Absolute und relative Einsparung

Viele von uns sehen nicht, dass wir bei beiden Angeboten jeweils zwölf Euro sparen. Stattdessen warten wir bei den Schuhen gerne noch einen Tag, beim Anzug aber schlagen wir trotz der in Aussicht gestellten Reduktion eher sofort zu. Warum reagieren wir so wenig rational und logisch? Oder steckt gar eine verborgene Logik dahinter? Die Mehrzahl der Erklärungen geht von einem substanziellen Unterschied in unserer Wahrnehmung des in Aussicht gestellten Sparvorteils aus. Unterschieden wird zwischen einer absoluten und einer relativen Einsparung. Absolut gesehen haben wir jedes Mal zwölf Euro mehr in der Tasche, wenn wir warten. Relativ gesehen sind die zwölf Euro im Fall der Schuhe jedoch eine Reduktion von 75 Prozent. Stellen wir die gleiche Überlegung für den Anzug an, merken wir: Das sind nur fünf Prozent. Logo: Ersteres ist der bessere Deal! Dem ist rechnerisch gesehen aber gerade nicht so: Zwölf Euro sind zwölf Euro.

Es sind die unterschiedlichen Ausgangspreise, die die identischen Sparvorteile so ungleich aussehen lassen. Und so kommen wir zu gänzlich anderen Entscheidungen, je nachdem, ob wir uns auf Wahrnehmung allein oder zusätzlich noch auf die rechnerische Logik verlassen.

Ein anderes Beispiel: Als uns vor einigen Wochen ein formschönes Flugblatt inklusive eines freundlichen Spendenaufrufs in den universitären Postkorb flatterte, sahen wir es auf Anhieb: Die sozialen Spendeneintreiber hatten ganz unschuldig Beispiele aufgeführt, welche Beträge spendbar wären. Das war allerdings nicht ganz so spannend wie die Reihenfolge, die sie gewählt hatten. Der höchste Betrag stand am Anfang! Er diente als Anker und konzentrierte die Wahrnehmung auf diese Höhe, anstatt den Fokus auf den niedrigstmöglichen Betrag zu lenken. Natürlich haben wir im Team das durchschaut. Gespendet haben wir dann trotzdem den Höchstbetrag. Aber das aus eigenen Stücken, oder?!

Lösung: Angemessenheit hinterfragen

Dieser Ankereffekt ist extrem robust. Selbst Aufklärung und ausdrückliche Warnung helfen nur bedingt. Auch Fachwissen scheidet zum großen Teil als Gegenmittel aus. Erfahrung auch. So zeigt sich, dass Einkaufsexperten auch nach mehrmaligen Wiederholungen in Verhandlungen vom ersten Angebot beeinflusst werden. Und der Effekt wirkt über lange Zeit. Noch eine Woche später erliegen wir ihm. Das klingt entmutigend. Doch es gibt einen Lösungsweg aus dieser Denkfalle.

Bevor Sie in Verhandlungen gehen, Schätzungen abgeben oder Preishöhen festlegen, machen Sie sich Gedanken über die Angemessenheit des Zielwerts. Wo und wie finden Sie solche Zielwerte? Durch Gespräche mit Menschen, die ähnliche Situationen erlebt oder ähnliche Investitionen getätigt haben. Durch Studien und Vergleichsergebnisse wie Warentests etc. Nur dieses Wissen ermöglicht es Ihnen, die Angemessenheit der Forderung zu hinterfragen und zu überprüfen.

Wo hat es das schon mal gegeben?

Machen Sie sich die Mühe, eine größere Menge an Detailkenntnissen zu erlangen. Die größte Angriffsfläche für diese Denkfalle ist das mentale Ergänzen. Hier fügen wir Informationen ein, die nicht gegeben werden. Das Problem ist, dass wir sie so einfügen, dass sie zu den anderen passen, dass sie den Anker stützen. Halten Sie also den Raum für diese mentalen Ergänzungen so gering wie möglich.

Woher bekomme ich mehr Informationen?

Sammeln Sie Gegenargumente. Sie kennen inzwischen die Falle, dass wir unsere bestehenden Überzeugungen nur allzu gern bestätigen wollen. Sammeln Sie daher Gegenargumente. Mit diesem Vorgehen sammeln Sie Argumente, die gegen einen falschen Ankerwert sprechen – das ist Immunisierung pur. Anker scheinen immer plausibel. Suchen Sie nach Infos, die diese Plausibilität widerlegen. Das schützt enorm. Machen Sie dieses Gegenargument so konkret wie möglich, so anschaulich,

Was könnte dagegensprechen?

wie es geht. Je klarer das Bild vor Ihren Augen, desto weniger hat der Nebel des Ankereffekts Chancen, angemessene Werte zu verschleiern.

Ankereffekt lässt sich nutzen

Je nach Situation kann es auch mal angebracht sein, den Ankereffekt zu den eigenen Gunsten zu nutzen. Ich weise Sie lediglich darauf hin, Ihr eigenes Gewissen vor dem Einsatz zu befragen.

Mithilfe von zwei Dingen überlisten Sie diese Denkfalle:

1. **Erster sein:** Mussweiler und Kollegen ließen Teilnehmer über den Verkauf eines Pharmaunternehmens verhandeln (Mussweiler et al. 2000). Alle wirtschaftlichen Infos waren realistisch und plausibel. Die Ergebnisse der Verhandlungen zeigten klare Vorteile für die Erstbieter. Wenn der Käufer den Anker setzte, lag der vereinbarte Kaufpreis in der Regel 5,1 Millionen Dollar niedriger als beim Erstgebot durch den Verkäufer.
2. **Nach den Sternen greifen:** Setzen Sie sich ruhig hohe Ziele. Konzentrieren Sie sich auf Ihr Wunschergebnis. Hohe Forderungen machen Sie zwar nicht sympathischer, ermöglichen Ihnen aber zweierlei: Auf der einen Seite erzielen Sie so nachweislich bessere Ergebnisse. Auf der anderen sind Sie nachher zufriedener, als wenn Sie sich auf Ihr Minimum eingeschossen hätten. Und das gilt auch, wenn Sie Ihre hohen Ziele nicht ganz erreichen. Logischerweise erreichen Sie so mit dem Ankereffekt immer mehr, als wenn Sie Ihr Ziel tiefer ansetzen. Wichtig ist, dass Ihre Ziele plausibel erscheinen, dann wirkt der Anker in vollem Ausmaß.

10. Denkfalle: Warum wir Kollegen immer zu schnell verurteilen

Mit unserer Art zu denken machen wir nicht nur uns das Leben schwer, indem wir es uns zu leicht machen wollen. Wir machen es auch den geschätzten Kollegen und Lebenspartnern nicht gerade einfach. Wenn wir über sie urteilen, greifen wir immer auf im Moment der Entscheidung bereitstehende Informationen zurück. Besonders leicht abgreifbar sind Informationen, die ein hohes Aktionspotenzial haben. Das heißt, dass die mit dieser Information belegten Neuronen besonders leicht feuern, also aktiv werden und den Informationsfluss ermöglichen. Ist dieses Potenzial gering, so ist es eher unwahrscheinlich, dass die zugehörigen Infos auch aktiviert werden. Wie funktioniert das nun in unserem Alltag?

Neuronen, die leicht feuern

Dinge, an die wir uns sehr leicht erinnern können, kommen uns wahrscheinlicher vor als Dinge, an die wir uns nicht so leicht erinnern können. Unser Urteil basiert nicht auf Objektivität, sondern auf Verfügbarkeit. Was ich gerade verfügbar habe, gilt, was nicht verfügbar ist, gilt nicht. Werfen Sie doch mal vor Ihrem geistigen Auge einen Blick in die Seiten Ihres Lieblingsbuches und schätzen Sie: Finden Sie da mehr Wörter, die mit einem »K« anfangen, oder mehr Wörter, bei denen der Buchstabe »K« an dritter Stelle steht? Viele Menschen, die wir mit dieser Frage überraschen, gehen ganz kurz in sich und sind sich dann sicher: »K« ist häufiger am Wortanfang zu finden. Hätten Sie auch gesagt? Tja, da sind Sie einem kleinen Kurzschluss namens *Verfügbarkeitsheuristik* auf den Leim gegangen. Wir gründen unser Urteil auf Informationen, die im Gedächtnis leichter verfügbar sind. Und es ist viel leichter, an Wörter zu denken, die mit »K« anfangen, als an solche, die ein »K« an dritter Stelle haben! Unser Wörtergedächtnis in unserem mentalen Lexikon ist auf lexikalischen Abruf eingestellt, der sich am Initial des Wortes ausrichtet – ähnlich wie bei einem realen Lexikon.

Unser Wortspeicher, der bei Erwachsenen immerhin bis zu 150 000 Wörter umfassen kann, ist äußerst rationell strukturiert und auf extrem schnellen Abruf ausgerichtet (s. a. Aitchison 1994). Eine Technik, die den fixen Zugriff auf Wörter si-

Wortspeicher funktioniert wie ein Lexikon

chert, ist die Sortierung nach Anfangsbuchstaben. Genau so, wie es das Wörterbuch macht. Logischerweise erinnern wir uns deshalb an Wörter leicht anhand ihres Anfangsbuchstabens. Das Wissen darüber, welcher Buchstabe allerdings an dritter Stelle eines solchen Wortes steht, birgt null Zusatznutzen für das Wörterbuch im Kopf, ist also nicht verfügbar. Auch sind die Wörter im Kopf nach Wortstämmen geordnet und nicht nach Wortverbindungen. Also fällt Ihnen das Verb »kommen« schneller ein als das Wort »ankommen«. Und jetzt merken Sie es vielleicht: Da liegt der Hund begraben. Es gibt sehr viel mehr Wörter, die zusammengesetzt sind und die deshalb das »K« an dritter Stelle haben: ankurbeln, abkochen, abkanzeln, abkriegen, ankommen, erkennen, erklären, erkunden, erkalten, umkommen, zukleistern, zukleben und … *abkürzen* kann man das Ganze natürlich auch!

Es sind also mehr, viel mehr, aber sie sind nicht so leicht verfügbar für den Kopf. Folglich meinen die meisten Menschen, dass »K« am Anfang des Wortes häufiger ist als an dritter Stelle. Dies wurde auch in der Forschung belegt (Tversky / Kahneman 1973). Und das gilt nicht nur für Wörter mit »K«!

Urteile über Kollegen

Verfügbarkeitsheuristiken prägen auch Urteile über Kollegen. Ich selbst erlebe das bei meinen Auftritten immer wieder. Bei Kick-offs und Jahresauftaktmeetings sehen sich Kollegen, die oft nur voneinander hören und keinen direkten persönlichen Kontakt haben. So auch beim Produktlaunch eines Automobilherstellers. Ich stand neben der Bühne und plauderte mit meinem Talkgast, um ein wenig warm zu werden. Ein Kollege kam hinzu und schaltete sich kurz in das Gespräch ein: »Du, ich hab es geschafft, dass wir nachher eine Runde mit dem neuen Cabrio auf der Rennstrecke drehen können. Aber keinem weitererzählen! Nur du und ich und der Herr Naughton, wenn er mitwill!« Mit einem Grinsen über sein Verhandlungsgeschick wandte er sich ab und setzte sich in die erste Reihe vor der Bühne. Daraufhin drehte sich mein Gesprächspartner zu mir und sagte: »Ja, der ist schon ein ganz Ausgefuchster.« »Aha«, entgegnete ich, »der macht also öfter solche Sachen.« »Ja, der ist kein Kind von Traurigkeit. Also ich habe da ein paar Geschichten gehört …« Und damit war ich mittendrin im Flurfunk und in der Verfügbarkeitsheuristik. Aus einem unbescholtenen Kollegen wurde ein Draufgänger, weil meinem Gegenüber spontan drei Geschichten ausgeprägter Ausgefuchstheit einfielen.

Ein wenig später machte ich den Gegentest. Ich fragte einen meiner Auftraggeber, der nicht so viel mit dem »Draufgängerkollegen« zu tun hatte, was der denn für einer sei. Er wirke so sympathisch und sei mir aufgefallen, weil er sich in die erste Reihe gesetzt habe. Da passierte etwas Ungewöhnliches. Meinem Auftraggeber fielen auf Anhieb Situationen ein, bei denen der Kollege ängstlich oder schüchtern war. Meist bei kleinen Meetings, bei denen Führungskräfte zugegen waren. Wenn ich also zuerst mit dem Auftraggeber gesprochen hätte, wäre mein Urteil bestimmt nicht »Draufgänger« gewesen.

Diese Denkfalle taucht nicht nur bei schnellen Urteilen über Kollegen auf. Sie greift immer und überall. Viele Japaner berichten mit dem Brustton der Überzeugung, Heidelberg sei größer als Bielefeld (Gigerenzer 2007). Wie kommen die Asiaten darauf? Sie nehmen das Wissen aus Reiseführern auf. In denen steht mehr zu Heidelberg als zu Bielefeld. Vielleicht zu Unrecht. Auf dieser Basis der für sie leicht verfügbaren Infos urteilen die Asiaten, Bielefeld ist unbekannter, also muss es auch weniger wichtig, also kleiner sein. Das Gehirn nimmt das Bekannte und verwirft die Möglichkeit, dass das Unbekannte auch Relevanz haben könnte. Das gilt für Buchstaben mit »K«, für Kollegenurteile, für die Beurteilung des Sommers, des Treibhauseffekts und viele weitere Alltagsurteile, die wir so fällen. Und es gilt auch für unser Bild von uns.

Ist Heidelberg größer als Bielefeld?

Dass Selbstbild und Fremdbild nicht immer identisch sind, daran haben wir uns gewöhnt. Die Psychologie weiß aber noch mehr: Sie kann zeigen, dass unsere Vorstellungen von uns selbst gar nicht so stabil sind, wie wir es gerne hätten. Denn auch unsere Urteile über uns selbst basieren auf Verfügbarkeitsheuristiken. In einem Experiment baten der Psychologe Geoffrey Haddock und seine Kollegen Versuchsteilnehmer, sich an sechs Beispiele zu erinnern, in denen sie selbstsicher agierten. Das ging gut und schnell. Die anderen Teilnehmer sollten ganze zwölf Beispiele für ihr selbstsicheres Verhalten aus der Erinnerung hervorzaubern. Das ging weder schnell noch gut. Diese Teilnehmer mussten sich schon ziemlich ab-

Verfügbarkeit und Selbstbild

mühen und einige fanden gar nicht so viele Beispiele in der zur Verfügung stehenden Zeit (Haddock et al. 1999).
Doch das war nur der Auftakt. Spannend wurde es nun, als die Teilnehmer beider Gruppen um eine Selbsteinschätzung ihrer tatsächlichen Selbstsicherheit gebeten wurden. Sie ahnen das Ergebnis? Wer sich nur an sechs Beispiele erinnern musste und die auch in der Erinnerung fand, hielt sich für ziemlich selbstsicher. Es war einfach für die Probanden, sich an einige wenige Beispiele zu erinnern. Und die andere Gruppe? Sie erlitt den umgekehrten Effekt. Diese Teilnehmer schätzten sich als deutlich weniger selbstsicher ein. Sie nahmen ihre Schwierigkeiten beim Erinnern an die geforderten zwölf Beweise als Anzeichen dafür, dass es auch absolut gesehen in ihrem Leben eher wenige Beispiele gab. Ergo, urteilten sie, konnten sie auch nicht so selbstsicher sein. Fazit? Wir halten immer das für der Weisheit letzten Schluss, was uns schnell und leicht einfällt.
Im Alltag spielen bei dieser Denkfalle zwei Faktoren eine Rolle:

1. Wie wichtig ist die Information für mich?
2. Wann habe ich das letzte Mal daran gedacht?

Nicht nach dem ersten Eindruck urteilen

Beispiel: Vor einiger Zeit begleitete ich ein Versicherungsunternehmen. Im Lauf des Tages wurde über die Philosophie der zukünftigen Zusammenarbeit diskutiert. In der kleinen Workshopgruppe, die ich begleitete, diskutierte ein Kollege mit vollem Elan über 90 Minuten hinweg. »Wow«, dachte ich, »das gibt gleich aber Zunder, wenn wir ins Plenum zurückkehren. Der Kollege vertritt seine Argumente intensiv und ist auf Krawall gebürstet.« Doch als es ins Plenum ging und die Diskussion vor 1000 Mitarbeitern weitergeführt werden sollte: Stille. Der Mensch, den ich noch vor zehn Minuten als selbstsicheren, rhetorisch gewandten Eiferer beurteilt hatte, war nun ganz ruhig. Das war ungünstig, auf ihn hatte ich als Eisbrecher für die Diskussion gesetzt. Man sollte eben nicht nach den leicht abrufbaren Eindrücken urteilen. Was leicht verfügbar ist, ist deshalb noch lange nicht richtig. Es gilt, einen klaren Kopf zu behalten, aber wie?

Lösung: Das ABC der mentalen Klarheit

Intuitionen sind natürlich nützlich. Das zeigen die vielen Situationen, in denen Blitzentscheidungen Leben retten und das erfolgreiche Handeln vor dem langwierigen Denken kriegsentscheidend sein kann. Im wahrsten Sinne des Wortes. Von dem Wissenschaftsjournalisten Jonah Lehrer stammt folgendes Beispiel (Lehrer 2009): Ein Radartechniker auf einem englischen Kriegsschiff bemerkte einen Echoimpuls, der sich auf seinem Radarschirm bewegte, den Berechnungen zufolge direkt auf einen Schiffskonvoi zu. Er erkannte nicht, was es genau war. Es konnte ein amerikanisches Angriffsflugzeug mit typischerweise ausgeschalteter Erkennung sein, also Freund, oder eine irakische Rakete, also Feind. Beide waren nicht wirklich zu unterscheiden. Doch der Mann am Radar musste sich entscheiden: Wenn es ein Flieger war und er fälschlicherweise Alarm schlug, würden die Soldaten abgeschossen. Wenn er keinen Alarm gab und es eine Rakete war, würde ein amerikanischer Flugzeugträger explodieren. Was tun? Sein Puls schnellte in die Höhe, die Alarmglocken in seinem Kopf schrillten, ohne dass er einen bewussten Anhaltspunkt gehabt hätte. Der Radartechniker fällte seine Entscheidung: eine Rakete. Der Abschuss wurde eingeleitet. Und bestätigt. Der Techniker hatte recht. Warum? Das konnte er nicht sagen. Erst spätere Untersuchungen zeigten, was der Radarexperte unbewusst wahrgenommen hatte: Die Rakete hatte eine minimal andere Flugbahn beschrieben und daher für Sekundenbruchteile ein ganz leicht abgewandeltes Radarbild erzeugt. Das Bewusstsein hatte es nicht merken können. Die unterschwellige Wahrnehmung hatte es mit den unzähligen Radarerfahrungen im Gehirn abgeglichen und das Warnsignal in den Körper ausgesendet, der die Entscheidung beeinflusste.

Nützliche Intuitionen

Der Vorteil der Intuition liegt dabei auf der Hand. Wenn wir zu lange nachdenken, kann das zu einer Verschlechterung der Einschätzung führen. Gründliches Nachdenken kann dazu führen, dass wir uns unverhältnismäßig stark auf unwichtige Aspekte konzentrieren. Es kann aber auch gut sein, dass Ihr Problem mit Intuition nicht zu lösen ist. Oder dass Ihre Intuition nicht in die gewünschte Richtung geht. Sie ist nur die Summe Ihrer Erfahrungen. Und die muss nicht immer helfen, dass die Rechnung aufgeht. Es gibt zu viele Situationen, in denen mentale Klarheit hilft, das emotionale Blattwerk beiseitezuschieben. In der aktuellen Entscheidungsforschung wird die Überlegenheit der Intuition in vielen Bereichen widerlegt. Menschen, die der Intuition vertrauen, neigen sehr dazu, sich von unwichtigen Informationen und der Reihenfolge der Präsentation beeinflussen zu lassen. Es sieht so aus, als ob der gute alte Notizblock mitunter bessere Dienste leistet als das Verlassen auf die Intuition. Studien belegen, dass derjenige besser abschneidet, der sich die größere Menge an Informationen vor Augen bzw. im Gedächtnis halten kann.

Mentale Klarheit durch Selbstführung

Leichte Entscheidungen schwer zu machen, ist ein Kunststück, das viele Menschen beherrschen. Schwere Entscheidungen leicht zu machen? Na ja, auch ein Kunststück. Beherrschen nur nicht ganz so viele. Was machen diese Leute? Meist folgen sie einem uralten Vorgehen: der Plus-Minus-Liste. Diese strukturierte Herangehensweise erlaubt es, sich eingehend mit den Vor- und Nachteilen jedes einzelnen Aspekts zu beschäftigen (s. a. Janis / Mann 1977). Aber ist es auch so zielführend, wie es erscheint? Wohl eher nicht, sonst würde es kaum im Kapitel über die Denkfallen stehen. Aber was macht es so gefährlich, mit Pros und Kontras auf Entscheidungsfindung zu gehen? Es ist der Anteil an Introspektion, also Selbstbefragung, mit dem wir uns über unsere Vorlieben, über unsere bisherigen Erfahrungen, aufklären wollen. Die Psychologen Timothy Wilson und Jonathan Schooler sprechen da von *Präferenzen* (s. a. Wilson / Schooler 1991). Die bilden wir unmerklich und nutzen sie unreflektiert und automatisch. Ebenso wie wir nicht mehr darüber nachdenken, wie wir Fahrrad fahren. Wenn uns aber jemand fragt, wie genau wir das gelernt haben, geraten wir ins Stocken.

Entscheidungsobjekte erscheinen verzerrt

Ein ebensolches Durcheinander entsteht, wenn wir uns bei einer Entscheidung zu unseren Präferenzen befragen. Das an sich ist noch nicht so problematisch. Allerdings verändern wir während dieses Reflexionsprozesses unsere Präferenzen und Einstellungen – und zwar oft zum Nachteil der anstehenden Entscheidung. Der Grund für diese ungewollte Verschlimmbesserung liegt an der Tendenz, sich auf nebensächliche Aspekte zu konzentrieren. So kommt es zu einer Verzerrung der Eigenschaften der Entscheidungsobjekte. Das muss nicht zwangsweise so sein, nur merken wir nicht, wenn es passiert. Wann tritt dieser Effekt nicht ein? Wann immer Menschen sich umfassend schlau machen, bevor sie in die Entscheidungsfindung gehen, verändern sie ihre Urteile nicht aufgrund nebensächlicher Aspekte. Und wann immer Menschen wenig Zeit haben, zu reflektieren und in sich zu gehen, bleiben sie bei den Nebensächlichkeiten hängen. Wenn Sie sich innerhalb dieser beiden »Leitplanken« bewegen, ist Ihr Weg zur passenden Entscheidung schon ein ganzes Stück sicherer.

Entscheidungen reflektieren nicht nur unsere Präferenzen. Sie verändern auch unsere künftigen Empfindungen gegenüber den ursprünglichen Optionen. Wie wichtig diese emotionale Etikettierung für den mentalen CEO ist, wissen Sie aus Teil 1. Das Paradigma »Ich habe mich so entschieden, weil ich es mag« sollte also ersetzt werden durch »Ich mag das, weil ich mich so entschieden habe«. Das belegte 2013 eine Metastudie von Keise Izuma und Kollegen. Wenn es also eine Inkonsistenz zwischen Präferenz und Verhalten gibt und uns das bewusst wird, fühlen wir uns unwohl. Fachlich empfinden wir eine »kognitive Dissonanz«. Was passiert? Die Studien belegen: Dieses Empfinden motiviert uns dazu, unsere Präferenzen zu verändern, um wieder Konsistenz herzustellen. Das haben die Psychologen Leon Festinger und Merrill Carlsmith 1959 belegt. Nicht ganz so bekannt ist, wie wir uns aus diesem Dilemma befreien können.

Wir Menschen hindern uns selbst durch blockierende Einstellungen daran, unsere Ziele zu erreichen oder überhaupt spannende Ziele in Angriff zu nehmen. In einem solchen Moment des blockierten Denkens hilft ein effektives Selbstführungs-Tool: die Rational-Emotive Verhaltenstherapie, kurz REVT. Sie wurde Mitte der 50er-Jahre von Dr. Albert Ellis entwickelt. Ihr Charme liegt in ihrem klaren Aufbau und der leichten Anwendbarkeit. Dieser effiziente Ansatz geht davon aus, dass wir eine dreischrittige Informationsverarbeitung vollführen, wenn wir auf Situationen reagieren. Am Anfang steht das auslösende Erlebnis (A = Activation). Dieses Erlebnis verbinden wir mit unseren Bewertungsmustern. Wir nehmen

Das ABC der mentalen Klarheit

bestimmte Dinge darüber an und glauben bestimmte Dinge darüber (B = Belief). Auf dieser Basis entwickeln wir die Konsequenzen für unser Handeln (C = Consequences). Diesem ABC unserer größtenteils nicht bewussten Reaktion auf Situationen, Sachverhalte und Zusammenhänge lässt sich nun bewusst ein anderes Dreigespann gegenüberstellen, das uns klare Entscheidungsmuster erlaubt.

Das DEF der Lösungen

Wir beginnen mit einer entspannten Diskussion (D = Disputation), in der wir aktiv andere Argumente, Erklärungen und Überzeugungen wählen als die, die wir immer nutzen. Bereits bei der Argumentsuche stellen Menschen fest, dass es Spaß macht, auf diese Art ein anderes als das bekannte Gefühl der Ohnmacht, Ahnungslosigkeit, Niedergeschlagenheit bezüglich ihrer Entscheidung kennenzulernen. Das ist der Schritt der Erkenntnis oder des Effekts (E = Effect). Daran schließt sich für die Zukunft nun noch eine Absicherung durch weitere Handlungsalternativen an: Wir entscheiden uns für weitere entscheidende Schritte, um auch zukünftig so reagieren zu können, wie wir es wollen (F = Further Action). Sie merken es wahrscheinlich: Das D ist der Knackpunkt. Das Finden, Überprüfen und Abwägen der Argumente ist der Dreh- und Angelpunkt dieser klärenden Art der Entscheidungsfindung. Menschen kommen auf unterschiedlichste Art und Weise zu neuen Argumenten. Hier die drei häufigsten und effektivsten Wege:

1. Pragmatiker fragen sich in der Regel gerne, welche Gedanken oder Überzeugungen sie in der jeweiligen Situation zufriedener oder flexibler machen und wie genau die momentanen Glaubenssätze sie stören oder von etwas abhalten.
2. Empiriker machen sich mehr Gedanken darüber, ob es überindividuelle Beweise oder Naturgesetze für die Richtigkeit der bisherigen Gedanken (in Stufe B) gibt oder ob sie eher ihrem individuellen Oberstübchen entspringen und eine eher empirische Herangehensweise sinnvoll ist.
3. Logiker wiederum befragen sich und das Erlebnis, den Sachverhalt (Stufe A) nach einer zwangsweise logischen Verknüpfung zwischen Erlebnis und Reaktion (Stufe C).

Ein Alltagsbeispiel:

Activation: Die Präsentation der Projektgruppe steht bevor. Sie nehmen Ihren erhöhten Herzschlag wahr und schlussfolgern munter drauflos. Die Schlussfolgerung basiert auf Ihrem Glauben.

Belief: »Wenn mein Herz schneller schlägt, habe ich Stress. Das bedeutet meistens, dass ich etwas vergeige.« Daraus ergibt sich die Konsequenz.

Consequence: Sie stottern, sind unsicher und liefern keine gute Präsentation ab. Dieses ABC kann schnell selbstverstärkend wirken. So wird es dann beim nächsten Mal noch schlimmer und beim übernächsten Mal noch schlimmer. Doch halt. Steigen Sie in die Diskussion ein und überprüfen Sie so Ihre Schlussfolgerung.

Disputation: Jetzt geht es los. In der Diskussion mit sich selbst können Sie sich nun trainieren, Ihre Reaktionen anders zu bewerten. Was könnte ein erhöhter Herzschlag noch bedeuten? Er muss nicht automatisch heißen: »Ich versage.« Es kann auch sein, dass dieser erhöhte Herzschlag die Schlussfolgerung zulässt: »Jetzt bin ich fertig, jetzt bin ich startklar, alle Systeme arbeiten stark. So eine Reaktion ist wichtig für eine gute Präsentation. War ich denn nicht auch aufgeregt, als ich das letzte Mal Sieger im Tennisfinale meines Heimatklubs wurde?« Den Effekt, den eine solche Diskussion der eigenen Schlussfolgerung hat, können Sie sich sicherlich ausmalen.

Effect: »Ja, wenn das so ist«, denken Sie sich, »dann muss ich mir wahrscheinlich nicht halb so viel Sorgen machen.« Und dann kommt die Erkenntnis: »Eigentlich muss ich mir keine Sorgen machen. Denn die Anzeichen meines Körpers lassen den Schluss zu, dass alles in Ordnung ist!« Und so sind die nachfolgenden Handlungen ganz andere als vor dem mentalen ABC.

Further Action: Sie sagen sich: »Gut, dann kann ich ja jetzt nicht nur die Präsentation der Projektgruppe machen; ich könnte auch die Produktschulung moderieren, meine Kollegen, die auch so ein Lampenfieber haben, von ihren Malaisen befreien, und vielleicht gehe ich in eine Theatergruppe. Dieser Kick, wenn das Herz höherschlägt, der ist fantastisch!«

So gelingt es uns auch im Alltag, uns unserer Überzeugungen bewusst zu werden, diese infrage zu stellen, Widersprüche und Automatismen zu erkennen und gezielt zu verändern und im Anschluss neue Erkenntnisse und Einsichten in der alltäglichen Denkpraxis umzusetzen. Mit dem ABC / DEF bringen Sie

Überzeugungen hinterfragen

Ihre Intuitionen (ABC) und Ihr Denken (DEF) zusammen und kommen zu neuen Ergebnissen und Entscheidungen. Ganzheitliches Denken mit dem Alphabet der mentalen Klarheit.

11. Denkfalle: Warum das Bild den Rahmen bestimmt

Egal was wir sehen, hören, fühlen: Wir bewerten es. Entweder es ist schön und macht Spaß oder es ist schlecht und macht traurig. Klar, die Information an sich ist neutral. Wie ein Foto bildet sie Sachverhalte ab. Ausschlaggebend ist der Rahmen um das Foto. Der kann sehr stark beeinflussen, wie wir das Bild interpretieren. Deshalb spricht die Forschung auch vom *Rahmungseffekt*, vom sogenannten *Framing* (engl. frame = Rahmen). Der Rahmen beeinflusst die Wertigkeit, indem er sie auf einen bestimmten Bedeutungsbereich fokussiert. Beispiel: Wenn ich Ihnen sage, dass ein neues Arbeitsgedächtnistraining zu 50 Prozent erfolgreich ist, stehen die Chancen, dass Sie es intuitiv akzeptieren, signifikant höher, als wenn ich Ihnen mitgeteilt hätte, selbiges Training hätte zu 50 Prozent keinen Erfolg. Die Information bleibt gleich, der wahrgenommene Bewertungsrahmen ändert sich rasant von »positiv« zu »negativ«.

Die Art, wie wir einen Rahmen gestalten, beeinflusst also unsere Entscheidung. Das gilt für Entscheidungen bei klaren Wahlsituationen, bei denen wir Bezugspunkte zum Treffen unserer Entscheidung benötigen. Diese Bezugspunkte wiederum finden wir nur im Rahmen. Also ein Dilemma: ohne Rahmen kein Bild, aber mit Rahmen ein beeinflusstes Bild. Und das gilt für den beruflichen wie für den privaten Alltag.

Der Rahmen der Lohnerhöhung

Hier ein Beispiel, das auf die Wahl Ihres Arbeitsplatzes oder das Verbleiben auf Ihrem gegenwärtigen Posten in der Tat nicht geringen Einfluss haben könnte: Wie froh wären Sie über die Erhöhung Ihres Jahreseinkommens um 1000 Euro? Fall 1: Sie haben keine Erhöhung erwartet. Fall 2: In den letzten Monaten wurden Ihnen immer wieder Erhöhungen über 10 000 Euro in Aussicht gestellt. Und, wie fühlen Sie sich nun? Haben Sie das Gefühl, Sie hätten Geld verloren, weil Ihre Erwartung deutlich über 1000 Euro lag? Objektiv gesehen bekommen Sie aber in beiden Fällen 1000 Euro, also gleich viel Erhöhung, nur für den Fall 2 hat sich durch die Zusatzinformation eine Rahmung ergeben. Im Beispiel ist die Rahmung noch sehr offensichtlich: Im Fall 1 erwarten Sie keine Erhöhung, im Fall 2 10 000 Euro – in der Tat sehr unterschiedliche Rahmen, die allein schon die Wahrnehmung der Wahlsituation gänzlich verändern.

Ein weiteres Beispiel: Sie wollen Ihr Unternehmen/Ihre Schule auf den Ausbruch der nächsten Grippe mit einem beliebigen Tiernamen vorbereiten. Sagen wir die Tausendfüßlergrippe. Vogel und Schwein sind ja schon vergeben. Studien belegen, dass voraussichtlich 600 Menschen in Ihrem Umfeld sterben werden. Das Gesundheitsamt schlägt zwei Maßnahmen vor: Version A erlaubt Ihnen, 200 Menschen zu retten. Version B erlaubt, mit einer Wahrscheinlichkeit von einem Drittel 600 Menschen zu retten, während mit einer Wahrscheinlichkeit von zwei Dritteln dabei niemand gerettet wird. Nun? Version C wird dazu führen, dass 400 Menschen sterben. Version D führt dazu, dass mit einer Wahrscheinlichkeit von einem Drittel niemand sterben und mit einer Wahrscheinlichkeit von zwei Dritteln 600 Menschen sterben werden.

Welche Maßnahme soll es sein? Wenn Sie A sagen, befinden Sie sich in guter Gesellschaft. 72 Prozent der Befragten im Originalversuch von Daniel Kahneman und Amos Tversky waren dafür. Und 22 Prozent bevorzugten C gegenüber D (Tversky/Kahneman 1981). Dabei sagen die verschiedenen Maßnahmen jedes Mal das Gleiche aus. Natürlich liegt das an der Art, wie die Erfolgsaussichten von den gewählten Formulierungen gerahmt werden. Und es liegt daran, wie Ihr Gehirn auf diese Formulierungen reagiert.

Inzwischen lassen sich solche Rahmungseffekte anhand von Scans des Stirnhirns untersuchen. Festzustellen ist dabei, dass der mentale CEO hinter der Stirn stark mitarbeitet. Unterstützung bei der Reaktion auf die Formulierungen bekommt er vom Gefühlsteam, der Amygdala. Die Amygdala ist ein Teil des limbischen Systems über dem Hirnstamm (vgl. Abb. 22).

Aussagen sind Rahmen

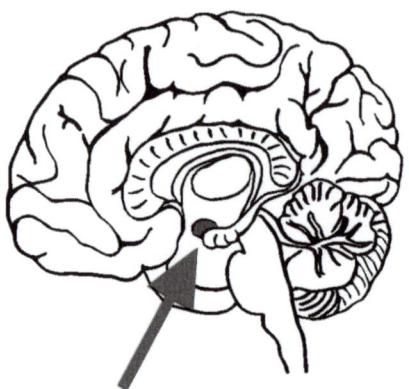

Abb. 22: Die Amygdala

Negative Rahmungen bringen diesen Teil des limbischen Systems in Feuerlaune. Sind wir der Wirkung von Worten willenlos ausgeliefert? Nicht ganz! Ein starker, gut trainierter und daher aktiverer mentaler CEO, sprich das Stirnhirn, ist sehr hilfreich im Überwinden solcher Rahmungen. Je mehr Sie es aktivieren, desto stärker sind Sie in der Lage, rahmende Sprache wahrzunehmen und zu egalisieren. Und desto besser werden Sie sich Ihrer aufkommenden Gefühle bewusst; dies geschieht über Ihre Metakognition, Ihre Wahrnehmung dessen, was in Ihnen so vor sich geht. Klingt trocken, wird aber richtig bitter im Nachgeschmack, wenn Sie sich die nachfolgenden Beispiele zu Gemüte führen.

Rahmen bei Bewerbungen

Beispiel Bewerbung: Da spielen die Rahmen ein böses Spiel mit den Beteiligten. Denn denen geht es so wie den Studienteilnehmern von Amos Tversky und Daniel Kahneman. Die gaben zu Arbeitsplatzentscheidungen Eigenschaftsinformationen von zwei Job-Finalisten vor (Tversky/Kahneman 1991). Hinzu kamen unvollständige Informationen zu einem vorherigen Anwärter. Wie ging die Besetzungsjury vor? Sie nahm die Eigenschaften des früheren Bewerbers ungefiltert als Grundlage. Sie wurden zum Rahmen. In den setzten sie dann die Beurteilung der neuen Kandidaten. Diejenigen, die im Vergleich zum Rahmen keine Veränderung darstellten, wurden bevorzugt. Die, die eine Verschlechterung bedeutet hätten, wurden ignoriert.

Lassen Sie sich abschließend ein Beispiel durch den Kopf gehen, das wir in Anlehnung an Eldar Shafir und Kollegen verfasst haben (Shafir / Simonson / Tversky 1993). Achtung: Wirtschaftskrise! Der nächste Change-Prozess steht vor der Tür. Stellen Sie sich vor, Sie gehören zum Team des Betriebsrats, das Stellung zu geplanten Entlassungen beziehen muss. Die Informationen sind dadurch noch etwas komplexer, dass Sie die beiden Personen, um die es geht, nicht persönlich kennen. Machen Sie diesen Versuch mit einem Kollegen, und bitten Sie ihn nun, die Augen zu schließen und zuzuhören.

Wen entlassen?

Welcher Mitarbeiter soll es sein?

Eldar Shafir hat 1993 eindrucksvoll belegt, dass allein die Fragestellung den Rahmen baut. Die Aufgabe war ungefähr so: Sie müssen die Entscheidung zwischen zwei Optionen treffen. In diesem Fall zwischen zwei Mitarbeitern. Sie haben die grundlegenden Informationen und müssen die Entscheidung fällen. Nun, wenn die Fakten auf dem Tisch liegen, sollte eine klare Entscheidung auf deren Basis möglich sein. Die Frage lautet: »Wen würden Sie kündigen?«

Mitarbeiter A	Mitarbeiter B
durchschnittliches Einkommen	überdurchschnittliches Einkommen
durchschnittliche Gesundheit	sehr enge Beziehung zur Firma
durchschnittliche Arbeitszeiten	extrem aktives Sozialleben
angemessenes Verhältnis zum Job	viele Krankheitsausfälle
ziemlich stabiles soziales Leben	geringfügige chronische Gesundheitsprobleme

Sie haben sich entschieden? Gut, jetzt kommt Fall 2. Schließen Sie wieder die Augen. Welchen Mitarbeiter würden Sie im Unternehmen halten?

Mitarbeiter A	Mitarbeiter B
durchschnittliches Einkommen	überdurchschnittliches Einkommen
durchschnittliche Gesundheit	sehr enge Beziehung zur Firma
durchschnittliche Arbeitszeiten	extrem aktives Sozialleben
angemessenes Verhältnis zum Job	viele Krankheitsausfälle
ziemlich stabiles soziales Leben	geringfügige chronische Gesundheitsprobleme

Bei Shafirs Originalversuch haben sich bei einer ähnlichen Problemstellung im ersten Szenario 45 Prozent für A und 55 Prozent für B entschieden, im 2. Szenario fielen die Werte 36 Prozent zu 64 Prozent aus.

Rahmen in Beziehungen

Wechseln wir vom Mitarbeiter zum Lebenspartner. Der Mauerfall stiftete rund 6,8 Millionen Beziehungen zwischen Ost und West. Das ergab eine Parship-Studie von 2009. Sie zeigte auch, welches Geschlecht bei der Partnersuche aktuell worauf achtet: Frauen suchen nach gut ausgebildeten Männern (49 Prozent), die eine gute Wohnung (49 Prozent) und einen guten Beruf (46 Prozent) haben. Welche Automarke der Zukünftige fährt, ist ihnen ziemlich egal (8 Prozent). Für Männer ist wichtig: die Wohnungssituation (34 Prozent), die Ausbildung (31 Prozent), der Beruf (22 Prozent). Auch hier spielte das Auto keine Rolle (5 Prozent). Fazit: ==Die äußeren Werte spielen eine wichtige Rolle.== Eine wichtigere, als viele zugeben wollen.

Aber was ist mit den inneren Werten? Intelligenz und Humor sollten doch mehr wert sein als eine Dachterrasse mit Blick über die Skyline? Ehrlichkeit zählt doch auch noch, wenn die spannenden Storys aus dem Beruf nach sechs Monaten alle erzählt sind? Fragen, die eine psychologische Studie wert sind: Raymond Knee und Susan Boon ließen Menschen sich nach sechs Monaten Gedanken über die Zukunft ihrer Beziehung machen. Im Zentrum der Bewertungen standen die Kriterien ==Ehrlichkeit, Humor und Intelligenz== (Knee/Boon 2001). Die Teilnehmer stellten sich nun ihren Partner mit ebensolchen Eigenschaften vor. Die eine Rahmung ließ die Probanden nun in dem Glauben, ==ihr Partner habe zwei der drei Charakter==eigenschaften. Die negative Rahmung ==vermittelte, dem Partner fehle eine der drei Eigenschaften.== Die negative Rahmung führte dazu, dass die Probanden ihre Beziehungszukunft ==deutlich weniger rosig einschätzten als die an==deren. Also Achtung beim nächsten Mädels- bzw. Männerabend: Achten Sie darauf, wie Sie von Ihrer Partnerschaft berichten: Sie glauben es auch selbst. Ohne Rahmen kein Bild. Schaffen Sie ihn bewusst.

Wenn der Bewertungseffekt auftaucht

Der *Bewertungseffekt* taucht auf, wenn Eigenschaften schwer isoliert voneinander betrachtet werden können (s.a. Hsee 1996). Stellen Sie sich vor, wir würden Ihnen zwei gebrauchte

Musiklexika anbieten. Das eine hat 20 000 Einträge und einen beschädigten Buchdeckel. Das andere Buch hat nur 10 000 Einträge, ist aber fast nagelneu. Wenn Sie die beiden Lexika getrennt bewerten, sind Befragte, die wenig Ahnung davon haben, wie viele Einträge ein gutes Musiklexikon haben soll, eher geneigt, mehr für das Buch mit dem neueren Cover zu zahlen. Werden beide Lexika gleichzeitig bewertet, sieht das ganz anders aus. Dann bevorzugen die Befragten dasjenige mit der höheren Eintragszahl, unabhängig vom Zustand des Covers.

Die Neuroforscherinnen Marieke Jepma und Marina López-Solà haben 2014 Menschen in den Hirnscanner gelegt. Das Ergebnis: Die Amygdala funkte stärker, wenn dem Rahmen entsprochen und eine positive Formulierung gewählt wird. Fast wie bei Ängstlichkeitsreaktionen. Rahmen wirken tief.

Lösung: Bauen Sie den Rahmen selbst

Da unsere Zufriedenheit mit Einkommen, Partnerschaft und vielen weiteren Dingen eine Frage der Wortwahl ist, lohnt es sich, die Extraminuten zu investieren, um beide Sichtweisen in Ruhe zu durchdenken. Denn solange Sie den Rahmungseffekten ausgeliefert sind, werden Sie weder für sich noch für Ihre Mitmenschen verstehen können, wie und warum die Entscheidungen so unterschiedlich ausfallen können. Wann immer Sie also zwei oder mehrere Wahlmöglichkeiten vergleichen müssen, legen Sie die Formulierungen nebeneinander. Achten Sie auf die unterschiedlichen Blickwinkel, die die Formulierungen mit sich bringen. Formulieren Sie die positive oder negative Rahmung selbst. Bemerken Sie den Unterschied und urteilen Sie dann!

Extraminuten investieren

Weil wir oftmals nicht sicher sind, wie wichtig bestimmte Aspekte bei der Entscheidung werden können, sind unsere Wertzuschreibungen oft beeinflusst von relativ immateriellen Veränderungen in der Aufgabenstellung, deren Beschreibung und der Art der Möglichkeiten, die wir in Betracht ziehen. So neigen wir dazu, die Eigenschaften überzubewerten, die besonders gut mit der erwarteten Lösung harmonieren. Oder anders formuliert: Präsentation ist alles.

Entscheiden

»Klar denke ich über jede Entscheidung zweimal nach:
1. Geil, das mach ich!
2. Scheiße, war das bescheuert!«

So bringt es ein Twitterbeitrag von 2014 auf den Punkt. Erfahrung würde man das wohl nennen. Tilmann Betsch, einer der Herausgeber des umfangreichen Sammelbandes *Intuition in Judgment and Decision Making* (2014), formuliert es so: Erfahrung hilft Entscheidern, mit der Komplexität der realen Welt umzugehen. Auf der 35. Konferenz der Society for Judgment and Decision Making im Jahr 2014 wurden an zwei Tagen 108 verschiedene Workshops angeboten. Wie haben die Teilnehmer da entschieden, welche sie besuchen? Interessant ist dabei, welche Aspekte unseres Entscheidungsverhaltens aktuell im Fokus stehen.

Für die nachfolgenden Denkfallen sollen zwei Klassifizierungen ein wenig Licht ins Themendickicht bringen. Zuerst eine ganz klare Unterscheidung zwischen *wahrheitsgetreuen* und *adaptiven* Entscheidungen. Zu Ersteren zählen z. B. folgende Fragen: Wie ist die Telefonnummer meiner Schwiegereltern? Wie heißt der Twitterer? Welche grammatikalischen Regeln sind für den Unterschied zwischen Dativ und Akkusativ anzuwenden? Solche Fragen haben eine einzige richtige Antwort, dahinter steht eine klare Entscheidung. Die andere Klasse hat keine klare Antwort. Die Antworten entspringen hier nicht der wahrheitsgetreuen Entscheidungsfindung, sondern unseren individuellen Vorlieben. Um die soll es nun gehen.

Und da gilt: Jede adaptive Entscheidung ist ein Mix aus Ratio und Emotio. Gerhard Roth hat eine ganz griffige Vierteilung vorgeschlagen, die ich mal auf Ihren Alltag runterbrechen möchte. Es gibt hochgradig automatisierte Entscheidungen. Solche, die wir nicht bewusst wahrnehmen: Schalten während des Autofahrens, Grüßen von Kollegen am Morgen, drei Löffel Zucker in den Kaffee. Das sind Entscheidungsroutinen, die unser Kopf sicher gelernt hat und dem vorbewussten Handeln automatisch weitergibt. Das passiert uns auch bei Gewohnheitskäufen. Da bevorzugen wir zumeist eine Alternative, ohne viel Reflexion. Sehr wenig Aufwand für den mentalen CEO. Das macht den schnellen Einkauf möglich – und es der Werbung so schwer, diese Routine zu durchbrechen. Darunter fallen auch Entscheidungen, bei denen wir beliebig komplizierte Probleme erkennen und aus dem Bauch heraus wissen, was zu tun ist. Die laufen so gut ab, weil sie auf mannigfacher Erfahrung beruhen. Rennfahrer, Fußballer, Slalomfahrer fällen nach langem Training solche intuitiven Expertenentscheidungen.

Hier ergibt sich eine wichtige Ableitung für den Berufsalltag: Solche Experten bekommen wir nur, wenn diese auch die Chance hatten, entsprechende Erfahrungsmuster einzusammeln. 2012 legte der Organisationspsychologe Erik Dane mit Kollegen eine Arbeit vor, die zeigt, dass diese Expertenentscheidungen in Unternehmen zwar eingefordert werden, dass es aber zugleich durch Karrierewege und Unternehmensstrategien nur wenig Zeit für diese Erfahrungssammlung in einzelnen Bereichen gibt. Wer von den Finanzen zum Marketing oder zum HR wechselt, wird vielleicht ein ganzheitlich denkender Mitarbeiter, bekommt aber nicht die Erfahrung, die für das schnelle intuitive Entscheiden wichtig ist.

Intuition braucht Erfahrung

Zu diesen intuitiven oder vorbewussten Entscheidungen gehören auch die impulsiven, die unter Zeitdruck getroffen werden: in die Eisen gehen, wenn die Bremslichter des Vordermannes aufleuchten, die freundliche Geste an den Drängler auf der Autobahn. Da spielt Zeitdruck eine enorme Rolle.

Und was ist mit Entscheidungen ohne Zeitdruck? Die greifen immer dann, wenn wir komplexe Entscheidungen fällen, bei denen sich Bauchgefühl und bewusstes Denken verbinden und wir den Entscheidungszeitpunkt verschieben. Erst mal über eine Sache zu schlafen ist so ein Prinzip. Das braucht den mentalen CEO. Und genau darum sollte unser Stirnhirn so leistungsfähig wie nur irgendwie möglich sein. Es sorgt schließlich dafür, dass wir die verschiedensten Inputs verbinden und gerade in mehrdeutigen Entscheidungssituationen zur Höchstform auflaufen. Die häufigsten Entscheidungen in diesem Zusammenhang sind solche, mit denen wir die Wichtigkeit unserer Handlungen einordnen: Was mache ich zuerst, was ist wichti-

Entscheidungen ohne Zeitdruck

ger, wofür brauche ich welche Zusatzinformation? Unser Stirnhirn ist Akkordentscheider. Aber ist es auch ein guter Entscheidungshandwerker?

Entscheidungsverhalten von Kunden

Wie also fällt der mentale CEO Entscheidungen? Wie funktioniert das Teamplayerprinzip der Spezialisten unter Leitung einer Führungsinstanz? Wie eigentlich macht sich der Wunsch zum Vater des Gedankens? Der Neurowissenschaftler Samuel McClure untersuchte das Entscheidungsverhalten von Kunden (McClure et al. 2004). Es ging um die Entscheidung für Coke oder Pepsi. Im Gehirnscanner (fMRT) wurde aufgezeichnet, welche Gehirnbereiche stärker aktiviert wurden, wenn die Personen das Markenzeichen sahen. Bei Coke funkte es besonders stark im hinteren, seitlichen Stirnhirn. Dieser Beraterstab schaltet sich bei Konflikten als Vermittler ein. Er wägt ab. Hat der Beraterstab auch eine feste Strategie? Es gibt viele individuelle Unterschiede. Aber eines zeigte sich in dem Experiment: Menschen, die in Ruhe ihre Entscheidung abwägten, die nicht sofort zuschlagen wollten, sondern sich für eine längerfristig bessere Lösung entschieden, hatten ein Feuerwerk im Stirnhirn. Der CEO wägte sehr sorgfältig ab und griff dabei auf seinen Erfahrungsschatz zurück. Bei Schnellentscheidern, die sich auf rasche Belohnung einließen, wurde ein Neuronenfeuer im limbischen System sichtbar. Das im Innern des Gehirns sitzende Areal gehört zu den ältesten der Hirnentwicklung. Oftmals wird es als »Bauch im Hirn« beschrieben. Es ist maßgeblich an ebendiesen Bauchentscheidungen beteiligt. Das Spannende: Im Hirn kann der Bauch sich durchaus gegen den Kopf durchsetzen. Der CEO wird dann sozusagen von den »dienstältesten« Mitarbeitern überstimmt.

Entscheidungen im mentalen Meetingraum

Allerdings gibt es einen Meetingraum, in dem die Beraterteams »Erfahrungsschatz«, »Soziale und kulturelle Normen« und »Dienstälteste Emotionen« sich mit dem CEO zum Austausch treffen. Es ist der *parietale Kortex*. Dort treffen die Informationen rund um das Pläneschmieden, Entscheidungenfällen, aber auch das Sichärgern und Sichfreuen zusammen. Und auch das Controlling ist mit dabei: Das vordere mittlere Stirnhirn ist das neuronale Team der Erfolgskontrolle. Dort werden die Ergebnisse gecheckt und, wenn nötig, Impulse zur Anpassung der Taktik oder Strategie gegeben. Der mentale CEO muss in Konflikten viele Teams unter einen Hut bringen. Ein offensichtlich guter Ansatz: Diese hierarchieübergreifende Entscheidungstaktik funktioniert schließlich schon sehr viel länger als die meisten Unternehmen. Aber funktioniert sie auch immer gleich gut? Natürlich nicht. Die einzige Konstante scheint zu sein, dass das Modell »Bestandsaufnahme aller Optionen« nicht attraktiv für unser Oberstübchen ist. Und damit willkommen bei den Denkfallen rund um unsere kleinen und großen Entscheidungen.

12. Denkfalle: Warum wir immer gute Gründe für schlechte Entscheidungen haben

Menschen haben immer gute Gründe für ihre Entscheidungen. Auch für die schlechten. Manchmal sind diese Gründe sogar so gut, dass sie sie beibehalten, obwohl ihnen dafür jegliche Grundlage entzogen ist. Wie kommt es dazu, dass Menschen wider besseres Wissen an Entscheidungen festhalten? Warum geben sie nach einer Entscheidung Gründe an, die nichts mit der Entscheidung zu tun haben?

Ein Beispiel aus unserem Freundeskreis: Dieter ist erfolgreicher Künstler und unglücklicher Teilzeit-Single. Er lebt in einer Beziehung, die ihn aber nicht glücklich macht, weil die Dame seines Herzens verheiratet ist. Sie lebt zwar in Trennung von ihrem vorherigen Partner, will sich aber nicht scheiden lassen. Auf dieser Beziehungsbasis bricht die Partnerschaft immer mal wieder auseinander. Es ist also eine dieser sogenannten »On-off-Beziehungen«. Mal sind die beiden zusammen, mal nicht. In Phasen der Trennung von seiner Partnerin ist Dieter Single. Er könnte in Liebesdingen tun und lassen, was er will. Manchmal macht er das auch und lernt andere attraktive Damen kennen. Da ist er aber auch nicht glücklich, weil er ja von der Frau getrennt ist, mit der er gerne zusammen sein will. Wie lange das schon so geht? Seit sieben Jahren. Warum? Das liegt vor allem an drei Mechanismen, mit denen Dieter seine Entscheidungen begründet:

Entscheiden und Emotionen

1. Dieter bevorzugt den Status quo.
2. Dieter wählt für seine Entscheidungen im Nachhinein Begründungen, die zur Entscheidung passen.
3. Dieter ordnet seinen Entscheidungen Emotionen zu, obwohl beide nichts miteinander zu tun haben.

Diese Mechanismen vermasseln nicht nur Dieters privates Entscheidungsverhalten, sondern kommen Menschen in allen möglichen Entscheidungslagen in die Quere. Dieter durfte lange Zeit nicht bei der Partnerin übernachten, denn ihre Eltern wohnen mit im Haus und mögen ihn nicht. Das begründet er aber damit, Zeit für seine Jungsabende zu brauchen: Sport, Kartenspielen und Fußball. Drei Abende hat er so also super passend wegargumentiert. Wenn er fest mit seiner Freundin zusammen wäre, könnte er diese Männerabende ja nicht mehr machen! Aber es geht noch weiter: Immer wieder fährt seine Partnerin mit ihrem Ehemann und den Kindern in den Urlaub. Mit Dieter und den Kindern fährt sie nicht. Seine Begründung für ihr Verhalten: Na ja, sie braucht halt noch Zeit. Und Dieter bleibt bei seiner Einstellung: Weil nicht sein darf, was nicht sein soll.

Status-quo-Verzerrung

Warum wollte Dieter nichts an der Situation ändern, selbst als wir ihn an langen Abenden von der Sinnlosigkeit seines Unterfangens überzeugt hatten? Ein möglicher Grund könnte sein, was in der Psychologie die *Status-quo-Verzerrung* genannt wird. Menschen tendieren dazu, ein einmal gewähltes Verhalten beizubehalten: nicht nur im Liebesleben, sondern an vielen Stellen, auch in Politik und Wirtschaft. Der sicherste Hinweis darauf, dass Sie es mit dieser Denkfalle zu tun haben, sind Aussprüche wie »Never change a winning team« oder »Der Spatz in der Hand ist besser als die Taube auf dem Dach«.

Drang zum Festhalten am Status quo

Das Bemühen, den Status quo beizubehalten, entstammt den in den Sprichwörtern destillierten Wünschen, Routinen zu erhalten und Besitz zu sichern. Zwei starke Treiber, die sowohl Dieter in seiner Situation gefangen halten als auch zu vielen wirtschaftlichen Fehlentscheidungen führten und führen. Sie verleiten dazu, dass Menschen die Entscheidung treffen, die am wenigsten Veränderungspotenzial enthält. Böse Zungen nennen so etwas einen Mangel an Flexibilität. Menschen geraten unter starken Stress, wenn eine Situation sie zu einer Entscheidung zwingt. Anstatt in die unsichere Veränderung zu investieren, wählen sie dann schnell die sichere Alternative des »Alles bleibt, wie es ist, dann kann es zumindest nicht schlimmer werden«. Bei der Wahl des Frühstücks in einem fremden Kulturkreis kann sich das bezahlt machen, bei wirtschaftlichen Entscheidungen ist es kein guter Ausgangspunkt.

Wenn Menschen befragt werden, ob sie ihr Erspartes auf eine andere Bank tragen würden, verneinen sie dies, obwohl der Bankwechsel eine bessere Vermehrung des Geldes bei sonst identischen Konditionen mit sich bringen würde. Das belegten Studien der Sozialpsychologen Daniel Kahneman, Jack L. Knetsch und Richard H. Thaler. Die Status-quo-Verzerrung, also die Annahme, dass das Jetzt besser ist als alle Alternativen, führt zu direkten Verlusten. Sie ist eine Experimentierbremse, die uns davon abhält, Alternativen auszuloten und damit deutliche Verbesserungen unserer Situation herbeizuführen (Kahneman et al. 1990). Oder wie Dieter sagen würde: »Das ist immer noch besser als gar nichts!« **Experimentierbremse**

Wenn es um das Entscheiden über Veränderungen geht, ist unser Gehirn sehr konservativ. Was aber, wenn wir vor unserer Entscheidung nicht bewusst über unsere Meinung nachgedacht haben, sondern erst im Nachhinein erklären wollen, warum unsere Entscheidung die richtige war? Auf die Schliche unseres Erklärungsverhaltens kommen uns Wissenschaftler aus der experimentellen Psychologie dabei mit Experimenten zu den beiden Gehirnhälften. Die Verbindung zwischen den beiden Hälften, das sogenannte *Corpus callosum*, ist quasi die Datenautobahn zwischen linker und rechter Hirnhälfte (es befindet sich zwischen Neokortex und limbischem System, siehe Abb. 23 auf der folgenden Seite). Ist sie beschädigt, finden zentrale Verarbeitungsprozesse für das Interagieren mit der Umwelt nicht mehr statt. **Das Gehirn ist konservativ**

In Versuchen wurden Patienten, bei denen die Verbindung zwischen linker und rechter Hirnhälfte unterbrochen ist, unterschiedliche Texte und Bilder dargeboten (Gazzaniga et al. 1998). Die Teilnehmer bekamen z. B. gleichzeitig für die rechte Hemisphäre das Bild einer verschneiten Ortschaft und für die linke eine Hühnerkralle vorgelegt. Nun galt es, mit der rechten **Experiment zu den Gehirnhälften**

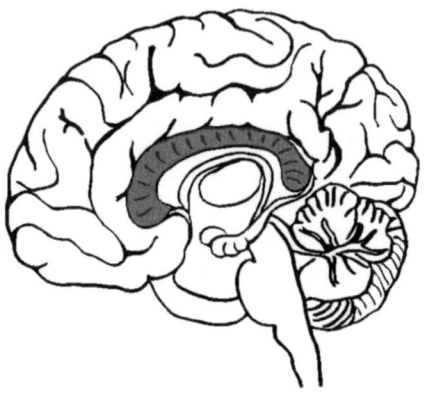

Abb. 23: Das Corpus callosum

oder linken Hand passende Bilder aus einem Kartenstapel auszuwählen. Mit links griff einer dieser Teilnehmer daraufhin zum Bild mit der Schaufel. Die inhaltliche Verwandtschaft zum Schneebild liegt nahe. Mit der rechten Hand aber griff er zu einer Bildkarte mit einem Huhn drauf. Die passte gut zur zuvor eingeblendeten Kralle. Auf die Frage, warum er genau jene Bildkarten ausgewählt habe, antwortete er, die Wahl des Huhns sei aufgrund der Kralle gefallen. Die Erklärung für die Wahl der Schaufel war ebenfalls logisch. Aber sie war ganz anders zustande gekommen.

Was ist der Unterschied zwischen den beiden Erklärungen? Das menschliche Sprachzentrum liegt hauptsächlich auf der linken Hirnseite. So konnte das Gehirn auf die Informationen zugreifen, die der Teilnehmer mit der linken Hemisphäre aufgenommen hatte: die Hühnerkralle. Das Bild der verschneiten Ortschaft war jedoch nur der rechten Hirnseite zugänglich, die keine primären sprachverarbeitenden Areale besitzt. Da kein Informationsaustausch zwischen rechter und linker Seite stattfand, konnte die linke, sprachverarbeitende Seite keine verbale Erklärung hinzufügen. Es fehlte die neurologische Grundlage, die einfache inhaltliche Verknüpfung. Das wusste der Teilnehmer bei seinen Bemühungen um stichhaltige Begründungen für die Bilderwahl natürlich nicht. Er bekam wie alle anderen Beobachter nur die Begründung mit, die sein Gehirn lieferte und die er voller Überzeugung aussprach. Und so verwies der Teilnehmer in hieb- und stichfester Logik darauf, dass er ja die Kralle gesehen habe, daher das Hühnerbild auswählte und die Schaufel zum Ausmisten des Hühnerstalls sinnvoll sei. Klingt im Nachhinein außerordentlich logisch. Ist aber in Bezug auf die Ausgangslage einfach nicht richtig.

Was zeigt dieses Ergebnis? Es hat einen grundlegenden Prozess offengelegt, mit dem unser Gehirn seine Entscheidungen im Nachhinein in eine zuvor nicht existierende Logik einfügt. So bringt es Menschen dazu, Gründe für ihr Verhalten anzugeben, die nichts mit der Verhaltensentscheidung zu tun haben. Nicht nur der Patient war vollkommen von der Begründung für die Schaufel überzeugt. Auch wir mit unseren nicht geschädigten Gehirnen sind von unseren Begründungen absolut überzeugt. Und auch unser Gehirn liefert diese Begründungen mit unschlagbarer Kreativität, nachdem wir uns entschieden haben. Die Forschung nennt so ein Vorgehen *Konfabulationen*, das Produzieren objektiv falscher Aussagen, von deren subjektiver Richtigkeit man überzeugt ist.

Objektiv falsch, aber subjektiv richtig

Wo kommen solche Konfabulationen vor? Wir buchen Reisen, die wir mögen, wählen die Jobs, die wir anziehend finden, und rechtfertigen diese Entscheidungen auf vielfache Weise – nur nie mit den wahren Gründen, die unser Gehirn für diese Entscheidung herangezogen hat. In den meisten Fällen nützen uns also die Informationen, die wir gesammelt haben, um uns ein Bild von etwas zu machen, weniger für das Fällen der Entscheidung als vielmehr für die anschließende Rechtfertigung. Vollständiges Nachdenken und Berechnen wird nicht vor der Entscheidung durchgeführt, sondern danach. Unser Oberstübchen funktioniert nach dem Prinzip: erst Entscheidung fällen, dann Begründung suchen. Stellen Sie sich einmal vor, das gälte auch für Ihr Leben, Ihre Jobentscheidung oder besser noch für Ihre Partnerwahl. Das Leben kann so schön sein, wenn man die passenden Gründe hat.

Konfabulationen im Alltag

Wann und wie immer Sie Ihren letzten Partner getroffen haben, Sie könnten sicherlich Gründe für Ihre Wahl angeben. Sie fühlten sich angezogen durch das schöne Lächeln, das Charisma, den Humor ... Wenn Sie die Illusion dieser Begründungen behalten wollen, springen Sie jetzt einfach direkt zum

Die geheimen Gründe der Partnerwahl

nächsten Kapitel. Denn hier lernen Sie jetzt die geheimen Gründe der Partnerwahl kennen. Bisher dachten Sie noch, ein Mensch »berührt« Sie, zieht Sie magisch an, und das sei die Basis für die individuelle Wahl. Dabei ist es ganz anders: Sie verspüren aus einem bestimmten Grund eine körperliche Erregung. Auslöser ist der Blick herunter vom Wolkenkratzer, der Beinaheunfall, die Präsentation der Jahresabschlusszahlen oder eben der Anblick des potenziellen Partners. Ein solches Ereignis löst eine bestimmte körperliche Reaktion aus. Und genau diese Reaktion nutzt unser Stirnhirn als Erklärung für das Phänomen, mit dem es sich gerade beschäftigt – beispielsweise die Partnerwahl.

Die Holzbrücken-Studie

In einer Studie der Sozialpsychologen Donald Dutton und Arthur Aron geht es um genau diese Reaktion (Dutton / Aron 1974). Stellen Sie sich vor, Sie sind auf einer Expedition durch das Paradies des Regenwaldes, einen Park in British Columbia oder durch den Englischen Garten. Nun kommen Sie an den Rand einer tiefen Schlucht. Ein paar wackelige Holzbohlen werden von ein paar Drahtseilen zusammengehalten. Sie müssen als Nächster rübergehen. Sie wagen sich vor, das Ding wackelt, Wind kommt auf, Sie sehen in die Tiefe – 80 Meter sind kein Pappenstiel und da unten nur dieser felsige, tobende Fluss. Ihr Herz fängt an zu rasen, Ihr Atem geht in rasantem Tempo; Schweißausbruch inklusive. Doch Sie zeigen dem Dschungelkönig, was ein Mann ist. So, geschafft! Und siehe da, am anderen Ende steht eine Dame. Sie strahlt Sie an und fragt: »Können Sie mir kurz helfen? Ich mache gerade eine Umfrage zu den Auswirkungen von Naturschönheiten auf die Kreativität des Menschen.« »Klar doch!« Sie geben gerne Auskunft. Während sich die Versuchsleiterin bedankt, reißt sie einen kleinen Streifen von ihrem Fragebogen ab, notiert ihre Nummer darauf und überreicht ihn mit den Worten: »Ich erkläre Ihnen die Ergebnisse gerne noch mal im Detail. Rufen Sie einfach an, wenn Sie Lust haben!« Wie sehr würden Sie sich zu ihr hingezogen fühlen?

Der Großteil der Männer, die in der Holzbrücken-Studie den Zettel nach der Brückenüberquerung bekamen, rief an. Deren Begründung? Sie fühlten sich zu der Dame hingezogen. Ganz anders die Herren, die von der jungen Dame vor der Überquerung der Brücke befragt wurden. Sie meldeten sich in der Regel gar nicht. Der tatsächliche Auslöser für den Wunsch der Herren nach Kontaktaufnahme war keineswegs die Attraktivität der Interviewerin. Vielmehr belegten Donald Dutton und Arthur Aron, dass die Probanden einfach durch den Gang über die wackelige Brücke schwache Knie, erhöhten Puls etc. bekamen. Dieser physische Erregungszustand hatte also nur mit der erlebten Stresssituation der Brückenüberquerung zu tun. Diesen Erregungszustand dichteten die Männer dann der Ausstrahlung der Interviewerin an und schon war es um sie geschehen. Den Beweis erbrachte die Kontrollgruppe: Die Reaktionen der völlig desinteressierten Männer rührten daher, dass sie vor der physischen Erregung durch die Brückenüberquerung von der jungen Psychologin interviewt wurden. Es konnte also am Ende der Brücke keine Begründungsverschiebung stattfinden.

Jede Entscheidung, so könnten Sie resümieren, wird mehr oder weniger bewusst erlebbar von Emotionen mit gestaltet. Ohne Emotion keine Ratio. Ohne Fühlen kein Denken. Und der Blick in das Gehirn belegt das eindeutig. Es liegt an der Verknüpfung der Areale der emotionalen Verarbeitung mit dem Stirnhirn. Das Stirnhirn wird mit den Informationen um die körperlichen Zustände versorgt und geht dann auf die Suche nach einer plausiblen Ursache. Sogleich stellt es eine Kausalbeziehung her.

Lösung: Ursache-Wirkungs-Effekt wirkungslos machen

Ihr Kopf glaubt nicht an Zufälle. Ursache und Wirkung bringt unser Oberstübchen also schneller zusammen, als Sie »Kausalrelation« sagen können. Wir können gegen unsere nicht bewusste Verknüpfung von Wirkungen und Ursachen auch wenig tun, unser Gehirn nutzt diesen Automatismus ohne unser Zutun. Unsere Wahrnehmung sucht permanent nach solchen Strukturen, ist eine Musterbildungsmaschine. Wissenschaftliche Erklärungen gehen davon aus, dass diese Kausalattribution ein Mechanismus ist, um Informationen effizienter abzuspei-

Der Kopf glaubt nicht an Zufälle

chern. Und so sucht unser Gehirn nach Mustern oder Strukturen im Raum, in Bildern und in der Zeit. Wäre ja auch ein wenig mühsam, wenn Sie bei jedem heruntergefallenen Teller erst im physikalischen Lexikon nachschlagen müssten und nicht sofort die Ursache »Erdanziehungskraft« parat hätten. Denken Sie immer daran: Das Ziel unseres Gehirns ist es nicht, die Welt richtig zu verstehen, sondern sich möglichst effektiv in ihr durchzuschlagen!

Zwei Lösungen

Was können Sie aber tun, um der Sache auf den Grund zu gehen? Zwei Möglichkeiten stehen Ihnen zur Verfügung:

1. Hinterfragen Sie die zeitliche Abfolge von Handlungen. Überlegen Sie, ob Sie die »Ursachen« nur aufgrund ihrer zeitlichen Nähe zur jeweiligen Handlung als solche erkennen.
2. Suchen Sie nach weiteren möglichen Auslösern. Befragen Sie Kollegen nach deren Wahrnehmungs- und Erklärungsmustern. So ändern Sie den Kontext und befreien sich von den Ursache-Wirkungs-Schnellschüssen.

Es lohnt sich, die Extrazeit für die Beantwortung der beiden Fragen einzuplanen. So gehen Sie nicht den Konfabulationen auf den Leim – denen der anderen ebenso wenig wie den eigenen. Achten Sie in tückischen Situationen darauf, welche Gründe Ihnen für das eigene Verhalten und das der anderen durch den Kopf schießen. Und hinterfragen Sie Ihre Erklärungen, denn oftmals haben die erschreckend wenig mit der betreffenden Situation zu tun und stammen aus ganz anderen Erlebnissen. Wenn Sie der Kollege in Rage bringt, hat das in den meisten Fällen gar nichts mit dem Kollegen zu tun, sondern mit einem unschönen Erlebnis im Vorfeld, das bei Ihnen den »Unmutsfilter« angeschmissen hat.

13. Denkfalle: Warum der Bauch mit dem Kopf durchgeht

Im Raumschiff Enterprise ist der Vulkanier Mr Spock immer dann zuständig, wenn es darum geht, ohne Gefühle (besser) zu denken. Seine Entscheidungen wirken immer wie eine perfekte neutrale Kosten-Nutzen-Analyse. Viele Theorien der Geisteswissenschaft im Allgemeinen und der Betriebswirtschaftslehre im Speziellen schließen sich dieser Haltung an: Ohne störende Empfindungen sind wir die besseren Denker. Und das, obwohl die Historie der Menschheit eindrucksvolle Gegenbeispiele bereithält, die zeigen, wie unsere Fähigkeit für Empfindungen unser Leben und Entscheiden erst möglich macht.

Kühles Denken à la Mr Spock

Ein solches Gegenbeispiel, vielleicht das bekannteste, lebte im vorletzten Jahrhundert. Phineas Gage arbeitete als Sprengmeister bei der Erschließung der Eisenbahn in den USA. Eines Tages im Jahre 1848 durchbohrte eine Metallstange seine Stirn und flog zum Oberkopf wieder heraus. Zwei unglaubliche Dinge traten danach ein: Erstens konnte Mr Gage nach einer kurzen Erholungszeit sein Leben weiterführen und zweitens wandelte sich sein Charakter auf besorgniserregende Weise. Der einst als fleißig und zuverlässig bekannte, hilfsbereite Mensch mutierte zu einem vulgären, verantwortungslosen, unbeständigen Menschenfeind.

Beispiel des Phineas Gage

Phineas Gage, so weiß die Forschung heute, hatte einen irreparablen Schaden in dem Teil seines Gehirns erlitten, der das Denken mit dem Fühlen verbindet. Antonio Damasio ist der Forscher unserer Zeit, der daraus bahnbrechende Konsequenzen abgeleitet hat. Mit seinen Patienten konnte er nachweisen, dass ein bestimmter Bereich im Gehirn hinter der Stirn Fühlen und Denken verknüpft. Wenn wir diese Erkenntnisse auf Mr Spock übertragen, wird aus dem kühlen Denker ein unausstehlicher Soziopath. Denn wer ohne Gefühle denkt, ist nicht der kühle Kosten-Nutzen-Denker, sondern ein Fall für den Verhaltenstherapeuten. Gute Nachrichten also: Die Kombination aus Fühlen und Denken scheint für das Gehirn Sinn zu machen.

Warum ist es so wichtig, neben dem Verstand auch noch ein zweites Gehirn für Bauchentscheidungen zu haben? Natürlich denken wir nicht mit dem Bauch. Aber ist es vielleicht doch ein

Unterschied zwischen Kopf- und Bauchhirn

ENTSCHEIDEN 159

wenig mehr als nur eine Metapher, wenn wir vom Bauchgefühl sprechen, vom zweiten Gehirn im Bauch, das uns bei unseren Entscheidungen hilft? Immerhin verlaufen 90 Prozent der Nervenverbindungen zwischen Bauch und Kopf, also von unten nach oben, und nicht, wie vielleicht erwartet, vom Kopf zum Bauch. Was also denkt unser Bauch?

Heute beschäftigen sich mehr als 200 Forscher weltweit mit dem Bauchhirn und haben erkannt, dass die Zellen und Austauschmechanismen denen im Kopfhirn verblüffend ähnlich sind. Auch die Art der Kommunikation ist sehr verwandt. Das Bauchhirn nutzt dafür Nervenbotenstoffe, wie z. B. Serotonin, das unsere Gemütslage beeinflusst, Dopamin (wird bei Glücks- und Flow-Zuständen ausgeschüttet) und verschiedene Endorphine (kümmern sich um Schmerz und Hunger, werden mit Euphorie in Verbindung gebracht). Es scheint also wirklich so, als wenn unser Verdauungssystem weit mehr Einfluss auf unseren Kopf hat als gedacht.

Körperliche Reaktionen auf Außenreize

Aber wofür setzt der Bauch sein Hirn ein? Als Kommunikationschef, könnte man sagen. Denn das Hirn im Bauch sendet Signale an benachbarte Organe. Es steuert die Reaktionen bei der Abwehr von Infekten und sogar in Teilen die Bewegungen der Muskeln. Um das zu leisten, muss es, ebenso wie das Hirn im Kopf, in der Lage sein, blitzschnell auf vorhandenes Wissen zurückzugreifen. Intelligente Reaktionen, wie z. B. der Brechreiz bei Vergiftung, sind wichtig. Aber der eigentliche USP des Bauchhirns ist die Beisteuerung körperlicher Reaktionen auf erlebte Außenreize. Diese kann das Gehirn interpretieren, mit dem Außenreiz in Verbindung bringen und so eine emotionale Bewertung erstellen. Jedes Mal wenn ich während meiner Zeit an der Universität zu Köln mit den Studenten in den Zwischenprüfungen saß, fragte ich sie nach ihrem Befinden. Und jeder Zweite berichtete von einem mulmigen, flauen Gefühl im Magen und deutete das als Zeichen für leichte Prüfungsangst.

Bauchentscheidungen fallen also nicht nur im Kopf. Ein Drittel aller Deutschen verlässt sich bei Entscheidungen auf Gefühle statt auf Daten und Fakten – Männer wie Frauen. Das belegte eine von der comdirect bank in Zusammenarbeit mit dem Forsa-Institut herausgegebene Studie. Bauchentscheidungen spielen also eine große Rolle. Aber was unterscheidet eigentlich Bauch- und Kopfentscheidungen, und warum ist es wichtig, diesen Unterschied zu kennen? Studien belegen: Entscheidungen werden in Teamwork getroffen. Das Team trifft sich hinter Ihrem Nasenrücken. Dort sitzt zum Beispiel das Hirnareal, mit dem wir »aus Erfahrungen lernen«. In der Fachsprache: der *ventromediale präfrontale Kortex*. Deshalb wissen Sie auch schnell, dass das plötzliche Aufhören von Vogelgezwitscher und stärker aufkommender Wind ein Unwetter ankündigen, selbst wenn Sie den Himmel nicht sehen können. Unser Hirn sammelt, vergleicht, schneidet Scheibchen, hebt Informationen über die Bewusstseinsschwelle und schaltet dann blitzschnell um. Ist das jetzt nur nützlich, um die Stuhlhussen auf der Veranda vor dem Hagelschauer zu retten?

Intuitiv vorgehende Menschen sind mit ihren Entscheidungen zufriedener. Klingt einleuchtend. Die Entscheidung deckt sich ja mit ihren Erfahrungen, sprich ihrer Intuition. Intuitive Entscheider sind sogar im Leben allgemein zufriedener und schöpfen viel mehr Selbstbewusstsein und Optimismus aus ihrem Vorgehen. Es lohnt sich also, viele Erfahrungen in vielen Bereichen zu sammeln und so den Intuitionsspeicher zu füllen.

Studien belegen, dass besonders Experten mit intuitiven Entscheidungen im Nachhinein zufriedener sind als mit den Ergebnissen anstrengender Kopfarbeit. Intuitive Urteile sind Informationsurteilen mitunter auch sehr überlegen. Geleitet werden diese Intuitionen vom Erfahrungsgedächtnis. Nach Gerhard Roth ist es in der Großhirnrinde angesiedelt und stellt mit rund 15 Milliarden Nervenzellen und 500 Billionen Synapsen ein gigantisches assoziatives Netzwerk dar. Es arbeitet analog, nicht digital wie das Arbeitsgedächtnis, und hat deshalb eine viel höhere Verarbeitungskapazität. Das macht es so stark. Entscheidend ist dabei, über wie viel implizites Wissen ein Mensch verfügt. Wenn Sie anfangen, sich mit einem Thema zu beschäftigen, haben Sie zwangsweise noch nicht so viele Informationen zur Verfügung. Also ist eher Vorsicht geboten. Aber Intuition kann jeder für jedes Thema entwickeln. Doch Vorsicht, Intuition ist kein Allheilmittel! Nur weil Sie über viele Erfahrungen verfügen, heißt das nicht immer, dass diese auch genau auf die vor Ihnen liegende Entscheidung passen. Der Bauch ist ein im Hintergrund arbeitender Berater für den

Erfahrungs-gedächtnis

Kopf – aber wie das so ist mit den Beratern, immer liegen die eben auch nicht richtig.

Bauchgefühl = Reiz + Reaktion + Bewertung

Unsere Erfahrungen sind komprimierte Entscheidungsturbos. Warum? Eine Erfahrung fasst drei Dinge zusammen: den Außenreiz, also das, was uns passiert; die körperliche Reaktion auf den Reiz, also z. B. Schwitzen, Lachen, stärkere Durchblutung, und die Bewertung dieses Reizes, also die Interpretation des Gehirns. Das kennt dabei nur die Auslegungen »Ist gut fürs Überleben«, also »positiv«, und »Ist schlecht fürs Überleben«, also »negativ«. Jedes Mal wenn wir das Ergebnis unserer Handlung erleben, wird die kognitive Repräsentation um eine emotionale ergänzt, die in genau diesem Moment auftritt. Das klingt nach einer ziemlich zufälligen Zuordnung. Und das ist sie auch. Sie ist der Grund, warum der eine Bienen süß findet und der andere in den Keller flüchtet, um bloß nicht in der Nähe eines solchen schwarz-gelben Monsters zu sein. Bei den beiden Personen wurde die Entscheidung zu handeln – also bewundern oder flüchten – aufgrund früherer Bewertungen mit dem possierlichen Honigmacher gebildet. Auf der einen Seite steht die Assoziation »leckerer Honig« und auf der anderen Seite die Erinnerung an den schmerzhaften Stich und die Schwellung der gestochenen Gesichtshälfte. Eine Emotion ist also eine Funktion aus Reiz + Reaktion + Bewertung früherer Erlebnisse. Und wenn in einer Entscheidungssituation ein ähnlicher Reiz auftritt wie in einer früheren Situation, bringt dies eben automatisch die gleiche Bewertung mit sich. Die Forschung nennt das die *intuitiven Bewertungen*. Wir nennen es im Alltag Bauchgefühl.

Die Iowa Gambling Task

Wie kommen diese Bewertungen zustande? Zum einen durch Gefühle. Belegt haben das 1994 Forschungen von Antonio Damasio mit Spielkarten (Abb. 24). Bei der sogenannten Iowa Gambling Task (Damasio 1994) mussten die Teilnehmer sich in jedem Durchgang für einen von vier Kartenstapeln entscheiden. Äußerlich unterschieden sich diese nicht. Der Unterschied bestand darin, ob die Karte einen Geldgewinn oder -verlust auswies, wenn man sie umdrehte. Ziel war es, über mehrere Durchgänge einen möglichst hohen Gewinn zu erzielen. Entscheidungskriterium war also, ob das Wählen eines Kartenstapels finanzielle Verluste oder Gewinne ermöglichte.

Abb. 24: Ausgangsbild der Kartenstapel bei der Iowa Gambling Task
(verändert nach Bechara et al. 1994)

Nachdem die Teilnehmer die ersten Karten von den verschiedenen Stapeln gezogen hatten, erkannten sie ein Muster. Verschiedene Stapel ermöglichten unterschiedliche Höhen von Geldgewinnen und -verlusten. Dieses Erkennen reichte aber nicht aus. Die »Versuchskaninchen« mussten dahinterkommen, dass die Stapel mit den geringen Gewinnen und den geringen Verlusten die günstigste und erfolgreichste Wahl waren. So waren die Verluste am geringsten und der Test erfolgreich absolviert.

Diese Iowa Gambling Task korrespondiert durchaus mit Situationen in unserem Alltag. Immer dann, wenn es um Entscheidungen geht, bei denen wir erst dahinterkommen müssen, welche Gewinn-Verlust-Abhängigkeiten bestehen und ob diese auch einigermaßen konstant und damit vorhersagbar sind. Die Stapel in dem Versuch der Iowa Gambling Task bieten folgende Verluste bzw. Gewinne:

Stapel A und B	Stapel C und D
+ 100	+ 50
+ 100	+ 50
+ 100	− 70
− 450	+ 50
+ 100	+ 50
+ 100	− 100
+ 100	+ 50
− 1250	− 50
+ 100	+ 50
+ 100	+ 50
− 800	+ 50

Alte Gefühle als Basis für neue Entscheidungen

Während also A und B hohe Gewinne wie auch hohe Verluste bedeuteten, boten C und D zwar nur kleine Gewinne, aber auch dementsprechend kleine Verluste. Es standen sich damit das Netto-Verlust- und das Netto-Gewinn-Szenario gegenüber. Der Test wurde mit gesunden Teilnehmern und mit Menschen, die eine Verletzung im Stirnhirn und im limbischen System hatten, durchgeführt. Letztere hatten genau in den Zentren für Denken (Stirnhirn) und Fühlen (limbisches System) ihres Gehirns Störungen. Die gesunden Teilnehmer entschieden sich durchweg für den richtigen Stapel. Auf Basis der gemachten Verlust- und Gewinnempfindungen durchdachten sie ihre Entscheidungen und fanden den besten Kartenstapel heraus. Die nicht gesunden Teilnehmer waren nicht erfolgreich. Aufgrund der Hirnverletzung fehlte ihnen beim Denken der Zugriff auf das Fühlen. Wann immer sie eine Kartenentscheidung zu treffen hatten, blieben die mit einem Stapel assoziierten Gefühle von Gewinn und Verlust aus. Das Ergebnis: Ohne Gefühlsspeicher können wir anstehende Entscheidungen nicht einschätzen.

In der Forschung ist Damasios Vorgehen umstritten. Schon 2002 belegten Ian Tomb und Kollegen, dass die von ihm als Beleg gewertete Hautleitfähigkeitsreaktion nicht als somatischer Marker interpretiert werden kann. Vielmehr ist sie bestimmt durch die unmittelbar bevorstehende Handlung. Und die ist nicht abhängig von den positiven oder negativen langfristigen Konsequenzen.

Doch es gibt noch weitere Beweisansätze. Entscheiden Sie, welche Buchstabenfolge Ihnen besser gefällt:

DK   oder   **FV**

Haben Sie gerade DK bevorzugt und wissen nicht, warum? Die Forschung hat da einen Grund anzubieten: Der Psychologe Bas Kast berichtet davon, dass die Antworten der Studienteilnehmer sehr stark von der Zeitdauer abhängen, die sie mit Tastaturen verbringen, bzw. wie oft am Tag sie wie professionell tippen. Die Vieltipper entschieden sich im Experiment fast ausschließlich für DK. Wenigtipper hatten in der Regel keine derartige Präferenz. Warum? F und V liegen auf der Tastatur so nahe beisammen, dass Schreibprofis sie mit demselben Finger tippen, D und K nicht. Die unbewusste motorische Nutzung der Finger führt uns zu einer solchen Entscheidung über die Bevorzugung der oben genannten Kombinationen. Wir sagen dann so etwas wie »Weiß ich auch nicht, war so eine Intuition«. Intuition ist nichts anderes als unbewusst abgerufenes Erfahrungswissen.

Auch wenn Sie Ihre Tipparbeit delegieren, sollten Sie sich eines merken: Entscheidungsverhalten geschieht vor dem bewussten Denken. Und das überall da, wo Sie über einen großen Vorrat an Gefühlen verfügen. »Gefühle« meint hier wirklich alles Gefühlte, Emotionen wie auch Berührungen etc. Es ist eine ganz besondere und durchschlagende Form des Bauchgefühls. Die Erfahrung schlägt das Denken, weil sie weniger Energie kostet. Die konstante Recherchearbeit Ihres Gehirns und die ausgefuchste Buchhaltung bei all den Dingen, die Sie tagtäglich tun, zahlen sich aus in solchen Schnellentscheidungen. Der Kern ist: Man merkt sich, was man merkt.

Erfahrung schlägt Denken

Und das gilt sowohl für Gefühle als auch für körperliche Empfindungen. Beides wirkt sehr stark auf die Entscheidungen, die wir fällen. Die Forschung belegt:

1. Beim Entscheiden gibt es kein Denken ohne Fühlen.
2. Beim Entscheiden ziehen wir Vertrautes vor, ohne es zu merken.

Was bedeuten diese Denkfallen? Entscheidungen werden oft getroffen, bevor wir etwas mitbekommen. Unser Bewusstsein hinkt hinterher. Motivierte und trainierte Denker hingegen achten auf langfristige Auswirkungen. Sie urteilen *auch* intuitiv, lassen sich aber weniger ablenken und entscheiden nicht so impulsiv.

Entscheiden ist meist unbewusst

Doch wie sehr unser Kopf ohne uns entscheidet, zeigt sich immer mehr. 2009 belegte Alexander Todorov, dass nicht der Inhalt, sondern das unbewusste Urteil über das Aussehen eines Politikers die Wahlentscheidung prägt. Und auch bei einem Tippversuch hatten unbewusste Präferenzen deutlichen Einfluss.

Im letztgenannten Versuch mussten 14 Freiwillige spontan Entscheidungsaufgaben lösen. Die Forscher schauten per Scan-

Welche Rolle spielt das Gehirn?

ner ihren Hirnen bei der Arbeit zu. Im Versuch mussten nun die Teilnehmer wählen, ob sie einen Knopf mit links oder rechts drücken wollten. Dann wurden ihnen Buchstabenfolgen gezeigt. Sie mussten sagen, wann genau sie sich für das Drücken des Knopfes entschieden hatten. Egal was die Probanden angaben: Im Gehirn fiel die Entscheidung bereits bis zu sieben Sekunden früher. Die Forscher konnten oft sogar vorhersagen, welche Hand der jeweilige Teilnehmer zum Drücken benutzen würde. Es feuerte dann im frontopolaren Kortex. Dort wurde die Entscheidung quasi angebahnt. Erst nach dieser Vorbereitung wurden die Impulse an andere Hirnbereiche weitergeleitet. Der amerikanische Neurophysiologe Benjamin Libet hatte in den 80er-Jahren Gehirnsignale gemessen, die einige hundert Millisekunden vor der Entscheidung lagen. Damit schien der freie Wille der Vergangenheit anzugehören. Das haben die neuen Untersuchungen bestätigt. Bestimmte Areale bereiten Entscheidungen vor, noch ehe wir wissen, dass wir sie überhaupt treffen wollen. Das aber ist der entscheidende Punkt: Sie werden eben *nur* vorbereitet. Dagegen entscheiden, das geht dann immer noch. Aber genau das muss die Forschung noch genauer beweisen. Bis dahin gilt: Unser Kopf macht zwar viel, ohne dass wir ihn darum bitten, er nimmt uns viel Entscheidungsarbeit ab. Aber ausführen müssen wir die Entscheidungen dann immer noch – und mit den Konsequenzen leben.

Intuition: nicht immer hilfreich

Fazit: Intuitionen erfüllen einen wichtigen Zweck im Umgang mit der Komplexität unseres Alltags. Doch Vorsicht ist geboten. Denn es kann gut sein, dass Ihr Problem mit Intuition nicht zu lösen ist. Oder dass Ihre Intuition nicht in die gewünschte Richtung geht. Erinnern Sie sich: Intuition ist nur die Summe Ihrer Erfahrungen. Und die muss nicht immer helfen. Es gibt zu viele Situationen, in denen mentale Klarheit hilft, das emotionale Blattwerk beiseitezuschieben. In der aktuellen Entscheidungsforschung wird die Überlegenheit der Intuition in vielen Bereichen widerlegt. Gerd Gigerenzer berichtete 2008 darüber, dass Menschen, die der Intuition vertrauen, sehr dazu neigen, sich von unwichtigen Infos und der Reihenfolge der Präsentation beeinflussen zu lassen. Es sieht so aus, als ob der gute alte Notizblock mitunter bessere Dienste leistet als die Intuition. Wann immer Sie Entscheidungen in einem unbekannten Umfeld treffen müssen, haben Sie keine Intuitionen im oben genannten Sinne. Das dann entstehende Bauchgefühl entstammt situationsfremden Präferenzen. Dann müssen Sie Ihre Vorlieben durch Denken ergänzen. So können Gefühl und Verstand zu Teamplayern statt zu Gegnern werden.

Personalentscheidungen: Wie ähnlich sind wir uns?

Gleich und Gleich gesellt sich gern. Für die erste Einschätzung dazu braucht das Hirn lediglich eine Zehntelsekunde. 2006 belegte die Psychologin Janine Willis, dass dieses intuitive Urteil über die Charakterzüge auch in der Folgezeit nicht revidiert wird. Das passiert auch in der Personalabteilung. Dort heißt es »Spiegel-Anstellung«. Wir bevorzugen Menschen, die uns ähnlich sind. Das Überlebensrezept für die Partnerschaft ist zugleich eine Denkfalle im Beruf. Denn Personalentscheidungen, die auf diesem Prinzip basieren, sind nicht immer gut. Am deutlichsten wird dies bei der aktuellen Diskussion um die Frauenquote. Auf der einen Seite stehen die Gegner, die sagen, dass die Frauen es allein durch ihre Leistung nach oben schaffen sollen. Auf der anderen Seite stehen die Feministinnen, die in der Quote erst recht ein Beispiel für die männliche Dominanz sehen. Und in der Mitte steht der Forscher, der meint, dass eine bewusste Gegensteuerung die beste Lösung ist, da wir unsere Präferenzen nicht wirklich durchschauen.

Rosamund Christie, Leiterin des Programmes AGSM Women in Leadership, bestätigt, dass nur sehr wenige Männer sich der Vorteile bewusst sind, ein Mann im Unternehmen zu sein. Wenn sie in ihren Führungsseminaren danach fragt, welchen Einfluss das Geschlecht auf den Führungsstil hat, wissen die Männer oft gar nicht, wovon sie spricht. Die Frauen wissen sofort, dass es um die unbewussten Präferenzen in der Einstellung und Anstellung geht. Und am Ende nehmen beide Geschlechter das Verständnis für die Gefährlichkeit dieses Bias mit.

Sally Macdonald, CEO des australischen Luxusgüterunternehmens OrotonGroup, sieht diesen Bias noch immer sehr deutlich. Sie spricht davon, dass in Australien eine Tendenz zu

Vielfältigkeit in Führungsetagen anstreben

Führungskräften mit einem bestimmten Alter, einem bestimmten Geschlecht und einer bestimmten Abstammung existiert. Sie verweist darauf, dass Führungskräfte eigentlich in allen nur erdenklichen Nationalitäten, Körpergrößen- und formen etc. vorkommen und dass weniger deren Aussehen und mehr deren berufliche Fähigkeit entscheidend sein sollte. Die National Australia Bank hat Versuche mit einer Gegenmaßnahme gestartet, die diesem Bias den Kampf ansagt und für Vielfältigkeit in den Führungsetagen sorgen soll. Die ersten Analysen belegen eine starke Geschlechtspräferenz – und keiner im Unternehmen war überrascht. Eine Umfrage des Australian Human Resources Institute (AHRI) zeigte sogar, dass zwei Drittel der 920 Befragten nicht davon ausgehen, dass Führungskräfte und deren Organisationen ohne Weiteres in der Lage sind, solche Präferenzen abzulegen.

Auch deutsche Konzerne arbeiten mit unterschiedlichsten Mitteln daran, Vielfalt in die Führung zu bekommen. Ein großes Versicherungsunternehmen hat es zu einem Kernprojekt erhoben, Frauen in strategische Konferenzen einzubinden. Die Zulassungskriterien zu den Meetings basieren allerdings auf Kennzahlen wie Position im Unternehmen, Größe der geführten Abteilung und dem Hayes-Grade, der einen Faktor aus Wissen, Problemlösefähigkeit und den Verantwortlichkeiten der Position errechnet. Da die Damen aber bisher aufgrund der unbewussten Präferenzen keine diese Kriterien erfüllen konnten, wird es ihnen ermöglicht, ungeachtet dieser Kriterien an den Konferenzen teilzunehmen. Wenn man dann im Meetingraum in die Runde schaut, sieht man: Es ist noch ein längerer Weg, aber es ist gut, dass er pragmatisch begangen wird.

Veränderungsmanagement: Die einzige Konstante ist Veränderung

Das Prinzip der Präferenz durch Erfahrung heißt übersetzt in den Rahmen von Change-Management-Projekten in Unternehmen: Ich will so bleiben, wie ich bin. Und alles andere soll bitte auch so bleiben, wie es ist. Denn das gefällt mir besser. Einfach deshalb, weil ich es kenne. Das Neue, nach der Veränderung Eintretende, kenne ich nicht. Also kann ich auch keine Präferenz dafür haben.

Unser Wunsch, alles so zu belassen, wie es ist, entspringt dem Drang nach Stabilität und wird in Fachkreisen als *Beharrungstendenz* bezeichnet. Was gleich bleibt, ist stabil. Was stabil ist, ist verlässlich. Was nicht stabil ist, macht unsicher. Um diese Unsicherheit zu bewältigen, muss das Gehirn natürlich mehr arbeiten, als wenn es in einer stabilen Umgebung immer gleich verfahren kann. Das mag unser Gehirn aber nicht, weil es ja lieber Energie spart als anwendet.

Beharrungstendenz

Kein Wunder also, dass Veränderungsmanager immer wieder zwei Dinge predigen: Gebt den Menschen Zeit und lasst sie die Veränderungen selbst mitgestalten. Denn dann greift dieses Prinzip zugunsten der »Veränderten«. Sie selbst können neue Präferenzen aufbauen, weil sie die neue Situation im Unternehmen und um sich herum schaffen.

Mitmenschen: Ja, ich mag den auch

Obwohl wir nicht grundsätzlich Einzelgänger sind, versuchen wir in einer Gruppe auch ein wenig von unserer Individualität zu behalten. Doch wir wollen auch von anderen anerkannt werden. Das führt zu einem interessanten Phänomen: der sozialen Anpassung. Wir ziehen dabei Schlüsse aus dem Verhalten unserer Mitmenschen: Sanktionieren die mein Verhalten, schließen die mich aus oder heißen die mich und mein Verhalten gut? Drei Gründe gibt uns die Sozialpsychologie dafür:

Individualität versus Anpassung

1. Unser Wunsch, die Wirklichkeit richtig zu interpretieren
2. Unser Bedürfnis nach sozialer Anerkennung
3. Eine Belohnung in Form sozialer Anerkennung

Niederländische Forscher haben uns nun beim Buhlen um Gesellschaftszustimmung ins Hirn geschaut. Und Hirnscans zeigen: Wenn wir uns sozial anpassen, arbeiten die gleichen Areale wie beim bestärkenden Lernen: Es handelt sich um die *rostrale cinguläre Zone*. Sie ist zuständig für unsere Fähigkeit, aus Fehlern zu lernen. Das ist so eine Art interne Fehlerkorrektur,

ENTSCHEIDEN **169**

bei der man sogar aufgrund der Intensität auf den Umfang der folgenden Verhaltensänderung schließen kann.

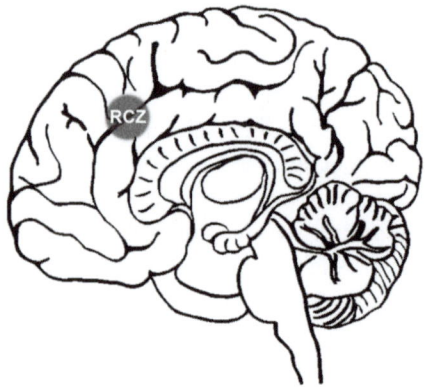

Abb. 25: Rostrale cinguläre Zone

Wenn Sie sich nun in eine Gruppe eingliedern und an sie anpassen wollen, feuern die Neuronen in dieser Zone; gleichzeitig wird unser Belohnungszentrum, das *ventrale Striatum*, gehemmt. Solange der Konflikt besteht und die soziale Anpassung vorgenommen werden muss, schweigt das Belohnungszentrum. So lässt sich zumindest schon einmal ein einheitlicher Schönheitsmaßstab erklären: Als Teil einer Gruppe passen wir unseren Geschmack dem Geschmack der Gruppe an.

Partnerwahl: Beim Nächsten wird alles anders

Neue Präferenzen einüben

Partnerschaftsbücher gibt es mehr als genug. Strategien gegen das Singledasein auch. Wenn wir genau hinschauen, führen uns alle auf ein Prinzip zurück: Wir werden immer wieder an den oder die Falsche(n) geraten, wenn wir nicht unsere Entscheidungsmuster ändern. Nur ist eben die Grundlage für die Entscheidungsmuster unbewusst und dem Bewusstsein nicht immer zugänglich. Präferenzen wirken auch hier im Dunkeln. Viele Alleinstehende versuchen, ihnen auf den Grund zu gehen: mit Selbsthilfe oder mit der Hilfe eines Coachs oder Therapeuten. Beides kann nur Erfolg haben, wenn wir dabei neue Präferenzen einüben. Denn nur dann können sie die alten überleben – denn die sind stark, schließlich wirken sie schon ziemlich lange.

Business-Entscheidungen: Ich bin da total unemotional

Intuitive Entscheidungen sind ein wichtiges Thema in Managementratgebern. Die guten Ratgeber weisen zumeist direkt auf den Einfluss emotionaler Muster hin. Die Gefühle, die eine Führungskraft mit einem Entscheidungsmuster verbindet, wirken wie ein Etikett. Sie werden an die Entscheidungen geklebt und färben die eigene Einstellung dazu. Darum nennt die Forschung sie auch *emotionale Labels*. Schlüsselemotionen sind in diesem Zusammenhang »unbewusstes Eigeninteresse« und »unbewusste emotionale Färbung«. Ersteres wird in der juristischen Fachsprache als »Befangenheit« bezeichnet und geahndet. Im wirtschaftlichen Alltag müssen wir die Konsequenzen selber ziehen. Wenn wir merken, dass unsere persönlichen Interessen mit anderen bei der Entscheidung zusammenprallen, dann sollten die Warnlampen angehen. Dieser Zielkonflikt ist ein klares Anzeichen von unbewusstem Eigeninteresse.

Einfluss emotionaler Muster

Der zweite Faktor ist ebenso eingängig wie unüberwindlich: Mit jedem Erlebnis verbinden wir Sieg, Niederlage, Ängste oder Vergnügen. Diese emotionalen Erinnerungen färben das Erinnerte erheblich. Hinzu kommt, dass Erinnern kein Abrufen komplexer Situationen ist. Vielmehr baut unser Gehirn die Situation, an die wir uns erinnern, in dem Moment erneut zusammen, in dem wir uns an sie erinnern. Und diese Rekonstruktion wird immer gefärbt von der Stimmung, in der wir uns genau in dem Moment befinden.

Stimmung färbt ab

Auch in der Firma Braincheck kommen solche Denkfallen vor. Hier ein Beispiel: Nachdem ein Gesellschafter von Braincheck eine herbe Niederlage in einem Projekt einstecken musste, war seine Stimmung verständlicherweise gedämpft. Nicht nur das: Als er einen Blick auf die neuen Werbematerialien des Unternehmens warf, verdrehte er die Augen, schüttelte den

Kopf und war entrüstet, wie man einen solchen Text in die Broschüren setzen konnte. Im Sinne eines gemeinschaftlichen Votums wurde ihm die Möglichkeit eingeräumt, seine Änderungsvorschläge bis zum nächsten Tag einzureichen. Die kamen auch. In Form einer einzigen Rechtschreibkorrektur und eines zusätzlichen Kommas. Wie, mehr nicht?, lautete die überraschte Nachfrage. Nach der starken Verurteilung des Vortrages hatte das Team mit einer großen Änderungspalette gerechnet. Doch der Gesellschafter hatte nun keine Einwände mehr. So sehr beeinflussen momentane Stimmungen Entscheidungen – Richtig und Falsch sind da keine Kategorien mehr.

Emotionale Einflüsse überall

Sidney Finkelstein (2009) berichtet von einem Fall, bei dem sich der Leiter eines Tochterunternehmens selbst an die Logoentwicklung gemacht hatte. Als nun zwei Jahre später eine Umfirmierung die Veränderung des Logos mit sich brachte, zeigten sich die starken emotionalen Färbungen. Als der Leiter merkte, dass er sich mit seinem Logo gegen die Unternehmensentscheidung nicht durchsetzen konnte, brach er nach dem Telefonat in Tränen aus. Seine Entscheidung, an dem alten Logo festhalten zu wollen, war zutiefst von seinem Verhältnis zu dessen Entstehung und Nähe zu ihm geprägt. So sehr, dass die strategische Überlegung, das Logo der neuen Unternehmensgruppe zu wählen, komplett in den Hintergrund rückte.

Unser Denkverhalten wurzelt also tief in unserer emotionalen »Buchhaltung«. Emotionen dienen uns als Orientierungssysteme beim Aufbau von Wissen und bei der Verarbeitung von Informationen. Die Neurowissenschaften belegen, wie sehr emotionale Etiketten als wichtiger Ratgeber fungieren (s. a. Rangel et al. 2008). Ohne den emotionalen Extrasenf, den unser Hirn bei Denkprozessen hinzugibt, kommt es zu großen Störungen bei der Entscheidungsfindung (s. a. Gupta et al. 2009). Ohne Fühlen streikt das Denken.

Einkaufen: Ich habe das gekauft, weil es besser ist

Emotionale Etiketten wirklich natürlich auch im Konsumentenalltag, wie der Werber Robert Heath im Jahr 2012 belegt hat. Jenseits der gut untersuchten emotionalen Wirkung von Marken lassen sich beim Einkaufen vor allem zwei Phänomene beobachten:

Immun gegen Marketing?

1. Rabatte schalten den Verstand aus. Nicht der Preis, sondern das Schild macht das Angebot.
2. Emotionen haben ihren Preis. Wenn der hoch genug ist, entscheiden wir uns um.

Ein Blick auf das Sonderangebot – und das Denken hört auf? In der Tat. Ein Rabattschild kann Unglaubliches im Gehirn bewirken und den Verstand aussetzen lassen. Was nun zählt, ist »Habenwollen« statt »Analysierenwollen«. Dabei ist gar nicht der rechnerische Preisnachlass ausschlaggebend, allein die Anwesenheit des Rabattschildes reicht. Und nicht nur das. Preise tun sogar weh. Das Schmerzareal springt an, wenn wir ein Preisschild sehen. Das belegen Forschungsergebnisse aus dem Hirnscanner.

Bei Rabatten setzt das Denken aus

Welchen Joghurt haben Sie das letzte Mal gekauft? Für welches Bier haben Sie sich entschieden? Welches Auto musste es sein? Egal ob Beck's oder BMW, es geht immer um Einkaufsentscheidungen, die uns guttun sollen. Und auch da muss sich die Ratio sehr oft hinten anstellen. Camillo Padoa-Schioppa und John Assad von der Harvard Medical School rekrutierten für ihre Entscheidungsforschung Rhesusaffen (Padoa-Schioppa / Assad 2008). Die hatten dann die Qual der Wahl: Saft oder Kool Aid (ein auf Getränkepulver basierendes Erfrischungsgetränk). Die Affen bevorzugten den Saft. Die Affen wählten den Saft, wenn sie als Alternative die gleiche, die doppelte oder eine dreifache Menge Kool Aid zur Verfügung hatten. Erst bei der vierfachen Menge Kool Aid schien das Verhältnis so zu stimmen, dass die Präferenz in den Hintergrund trat und sie einfach irgendwo zugriffen. Wenn es die sechs- bis zehnfache Menge Kool Aid gab, konnten sie nicht mehr widerstehen. Der Saft wurde links liegen gelassen.

Quantität sticht auch bei uns Menschen Qualität locker aus. Im Zentrum des Interesses steht hier der *orbitofrontale Kortex* – jenes Großhirnareal direkt über der Augenhöhle, dem eine wichtige Funktion als Korrekturinstanz bei emotionalen Bewertungen zugebilligt wird. Je nach wirtschaftlicher Entscheidung regen sich verschiedene Neuronen – die unterschiedliche Wahl kann also auf unterschiedliche Nervenzellenaktivität zurückgeführt werden. Die Aktivität dieser Neuronen spiegelt den Wert der verschiedenen Güter für die Individuen wider, wenn sie ihre Entscheidung treffen.

Emotionskontrolle führt zu rationalen Entscheidungen

Wenn also unsere Emotionen den Wert von etwas bestimmen und wir darauf basierend entscheiden, können wir etwas dagegen tun? Ja, denn Emotionskontrolle führt zu rationalen Entscheidungen.

Lösung: Mentaler Dreisprung

Intuitionen sind nützlich. Das haben Sie bereits in den vorhergehenden Kapiteln erfahren. Der Vorteil der Intuition liegt dabei auf der Hand. Wenn wir zu lange nachdenken, kann das zu einer Verschlechterung der Einschätzung führen. Gründliches Nachdenken kann dazu führen, dass wir uns unverhältnismäßig stark auf unwichtige Aspekte konzentrieren. Hilft das nun nicht nur bei solch unbewusstem Erkennen? Ist diese Hirnleistung auch in anderen Entscheidungssituationen erkennbar? Nicht unbedingt. Wenn der Bauch unter Zeitdruck schnell mit einer Entscheidung rausrücken soll, ist das nicht immer gut. Viele Alltagsentscheidungen haben nicht die gewünschte Konsequenz und führen zu Frust und Ärger. Besser ist es, einen mentalen Dreisprung zu vollführen:

1. Die Sachlage rational überdenken.
2. Die Entscheidung dann aufschieben.
3. Am Ende dem Gefühl folgen, wenn sich die Sache immer noch gut anfühlt.

1. Rationale Analyse

Dazu ersetzen Sie zuerst einmal die Aussage »Der Weg ist das Ziel« durch »Ohne Ziel kommen Sie nicht an, egal welchen Weg Sie wählen«. Eine Analyse bedeutet hier, selbstreflexiv tätig zu werden. Das heißt, mit sich selbst hart ins Gericht zu gehen, um genau das Ziel ins Auge zu fassen. Was wollen Sie mit Ihrer Entscheidung erreichen oder verändern? Eine Entscheidung zu einem Arbeitsplatzwechsel hat einen ganz anderen Verlauf, wenn Sie nur sagen: »Ich will einfach einen neuen Job«, oder wenn Sie weiter in sich hineinhorchen und feststellen: »Ich will einen anderen Chef«. Das hat ganz unterschiedliche Konsequenzen.

Ziel genau ins Auge fassen

Ein zweiter ganz wichtiger Faktor der Analyse ist es, Wahlmöglichkeiten zu eliminieren, anstatt sie zu produzieren. Bestsellerautor und Verhaltensökonom Dan Ariely hat es in seinen Studien bewiesen: Wir machen uns das Entscheidungsleben schwer, weil wir uns dauernd damit beschäftigen, möglichst viele Optionen offenzulassen (Ariely 2010). Das frisst mentale Aufmerksamkeit und Energie. Der Königsweg guten Entscheidens ist daher das frühzeitige Eliminieren überzähliger Wahlmöglichkeiten. Unwichtige Optionen identifizieren Sie, indem Sie einen persönlichen »Standard« entwickeln. Der besteht aus den Eigenschaften, die die Lösung Ihres Problems beinhalten soll. Das gilt für den Kauf von Laptops und Digitalkameras wie für die Wohnungssuche, die Partnerwahl und den Job Ihrer Träume. Sie bestimmen, welche Eigenschaften wichtig sind, was erfüllt sein sollte, egal ob Digitalkamera, Partner, Wohnung oder Job. Viele Menschen gehen diese Analyseschritte nicht durch und jammern dann: »Ich kann mich nicht entscheiden!« Ja, wie denn auch, wenn die Basisarbeit fehlt?

Wahlmöglichkeiten eliminieren

Die Informationssuche kann auch noch im Auswahlprozess feinjustiert werden. Sie müssen sie nur immer vor Augen haben. Vor einiger Zeit suchten wir eine Wohnung in einer neuen Stadt. Der berufliche Umzug war unumgänglich. Also stellten wir eine Liste mit den entsprechenden Eigenschaften auf, die die Wohnung besitzen sollte. Wir hatten an alles gedacht, was uns wichtig war. Doch erst als wir in der zweiten nach den ursprünglichen Kriterien ausgewählten Wohnung waren, fiel uns auf, dass wir den Faktor »Grundschule für die Kleine« völlig unbeachtet gelassen hatten. Das hatte auch damit zu tun, dass unsere Kleine zu dem Zeitpunkt noch ein paar Jahre von der Schulreife entfernt war. Doch in dieser Gegend befand sich nun einmal die beste Grundschule der Stadt. Dieses Extrakriterium war zwar nicht in unserer Infosuche aufgetaucht, doch da wir nie aufhörten, unseren »Standard« mit neuen Infos feinzutunen, konnten wir den neuen Aspekt problemlos in die Suche einbauen. Die Wahl war dann auch die richtige: Die Kleine freut sich heute jeden Tag auf die Schule – und lernt.

2. Entscheidung aufschieben

Bedeutung der »Offline-Phase«

Kadaver-gehorsam

Menschen mit schlechter Laune treffen schlechtere Entscheidungen. Menschen unter Stress auch. Je komplexer eine Entscheidung ist, desto mehr Zeit brauchen Sie bzw. desto wichtiger ist die Strategie der Informationssammlung. In der »Offline-Phase«, in der Sie sich wieder um anderes kümmern, sorgt das Gehirn dafür, dass die Informationen abgeglichen werden mit bereits bestehendem Erfahrungs- und Wissensmaterial. Diese Integration hilft enorm bei der Verbindung der beiden Perspektiven: Bauch und Kopf. Nutzen Sie dabei auch eine skurrile Tatsache: Menschen, die halb automatische Tätigkeiten ausführten, kommen zu entscheidenden Einsichten beim Lösen ihrer Probleme. Solche Tätigkeiten sind Spazierengehen, Joggen, Radfahren oder Duschen.

3. Dem Gefühl folgen

Wenn es sich gut anfühlt, stimmt die Entscheidung. Die unbewussten Erfahrungen sollten mit den bewussten Gedanken ein Ganzes bilden, der Bauch und der Kopf also zusammenpassen.

Mit diesem Dreischritt gelingt es Ihnen, rationale Überlegung und emotionale Erfahrung in Einklang zu bringen. Dabei immer daran denken: nichts überstürzen. Und nie das Rationale überschätzen. Beim Abwägen und Diskutieren hilft viel nicht viel. Beschäftigen wir uns also nun mit der nächsten Denkfalle.

14. Denkfalle: Warum wir gutes Geld schlechtem hinterherwerfen

Während der vergangenen 17 Jahre habe ich die unterschiedlichsten Projekte betreut. Manche davon sind Paradebeispiele für Denkfallen. Vor vielen Jahren plante eine Unternehmensberatung einen Kongress. Er fand jährlich statt und im Vorjahr hatten wir sehr gut zusammengearbeitet und mehrere Hundert Gäste in ein großes Hotel in Berlin geholt. Bei der Neuauflage im Folgejahr meldeten sich jedoch kaum Teilnehmer an. Nun trachtete das Beratungsunternehmen natürlich danach, die eigenen Kosten zu senken. Die Moderation wurde storniert. Aufgrund der Stornoklauseln mussten allerdings 75 Prozent des Honorars als Ausfallvergütung beglichen werden. Das brachte das Unternehmen dazu, doch die restlichen 25 Prozent auch noch zu zahlen und eine Moderation zu haben. Eine gute Entscheidung?

Wenn Investitionen zum Weitermachen zwingen

Entscheidungen, bei denen wir bereits investierte Zeit, Energie oder Geldmengen als Begründung für weitere Investments nehmen, kennen Sie sicherlich alle. Egal ob Budgetplanung in der beruflichen Projektarbeit, wiederholte Kundenbesuche oder privates Vergnügen. Überall wartet diese Denkfalle auf Sie. Und jedes Mal scheint es einen sehr ähnlichen Ablauf zu geben, in den diese Falle Sie zwingt. Zuschnappen kann diese Falle auch in den unmöglichsten Momenten.

Zum Hochzeitstag hatten meine Frau und ich uns einen Theaterbesuch geschenkt. Wir hatten uns wirklich sehr auf das Theaterstück gefreut. Doch noch vor der Pause schoss mir der Gedanke durch den Kopf: Vielleicht sollten wir die Pause nutzen, um direkt an der Bar vorbei zur Garderobe zu schlendern, die Mäntel mitzunehmen und uns zum Lieblingsitaliener um die Ecke zu verdrücken. »Hey, du«, stupste ich meine Frau an, »wollen wir gleich einfach gehen? Die Regie ist einfallslos, die Schauspieler sind ohne Führung und das Bühnenbild besteht aus einer schwarzen Plastikwanne auf dem bloßen Bühnenfußboden! Das macht keinen Spaß!« »Ja, bist du denn verrückt? Hast du vergessen, wie viel die Karten gekostet haben?«

Da war er. Der *Effekt der versunkenen Kosten* hatte gerade un-

ENTSCHEIDEN **177**

Effekt der versunkenen Kosten

sere Zweisamkeit gekostet. Nun ist ja selten im Leben etwas umsonst. Und auch diese Begebenheit zahlte sich in barer Münze aus, als ich anfing, die Idee für dieses Buch zu konkretisieren und Alltagssituationen zu finden, bei denen wir unserem automatischen Denken auf den Leim gehen. Denn eines wurde mir schlagartig bewusst, während sich die Darsteller im zweiten Teil mit Matsch bewarfen und so die Schlacht um Troja darstellten: Egal ob bei der Projektbesprechung, der Finanzplanung oder beim Theaterbesuch – der Effekt der versunkenen Kosten ist allgegenwärtig und kommt jedes Mal in einem nahezu identischen sprachlichen Kleid von Sätzen wie »Jetzt haben wir schon so viel in das Projekt investiert, jetzt müssen wir das auch durchziehen und die letzten Euro lockermachen«. Wenn Sie also das nächste Mal eine Anzahlung von 200 Euro für Ihren Sommerurlaub leisten und auf dem Weg zum Flieger holt Sie die Sommergrippe ein, dann ist es wahrscheinlich wieder geschehen: Sie wissen, dass die Urlaubsausfallversicherung nicht greift. Die 200 Euro sind weg. Doch auch wenn es wahrscheinlich ist, dass es Ihnen zu Hause besser geht als mit Grippe am Strand der Dominikanischen Republik: Würden Sie umkehren?

Nein, wahrscheinlich würden Sie hinfahren, um die 200 Euro nicht zu verschwenden. Und da ist er wieder, der Effekt der versunkenen Kosten. Auch hier bedeutet Ihre Entscheidung, dass Sie die investierten 200 Euro nicht verlieren wollen, obwohl es Ihnen wahrscheinlich zu Hause besser gehen würde, dass Sie daher dem schlechten Geld, das schon versunken ist, gutes Geld hinterherwerfen (s. a. Dawes 1988). Und den krönenden Abschluss bildet dann Ihr Bemühen, dieser Entscheidung eine gute Begründung zu verleihen. Schließlich wollen Sie vor Ihren Nachbarn zumindest noch ein klein wenig Würde behalten, während Sie über den Urlaubsaufenthalt berichten, bei dem Ihre Körpertemperatur in der karibischen Mittagshitze brodelte (s. a. Tversky / Shafir 1992).

Verlustaversion dominiert

Neben dem Ignorieren der versunkenen Kosten kommt dabei aber noch eine Denkfalle zum Tragen. Die *Verlustaversion* ist der siamesische Zwilling der versunkenen Kosten. Wenn wir uns für etwas engagiert haben, zögern wir, davon Abstand zu nehmen, weil wir Angst vor dem Verlust unseres Investments haben. Wir haben eine eingebaute Tendenz, Risiken zu vermeiden. Ganz egal, ob wir dadurch einen höheren Schaden davontragen, als wenn wir das Risiko bewusst kalkulieren würden.

Wir fürchten uns mehr davor, etwas zu verlieren, als dass wir darauf hoffen, etwas gewinnen zu können. Das klingt natürlich viel zu abstrakt. Folgendes Experiment, das ich oft mit meinen Zuhörern durchführe, macht das deutlich: Die Zuhörer nehmen ein Geldstück aus ihrer Börse. Meistens ist das ein 1-Euro- oder ein 2-Euro-Stück. Dann schlage ich ihnen einen Deal vor: »Sie werfen die Münze in die Luft. Wenn *Kopf* oben ist, bekommen Sie 10 Euro, wenn *Zahl* oben ist, gehen die 10 Euro an mich! Einverstanden?« Und da trennt sich schnell die Spreu vom Weizen. In acht von zehn Fällen winken die Teilnehmer ab. Auch wenn sie so mir nichts, dir nichts 10 Euro gewinnen könnten. Die Sozialpsychologen Daniel Kahneman und Amons Tversky haben die Attraktivität dieses Versuchs noch angehoben. Jeder hat ja bekanntlich seinen Preis. Deshalb erhöhen sie den Gewinn. Bei Kopf würden die Teilnehmer 20 Dollar gewinnen, bei Zahl jedoch nur 10 Dollar verlieren. Doch selbst da haben die möglichen Gewinner dankend abgelehnt. Offenbar sind wir immer übermäßig damit beschäftigt, mögliche Verluste zu vermeiden, sodass wir uns nur auf diese fokussieren.

Münzen-Experiment

Und hier ein kurzes Gedankenexperiment für Sie: Wie viel würden Sie für einen Euro ausgeben? Sie halten die Frage für wenig zielführend bis extrem unsinnig? Na dann warten Sie mal ab! In einem Experiment sollten Menschen bei einer Auktion einen Euro ersteigern. Zwei kleine Extraregeln wurden eingeführt: Die beiden letzten Bieter, nennen wir sie Peter und Dieter, bezahlen jeweils den Ersteigerungspreis. Und nur der letzte Bieter mit dem höchsten Gebot bekommt auch den Euro. Der unterlegene Bieter schaut also in die Röhre und verliert sogar Geld. Ein klassisches Gewinn-und-Verlust-Szenario. Peter bietet 10 Cent, Dieter 20, Peter 50, Dieter 80, Peter 90 … und dann passiert es: Dieter denkt: »Wenn ich jetzt den Euro nicht ersteigere, habe ich meine 80 Cent verloren. Wenn ich den Euro für einen Euro ersteigere, dann habe ich zwar gar nichts gewonnen, aber ich muss auch meine 80 Cent nicht berappen. Soll der Peter doch 90 Cent Verlust machen!« Nun ist

ENTSCHEIDEN **179**

der Peter auch nicht dumm und denkt sich: »Wenn ich nicht biete, verliere ich 90 Cent! Dumme Sache! Aber wenn ich jetzt 1,10 Euro biete, dann kostet mich der Euro nur 10 Cent, weil ich ja den Euro bekomme.« Und so wurden für einen läppischen Euro auch schon mal 3 Euro geboten! Wie kann das passieren? Der Grund ist die Verlustvermeidung. Allein aus der Angst, etwas nicht zu bekommen, beginnen Menschen, zu viel für etwas zu bieten, was sie eigentlich einfacher und günstiger erhalten würden, wenn sie es direkt kauften.

Verlustangst bei Finanzprofis

Widmen wir uns im Zusammenhang mit der Verlustangst einmal den Köpfen der Hochfinanz: Die Kollegen in Hemd und Kragen riskieren neuronal gesehen beides, sobald sie im Begriff sind, Geld zu machen. Im Kopf herrscht das reine Nervengewitter. Dopamin, wohin die Sonde blickt. Dopamin ruft in der Tat auch Effekte hervor, die denen von Betäubungsmitteln ähneln. Droht den Finanzjongleuren jedoch der Verlust des schnöden Mammons, beginnt es im Kopf noch stärker zu feuern.

Kommen wir noch mal auf Ihren Urlaub in der Dominikanischen Republik zurück. Wie es so ist in der heutigen Zeit: Man braucht mehr Impfungen, als man Körperstellen für die Spritzen hat. Und auch der Nachwuchs muss zum Spritzenmann. Wenn Sie jetzt wissen, dass die Impfung zu empfindlichen Nebeneffekten mit Todesfolge führen könnte, entscheiden Sie sich eher gegen die Impfung, auch wenn Sie wissen, dass die Impfung selbst weniger tödlich ist als die Krankheit, die Junior sich sonst einfangen könnte. Eine solche Unterlassungstendenz tritt einfach deshalb auf, weil Sie logischerweise schon im Vorhinein viel mehr Reue verspüren, möglicherweise den Tod Ihres Kindes verursacht zu haben, als wenn es tragischerweise an der Inselkrankheit stirbt. Allerdings ist es etwas nüchterner betrachtet so, dass Ihr Unterlassen der Kindesimpfung eben gerade das Todesrisiko Ihres Sprösslings erhöht.

Was dabei im Gehirn passiert

Wenn man Peter, Dieter und den Spritzenphobikern und allen anderen ins Hirn schaut, springen dort genau die Bereiche an, die sich mit der Verarbeitung positiver und unerwarteter Reize beschäftigen. Hauptsächlich handelt es sich dabei um eine Region, die als »Platz nehmender Kern«, als *Nucleus accumbens*, bezeichnet wird und auch als *ventrales Striatum* bekannt ist. Dieser Kern spielt eine zentrale Rolle im Belohnungssystem des Gehirns. Dort befinden sich Dopaminrezeptoren vom Typ D2, deren Stimulation durch Botenleitungen, die auf das Dopamin reagieren, für ein Glücksgefühl verantwortlich gemacht wird. Das heißt: Geschieht etwas Positives und Unerwartetes, funkt es hier richtig. Ein Lob oder einfach eine nette Geste, und schon geht's rund im Kern. Wenn wir etwas gewinnen, egal ob ein Lächeln oder beim Handel mit Aktien, geht in dem kleinen Kern und den angeschlossenen Regionen die positive Post ab. Und wenn wir verlieren? Dann ist die messbare Aktivität sogar noch stärker als bei den Gewinnszenarien.

Sie können diese neurowissenschaftlichen Ergebnisse mit Ihrem Erleben deckungsgleich auf den Punkt bringen: Bei allem, was Sie tun, wollen Sie vor allem eines nicht: verlieren. Und genau dieser Wunsch führt dazu, dass Sie zu viel ausgeben. Besonders bemerkenswert ist, dass diese Verlustreaktionen nicht nur in der realen Situation vorkommen. Es reicht allein schon die Erwartung eines solchen finanziellen Ergebnisses, um die zugehörigen neuronalen Prozesse auszulösen. Verlust, so scheint es, schmerzt mehr, als Gewinn erfreut. Wir halten an Dingen fest,

1. nur weil wir in sie investiert haben,
2. weil wir das Investierte nicht verlieren wollen.

Wann immer wir viel Energie, Geld, Gedanken in etwas investiert haben, machen wir diesen Denkfehler: Wir ziehen das Investment als Begründung für unser Festhalten heran und verschwenden so noch mehr Energie, Geld und Gedanken, nur damit das ursprüngliche Investment nicht umsonst war. Dabei sollten Sie das Gegenteil denken: Das Investierte ist weg, egal was Sie als Nächstes machen. Daher sollten Sie das Investierte ignorieren und die Situation so betrachten, als hätten Sie noch nichts investiert. Nur dann können Sie rational entscheiden, ob sich ein Weitermachen lohnt oder ob Sie Ihre Bemühungen getrost einstellen können. Das Jetzt zählt. Wer hier in die Vergangenheit schaut, zahlt drauf.

Situation neutral betrachten

Lösung: Probleme voraussehen und Sprachmuster beachten

Klaren Entscheidungsweg einschlagen

Entscheidungen bergen Risiken. Wie kann man anstelle der Sackgassen »Verlustvermeidung« und »versunkene Kosten« einen klareren Entscheidungsweg einschlagen? Was tun, wenn Sie eine Entscheidung treffen müssen, die auch in der Zukunft noch einigermaßen tragen soll? Können Sie überhaupt für die Zukunft entscheiden? Ja, das ist möglich. Indem Sie die Wahrscheinlichkeit, mit der ein Problem eintrifft, mit dessen Wichtigkeit multiplizieren. Die aktuelle Forschung nutzt diese Technik, wenn es um das Einschätzen von Problemwichtigkeiten geht. Warum nutzen also nicht auch Sie das in Ihrem Denkalltag?

Die Likert-Skala

Diese Zuordnung basiert auf der sogenannten *Likert-Skala*. Der amerikanische Sozialforscher Rensis Likert hat sie in den 30er-Jahren entwickelt. Man misst damit Einstellungen, die Menschen zu einem Thema haben. Dabei werden Aussagen präsentiert, die bewertet werden sollen. Dies können Aussagesätze zu Objekten, Handlungen oder Sachverhalten sein. Die Befragten entscheiden mithilfe der Skala, ob sie den Aussagen zustimmen oder nicht. In der Regel ist eine sechsstufige Skala am besten geeignet. Wenn die Antwortmöglichkeiten »Vielleicht« oder »Neutral« fehlen, »erzwingt« man von den Teilnehmern eine Meinungsäußerung und vermeidet das verführerische »Weiß nicht«. So könnte das aussehen:

Wertung	Wichtigkeit
1	sehr unwichtig
2	unwichtig
3	nicht ganz so wichtig
4	nicht ganz so unwichtig
5	wichtig
6	sehr wichtig

Wertung	Wahrscheinlichkeit
1	sehr unwahrscheinlich
2	unwahrscheinlich
3	nicht ganz so wahrscheinlich
4	nicht ganz so unwahrscheinlich
5	wahrscheinlich
6	sehr wahrscheinlich

Sie können diesen Versuch mit Ihrem Team durchführen. Zwei Dinge sind dabei wichtig:

Wenn Sie das Experiment mit dem Team durchführen

1. Wenn Sie Ihre eigene Einschätzung und die Ihres Teams zu einem Thema multiplizieren, bekommen Sie ein nützliches Maß für die Priorität eines Themas. Bauen Sie daher eine einfache Skala auf, die Ihnen hilft, die Wichtigkeit und die Auswirkungen festzustellen, noch bevor Sie sich an die Lösung machen. Die multiplizierten Skalen-Ergebnisse liegen zwischen 0 und 49. Wenn Sie lieber Prozente mögen, reicht eine Multiplikation mit 2. Dann liegen die Einschätzungen zwischen 0 und 100 Prozent.
2. Sie können statt »Wichtigkeit« und »Wahrscheinlichkeit« auch Kriterien wie »Funktionieren« und »Schiefgehen« nehmen oder jedes andere Kriterienpaar, das für Ihre Einschätzung aussagekräftig ist.

Diese einfache Aufschlüsselung hilft bei der Priorisierung. So erkennen Sie, was wichtig ist. Und bei der Diskussion der Ergebnisse müssen Sie dann nur noch eines tun: die Sprachmuster der Verlustvermeidung erkennen. Denkautomatismen spiegeln sich in ritualisierten Sprachmustern wider. Achten Sie also ab jetzt auf Satzanfänge wie »Jetzt haben wir schon so viel gemacht, investiert, getan ...«, denn in ihnen verbirgt sich nahezu immer eine solche Falle der versunkenen Kosten. Es gibt natürlich viele Gründe, etwas zu Ende zu führen. Nur wenn der Grund so klingt, wie zuvor beschrieben, dann ist er nicht gut und nicht einmal ein Grund, sondern nur eine Falle, die Sie teuer zu stehen kommen kann.

Aufschlüsselung hilft bei Priorisierung

15. Denkfalle: Warum Erfahrungen Entscheidungsbremsen sind

»Die kann das gut, die hat das schon ein paar Mal gemacht. Also nehmen wir sie jetzt auch dafür.« So lautete die Argumentation eines Regisseurs, als bei der Besetzung des Musicals *Cabaret* eine Darstellerin für eine kleine Tanzrolle im Ensemble ausgewählt wurde. Das Fatale an dieser Argumentation war, dass die Darstellerin mehr konnte, viel mehr. Nur leider kam sie nie dazu, es zu zeigen. Sie war einmal in dieser einen Rolle gut gewesen. Und nun hieß es: Die nehmen wir jetzt immer dafür. Seitdem sie die Rolle zum ersten Mal gespielt hatte, war sie auf vielen Weiterbildungen, Gesangs- und Tanzworkshops gewesen. Kurz: Sie hatte die Fähigkeiten, für die Hauptrolle vorzusprechen, und verdiente es, eine Chance zu bekommen. Der Regisseur aber hatte aufgrund seiner früheren Erfahrungen sein Urteil gefällt. Die gespeicherten Erfahrungen waren in diesem Fall: »Da habe ich so entschieden und das war eine gute Entscheidung. War damals 'ne gute Lösung!« Erfolgreiche Lösungen wirken auf uns wie Enscheidungsmagnete (s. a. Lovett 1998). Kurz gesagt: Weil er über Erfahrungen verfügte, hat der Regisseur sein Denken eingestellt.

Wenn Erfahrungen standardisierte Prozesse werden

Diese Denkfalle lauert nicht nur bei der Besetzung von Schauspielern. Sie droht immer, wenn wir mit enormer Komplexität und Dynamik bei einer Entscheidung umgehen müssen. Wenn wir diese Erfahrungen als Ausgangspunkt für eine strukturelle Analyse nutzen und vergleichen, welche Aspekte sich anwenden lassen und welche nicht zutreffen, hilft der Erfahrungsschatz wirklich weiter. Zumeist jedoch verstehen wir Erfahrungen als Gewohnheiten. Und die sind gefährlich. Sie (ver)führen uns dazu, immer wieder gleich zu handeln. Ohne Reflexion. Denn genau das ist das Verlockende. Fertige Prozesse, standardisierte Abläufe erzeugen das Gefühl, Erfahrungen in nutzbare Standards übertragen zu können. Das kann zu einer Kontrollillusion führen. Denn eine Lösung ist immer nur dann erneut anwendbar, wenn das Problem genau das gleiche ist. Wenn diese Denkfalle so gefährlich ist, warum fällt unser Gehirn dann überhaupt darauf herein?

Diese Fähigkeit, einmal gelernte Lösungsstrategien wieder

anzuwenden, nennt die Forschung *reproduktives Denken*. Es ist eine Automatisierung unseres Lösungsverhaltens. Das spart Denkenergie, geht schnell und führt meistens auch zum Ziel. Diese Fähigkeit führt aber auch dazu, dass wir eine feste Einstellung entwickeln. Diese bleibt gleich, auch wenn das Problem, auf das wir die alte Lösung anwenden wollen, gar nicht so gut dazu passt. So finden wir einfachere, kürzere und somit bessere Lösungen erst gar nicht.

Gelernte Lösungsstrategien als Denkbremsen

Hier der Versuch dazu (Luchins/Luchins 1959): Abraham Luchins und seine Frau Edith gaben den Teilnehmern ihrer Studie drei unterschiedlich große Wasserkrüge.

Abb. 26: Wasserkrug-Experiment

Die Krüge hatten unterschiedliche Fassungsvermögen und es gab nur einen begrenzten Wasservorrat. Die Aufgabe war: Finden Sie einen Weg, wie Sie eine bestimmte Menge Wasser mithilfe dieser drei Krüge abmessen können. Hier die vier einfachen Regeln:

1. Sie dürfen jeden Krug nur vollständig füllen.
2. Sie dürfen jeden Krug nur vollständig entleeren.
3. Sie dürfen einen Krug so weit in einen anderen Krug entleeren, dass dieser vollständig gefüllt wird.
4. Sie dürfen den Inhalt eines Kruges in einen anderen Krug schütten.

Problem	Krug A	Krug B	Krug C	Geforderte Menge
1	21 Tassen	127 Tassen	3 Tassen	100 Tassen
2	14 Tassen	163 Tassen	25 Tassen	99 Tassen
3	18 Tassen	43 Tassen	10 Tassen	5 Tassen
4	9 Tassen	42 Tassen	6 Tassen	21 Tassen
5	20 Tassen	59 Tassen	4 Tassen	31 Tassen
6	23 Tassen	49 Tassen	3 Tassen	20 Tassen
7	15 Tassen	39 Tassen	3 Tassen	18 Tassen
8	28 Tassen	76 Tassen	3 Tassen	25 Tassen
9	18 Tassen	48 Tassen	4 Tassen	22 Tassen
10	14 Tassen	36 Tassen	8 Tassen	6 Tassen

Die erfolgreichen Probanden komprimierten die Aufgabe auf folgende Rechenaufgabe: X (gewünschte Menge) = B − 2C − A. Aber was ist so spannend daran, Menschen beim Wasserumfüllen zu beobachten? Die Antwort: Die Tatsache, wie sehr die einmal gefundene Lösung den Weg versperrt für einfachere Lösungsmöglichkeiten! Denn im ersten Teil des Versuchs fanden die Probanden ausschließlich Aufgaben gestellt, die nach der obigen Formel gelöst werden konnten. Auf den zweiten Blick fällt aber auf, dass man bei manchen Problemen gar nicht diese etwas komplizierte Formel brauchte, sondern eine einfachere Lösung, nämlich »A − C« benutzen konnte. 74 Prozent der Teilnehmer lösten auch die einfachen Probleme mit der komplizierten Formel. Sie nahmen das Problem nicht eigenständig wahr, sondern sahen es als weitere Alternative der bekannten Probleme an. Sie blieben bei dem eingeprägten komplexen Lösungsschema.

Einstellungen und Projekte Fazit: Nur weil etwas immer schon funktioniert hat, heißt es nicht, dass Sie damit auch schon die beste Lösung gefunden haben. Viel wichtiger ist, sich eben nicht mit der erstbesten funktionierenden Lösung zufriedenzugeben, sondern nach weiteren Möglichkeiten zu suchen – die können Ressourcen, Geld oder Nerven sparen helfen.

Auch Sie können diesen Einstellungseffekt ausknocken, wenn Sie sich Ihr Lösungsverhalten bewusst machen und Ihre Einstellung überprüfen, anstatt einfach draufloszulösen. Die Probanden nämlich, die im Versuch vorher dazu angehalten worden waren, sich alle Möglichkeiten offenzuhalten, landeten nicht in der mentalen Sackgasse. Man neigt als Problemlöser dazu, zuerst einmal das auszuprobieren, was in der Vergangenheit funktioniert hat. Aufgrund früherer Erfahrungen lassen wir uns dazu verleiten, bestimmte Lösungen vorzuziehen, auch wenn die nicht die besten sind. Wie können Sie dem entgehen? Indem Sie Löcher in die Luft starren. Professionell und mit Ansage.

Lösung: Löcher in die Luft starren

Allen Ernstes: Heben Sie die Augen und lassen Sie sie ins Leere gleiten. Nein, nicht direkt jetzt, sonst wird das Lesen ein wenig schwierig. Zuerst sollten Sie das hier noch lesen: Nutzen Sie die Zeit, die Ihr Tagesablauf dafür hergibt. Beispielsweise morgens im Stau auf dem Weg zur Arbeit oder während der Minuten, in denen die Deutsche Bahn Ihnen Ruhe schenkt, weil sie aus unerfindlichen Gründen mal wieder mitten auf der Strecke stehen geblieben ist, oder am Gate vor dem wie immer verspäteten Abendflieger nach Hause. Ist Ihnen in diesen Momenten schon einmal aufgefallen, wie unsere Gedanken sich formen und tatsächlich Ideen hervorbringen, während wir für andere aussehen, als starrten wir gerade Löcher in die Luft?

Gedanken frei laufen lassen

Beim Denken hilft genau das! Was Sie tatsächlich in diesen Augenblicken tun, ist: denken, einfach denken. Denken, so können Sie es sehen, ist die gesündeste Zeitverschwendung. Immer und überall, in jeder freien Minute können Sie davon Gebrauch machen, es macht attraktiv, ist unendlich ausdehnbar, umweltschonend, universell einsetzbar und vor allem: Es ist legal!

Warum starren eigentlich die meisten Menschen beim Nachdenken Löcher in die Luft? Es hilft entscheidend bei der Konzentration. Studien mit Schulkindern in den ersten Schuljah-

Steigerung der Konzentration

ren zeigten den positiven Effekt des Löcherstarrens (s.a. Glenberg et al. 1998). Die »Starrer« produzierten mehr richtige Antworten. Lassen Sie Ihren Nachwuchs also starren, es hilft ihm mehr, als es ihm schadet. Und machen Sie gleich selbst mit. Der Kognitionspsychologe Arthur Glenberg von der University of Wisconsin-Madison und sein Team stellten eine Korrelation zwischen dem Löcher-in-die-Luft-Starren und der Anforderung der kognitiven Leistung fest; Augen schließen oder Zur-Seite-Schauen rangierte ebenfalls hoch. Der abwesende oder verschlossene Blick sorgt anscheinend für das Ausblenden unnötiger visueller Informationen und stellt so mehr Verarbeitungskapazität im Arbeitsgedächtnis frei. Nur eines dürfen Sie dabei nicht: »Löcher in die Luft starren« verwechseln mit »Seinen Gedanken nachhängen«. Beides führt zu unterschiedlichen Ergebnissen. Immer mehr Studien berichten darüber, dass Letzteres – also Tagträumen – sehr nützlich für das freie Assoziieren sein kann und daher kreative Problemlöser beflügelt.

Wenn Abschweifen problematisch ist

Der Psychologe Michael Kane und sein Team belegten 2007, dass Menschen mit einer hohen Arbeitsgedächtniskapazität in der Tat während des Problemlösens weniger Tagträumen nachhängen und sehr fokussiert auf die Aufgabenlösung sind. Diejenigen mit geringerem Potenzial im Arbeitsgedächtnis hingegen tendierten bei komplexen Aufgabenstellungen eher dazu, zwischendurch abzuschalten und in das Tagträumen zu verfallen. Neben der wichtigen Funktion des Tagträumens für die Erreichung neuer Lösungen beim kreativen Problemlösen ist das mentale Abschweifen beim klassischen Problemlösen eher ein Problem und ein Anzeichen dafür, dass die sogenannte *exekutive Aufmerksamkeit,* mit der wir willentlich unsere Verarbeitung von Informationen steuern, und die mentalen Kontrollprozesse an einer geringen Kapazität des Arbeitsgedächtnisses leiden.

Gerichtetes Denken hilft

Hier geht es aber um ein sehr fokussiertes Löcher-in-die-Luft-Starren. Das ist eine Art gerichtetes Denken, das in der Regel ein wenig mehr geistige Investition verlangt (s.a. Singer 1975). Und in der Tat lohnt es sich, eine bestimmte Technik anzuwenden, um die abgesessene Zeit – egal ob am Flughafen, beim Arzt oder im Zug – als Möglichkeit zu gerichtetem Denken zu nutzen. Vor allem sollten Sie eines beim Denken dieser Art bedenken: Sie müssen nicht sofort die Gesamtlösung erreichen. Hier zählt es, in jedem Moment ein Stück weiter zu »arbeiten«. Durch die Umgebung, in der Sie sich gerade befinden, erhalten Sie neue Umgebungsreize. Die befeuern Ihre assoziativen Netzwerke im Gehirn auf ungewohnte Art und Weise. Und so geht's:

Umgebung liefert Reize

1. Entscheiden Sie, welches Problem im Fokus stehen soll.
2. Bearbeiten Sie das Problem, schauen Sie es sich von allen Seiten an. Studieren Sie es aus allen Blickwinkeln und mit allen Fragestellungen.
3. Achten Sie dabei auf zwei Dinge: Wenn Sie einen neuen Blickwinkel entdecken, folgen Sie Ihren Gedanken, und wenn Sie merken, dass Sie abschweifen, richten Sie Ihre Aufmerksamkeit zurück auf das Thema.

Diese Art, Problemstellungen zu durchdringen und aufzulösen, ist nicht nur sehr effektiv und zeitnutzend, sie trainiert ganz nebenbei auch Ihr Selbstwertgefühl und lässt Sie erleben, wie aufmunternd es sein kann, ungenutzte Zeit mit dem zu verbringen, was Ihr Kopf ohnehin täte – nur eben nicht ganz so sinnstiftend ausgerichtet: denken!

Probleme lösen: klassisch und kreativ

»Problemlösen ist das, was man tut, wenn man nicht weiß, was man tun soll.«
G. H. WHEATLEY

»Houston, wir haben ein Problem.« Dieser Satz ist in etwa so bekannt wie »Harry, fahr schon mal den Wagen vor« oder »Beam me up, Scotty«. Und im Gegensatz zu den letzten beiden wurde er im Film auch tatsächlich gesagt. Wahrscheinlich wurde er sogar in der wirklichen Situation gesagt, als die Besatzung der Apollo 13 in der Klemme steckte. Sie hatte nämlich wirklich ein Problem. Eines, das sie das Leben gekostet hätte, wenn es nicht behoben worden wäre. Ein Sauerstofftank war explodiert. Nun ist die Luft im Weltall tendenziell nicht zum Atmen geeignet. Fenster aufmachen für frische Luft war also keine Lösung. Und das ist der Moment, in dem das Denken einsetzt. In diesem Fall das kreative Problemlösen.

Probleme lösen heißt Hindernisse überwinden

Ein Problem ist der Unterschied zwischen einem Ist- und einem Sollzustand. Sie befinden sich jetzt gerade in einem aktuellen Zustand, nennen wir ihn »A«. Wichtig dabei ist, dass A in Ihren Augen auch ein unerwünschter Zustand ist, sonst erleben Sie keinen Grund, A zu ändern! Sie wollen aber gerne in einem anderen Zustand sein, dem Zielzustand, nennen wir ihn »Z«. Beispiel: A bedeutet, Sie haben keinen Partner und fühlen sich allein; und Z bedeutet, Sie haben einen attraktiven, intelligenten, warmherzigen Partner und einen Ehering an Ihrer rechten Hand. Ein Problem zu lösen, kann also so definiert werden: einen Anfangszustand in einen Zielzustand verwandeln. Dazu müssen Sie Hindernisse mithilfe einer Reihe von Operatoren aus dem Weg räumen. Diesen Vorgang bezeichnen wir mit »S«. Die wären beim Partnerproblem beispielsweise Internet-Dating, Friseurbesuch, Zähneputzen, Date, Konversation, noch ein Date, viel mehr Konversation, der Antrag, der Gang zum Standesamt. In der aktuellen Psychologie beschreibt man diese Trias (A, S, Z) auch als *Problemraum*.

Das Wort »Problem« ist nicht sehr beliebt. Es klingt so problematisch, nicht positiv, nicht lösungsorientiert. Das ist natürlich in einem gewissen Sinne sprachliche Kosmetik. Auch wenn wir von Lösungen oder Herausforderungen sprechen, haben wir eigentlich das Problem vor Augen. Und das ist auch gut so, denn ohne Vorstellung vom Problem gibt es keine Lösung. Problematisch wird es dann, wenn der Projektleiter, der Kunde, der Chef statt von einem Problem von einer Aufgabe spricht. Das sind in der Tat zwei sehr verschiedene Paar Schuhe.

Aufgabe oder Problem?

Wie viel ist 1 + 8? Die Antwort ist 9. Das ist ja wohl kein Problem?! Richtig, denn diese Lösung können Sie aus dem Gedächtnis abrufen, es ist demnach eher eine Aufgabe. Wenn Sie eine Aufgabe zu lösen haben, können Sie sich freuen. Denn per definitionem sind bei Aufgaben Methoden und Lösungsweg bekannt. Es geht lediglich darum, diese zu beherrschen. Dazu brauchen wir in der Regel eines: Übung. Wie viel ist 243 x 978? Mag jetzt eher problematisch erscheinen, ist aber auch kein Problem, wenn Sie den Prozess des Multiplizierens aus dem Gedächtnis abrufen können.

Wenn wir ein Problem zu lösen haben, müssen wir unser Gehirn ganz anders nutzen. Beispiel: Finden Sie einen günstigen, schnell reproduzierbaren Impfstoff gegen die EHEC-Erreger! Hat auch mit Zahlen zu tun, ist aber keine Aufgabe, ist ein waschechtes Problem, wie sich im Mai 2011 zeigte. Warum? Weil die Lösungsprozedur nicht bekannt war. Weil das Problem zuvor noch nicht da war und so eine Schaffung von Neuem erfordert. Beim Lösen von Problemen können wir eben nicht auf Vorwissen (bestehende Methoden und Lösungswege) zurückgreifen. Wir müssen Wissen und Handlungsstrategien neu kombinieren.

Wissen und Handlungsstrategien neu kombinieren

Insofern hat jeder Problemlöser – im Gegensatz zu einem Aufgabenlöser – eine sehr klare Verhaltensstrategie: Er muss vom Ausgangszustand A zum Zielzustand Z gelangen; also beispielsweise vom tödlichen Erreger, der Menschen das Leben kostet, hin zu einem Impfstoff, der Leben rettet. Die Forschung spricht davon, dass wir auf dem Weg neue Wissenszustände produzieren. Es geht also darum, die Lücken in unserem Handlungsplan auf dem Weg von A nach Z zu füllen, die wir nicht durch selbstverständliche Operationen ausfüllen können. Und da springt wieder einmal der mentale CEO ein. Er kombiniert, ruft ab, vernetzt und hält Infos aktiv. Der mentale CEO ist also ein geborener Problemlöser. Und womit muss er sich herumschlagen? Welche Arten von Problemen gilt es in unserem Lebensalltag zu lösen?

Intuitiv würden Sie sagen: Na ja, es gibt leichte und schwere Probleme. Genau, so sieht es die Psychologie auch. Sie unterscheidet zwischen einfachen und komplexen Problemen. Einfache Probleme haben weniger Variablen, und zwar bei einfach nachvollziehbaren Beziehungen zwischen den Variablen. Einfache Probleme kann man leicht durchschauen und sie haben keine Eigendynamik. Komplexe Probleme zeichnen sich durch viele Variablen aus, die alle irgendwie miteinander verknüpft sind. Solche Probleme sind schwer zu durchschauen (intransparent), und sie verändern sich, während wir die Lösung ausprobieren. Nur sind leider oft schon die einfachen Probleme ziemlich schwer zu bewältigen. Das liegt daran, dass auch bei ihnen der Ausgangspunkt, das Ziel oder die Mittel, um von A nach Z zu kommen, bekannt oder unbekannt sein können. Die Forscher sprechen von »gut definiert« oder »schlecht definiert«. Diese Unterscheidung ergibt vier Arten von Problemen:

Vier Arten von Problemen

1. Der Ausgangspunkt und das Ziel sind klar definiert. Und es gibt eine klar umrissene Anzahl von Lösungsschritten bzw. Regeln. Beispiele: komplexe Algebra- und Textaufgaben oder Schach. Das sind sogenannte *Interpolationsprobleme*. Die Herausforderung dabei: bei der Sache zu bleiben.
2. Der Ausgangspunkt ist ganz klar. Auch das Ziel ist klar definiert. Aber Sie wissen nicht, wie Sie von A nach Z gelangen, also welche Lösungsschritte zur Verfügung stehen. Forscher und Mediziner haben dieses Problem oft, ebenso wie alle Stammtischler, die regelmäßig von Nebensitzern mit Knobel- und Trickaufgaben gepiesackt werden. Sie haben ein *Syntheseproblem*.
3. Es kann aber auch sein, dass Sie die Mittel kennen, aber das Ziel total im Nebel liegt. Damit schlagen sich Grafiker, Designer und Produktdesigner – also Kreative – herum. Sie haben dann *dialektische Probleme*.
4. Sie kennen das Ziel nicht genau und haben keine Ahnung, wie Sie da hinkommen könnten? Auch das gibt es. Es widerfährt Ihnen dann, wenn verschiedenste Aspekte, z.B. gesellschaftliche, ökologische, wirtschaftliche Zusammenhänge, nicht voneinander zu trennen sind. Sie haben es hier mit einem Wechselspiel aus Zielvorstellungen und Lösungsmitteln zu tun. Deswegen ist das Problem dialektisch *und* synthetisch.

In der Tat sind Alltagsprobleme eher im Bereich der schlecht definierten Probleme zu finden. Es gilt: Zuerst mal schauen, was für eine Art Problem da vor Ihnen liegt. Es gibt unterschiedliche Wege, Problemarten voneinander abzugrenzen.

Wie mein früherer Chef, Prof. Dr. Hermann Rüppell, gehe ich davon aus, dass die Schwierigkeiten, die wir beim Lösen von Problemen haben, in der Regel Probleme der Art und Weise sind, wie wir mit den Informationen umgehen. Im Zentrum stehen dabei die Wirkungen, die Funktionen und die Dynamik, die sich aus der Verarbeitung von Informationen ergeben. Der Psychologe Hans Spada schreibt in seinem *Lehrbuch Allgemeine Psychologie*, dass Denken und Problemlösen als Informationsverarbeitung zu verstehen sind. Bei der Informationsverarbeitung geht es nicht nur um unseren Umgang mit der Information, sondern auch um unsere Beherrschung der strukturverändernden und -stabilisierenden Prozesse, die eingesetzt werden. Beide Formen gründen darauf, dass menschliches Denken sich der Struktur des Wissens in Form von *Schemata* bedient. Schemata nutzen Sie ständig, auch wenn Sie bisher nichts davon gewusst haben. Gemerkt haben Sie es vielleicht, wenn es nicht so gut funktioniert hat.

Problemlösen als Informationsverarbeitung

Schemata sind Hilfsmittel, mit denen wir Informationen Bedeutungen zuordnen. Sie ermöglichen es uns, Infos zu interpretieren und sowohl richtig abzuspeichern als auch abzurufen. Somit nutzen Sie Schemata fortlaufend als Steuerhilfe für Ihre Wahrnehmung und Ihr Denken. Ein klassisches Schema ist der Bahnhof: Sie wissen, dass Sie dort erfolgreich in Züge einsteigen können, Fahrkarten kaufen und Abfahrtzeiten erfahren können, dass dort in größeren Städten auch sonntags Geschäfte geöffnet sind, dass dort Bahnbedienstete arbeiten, eine Bahnhofsmission ist und, wenn Sie in Deutschland leben, ab und zu auch pünktliche Züge eintreffen. Das ist eine basisschematische Repräsentation des Bahnhofs. In der Regel sind solche Schemata stabil. Sie erleichtern uns die Orientierung und den Informationsabruf aus dem Langzeitgedächtnis enorm. Aber: Schemata können auch eine Barriere sein, wenn sie verhindern, dass wir bekannte Informationen in einer neuen Perspektive sehen können.

Schemata als Verständnis- und Speicherhilfen

Wenn wir es begriffen haben, fällt uns die Lösung fast wie von selbst ein. Das klingt nach einer Binsenweisheit. Ist aber der Kern guten Problemlösens: die richtige Darstellung. Ein Problem so zu beschreiben, dass eine Lösung gefunden werden kann, das ist die Kunst des Problemlösens. So gesehen ist das

Beschreibung als Lösung

PROBLEME LÖSEN: KLASSISCH UND KREATIV 193

Lösen von Problemen eine Mischung aus Denken und Handeln. Das eine ohne das andere zu versuchen ist, als wenn Sie glauben, ein Auto fahren zu können, indem Sie nur den Theorietest bestehen.

Was tun? Gibt es eine magische Schlüsseltechnologie, die Problemlösen zu einem »Walk in the park« macht? Wohl eher nicht, aber die Hoffnung stirbt bekanntermaßen zuletzt. In der Zwischenzeit setzen wir uns mit der Magie dessen auseinander, was uns unser Schädelinneres erlaubt, um den Denkfallen beim Problemlösen aus dem Weg zu gehen.

16. Denkfalle: Warum auch beim Denken die Ersten die Letzten sein können

Vorbereitung auf Leistungssituation

Die Redewendung »In einem gesunden Körper steckt ein gesunder Geist« gehört zu den Mythen wie »Beam me up, Scotty« oder »Harry, fahr schon mal den Wagen vor«. Aber im Training macht sie sich bezahlt. Wenn Sie mehrmals in der Woche 90 Minuten reden, brauchen Sie Puste und Power. Daher schwinge auch ich mich regelmäßig zum Training auf. Und da hatte ich ein denkwürdiges Erlebnis, das direkt zur nächsten Denkfalle führt. In meinem Studio trainierte damals der mehrmalige Weltmeister Felix Sturm. Runde für Runde erboxte er sich seine Strategie und seine Fitness. Als ich am Trainingsraum, in dem ein provisorischer Boxring aufgebaut war, vorbeikam, öffnete sich die Tür und ein Betreuer huschte hinaus. Und mir prallte die geballte atmosphärische Lautstärke einer ausverkauften Boxarena entgegen. So laut, dass der Trainer kaum zu hören war. Damals wusste ich nicht so recht, warum man so viel Lärm zum Training braucht. Heute weiß ich es. Um Schwächen in Stresssituationen vorzubeugen, reicht nicht nur das einfache Training. Der Körper und der Geist sind dann richtig auf den Stresslevel in der Leistungssituation vorbereitet, wenn genau der entsprechende Stresslevel schon beim Training erreicht wird. Und damit kommen wir von der eher sportlichen zur rein mentalen Leistung unter Stress!

Den nachfolgenden Satz werden Sie beim ersten Lesen nicht

glauben: Je schlauer Sie sind, desto eher geraten Sie ins Stocken. Und auch beim zweiten Lesen zweifeln Sie noch an der Richtigkeit dieser Aussage. Aktuelle Forschungen zeigen, dass gerade Superhirnen in Problemlösesituationen die Denkluft ausgehen kann. Die Psychologin Sian Beilock hat es 2008 belegt. Menschen mit viel Denkpower im Arbeitsgedächtnis traten dabei gegen solche mit weniger Kapazität im Denkmuskel an. Und es zeigte sich, dass die weniger stark Bestückten in der Tat bei komplexen Denkaufgaben deutlich besser abschnitten.

Mehr ist nicht immer besser

Der Grund? Menschen mit weniger Kapazität haben einfach weniger Ressourcen, um zwischen verschiedenen Regeln zu wechseln, sie verlassen sich schneller auf eindimensionale Strategien, die zumindest einigermaßen funktionieren. Die behalten sie bei, auch wenn sie Fehler-Feedback erhalten. So kommen sie einfach schneller voran – mit dem Prinzip »Denken und durchwurschteln«. Menschen mit viel Kapazität im Arbeitsgedächtnis gehen ganz anders an die Sache heran: Sie sind besser dabei, auf mehrere Informationen gleichzeitig zu achten, und können komplexe Hypothesen im Kopf testen. Sie gehen im Kopf erst alles durch, bevor sie zur Tat schreiten. Übertragen formuliert: Der Denkmuskel ist dicker und hält daher mehr aus.

Wer gut denken kann, weiß das über sich. Er hat es erlebt. Er wurde dafür gelobt. Er macht es gerne, und sei es nur, um Kollegen zu beeindrucken. Und genau da lauert die Falle. Er verlässt sich auf die eigene Denkpower und auf das erfolgreiche Beschreiten anspruchsvoller Lösungswege. Den Beweis, dass aber nun gerade die Besten am schnellsten und am tiefsten fallen können, lieferte 2005 die Psychologin Sian Beilock. Sie ließ Menschen mathematische Probleme unter Zeitdruck auf deren mathematische Richtigkeit als »wahr« oder »falsch« einstufen. Doch das war nur das Warm-up. Anschließend ging es in verschiedenen Stressstufen um das Lösen unterschiedlich komplexer und komplizierter Aufgaben. Und der Leistungsdruck wuchs. Mal erhöhte die Forscherin den Gruppendruck, mal steigerte sie die finanzielle Belohnung, die bei erfolgreicher Lösung winkte. Oder sie lenkte den Fokus der Profidenker auf den Vergleich mit anderen Teilnehmern und erzeugte so ein »soziales Benchmarking«. Hinzu kam der Druck der gemesse-

Wer sich für zu gut hält, macht es sich zu schwer

PROBLEME LÖSEN: KLASSISCH UND KREATIV

nen Reaktionszeit und der Genauigkeit in deren Lösungsansätzen. Da tat sich eine Kluft auf und das Leistungsvermögen der Schlaumeier versank im Boden. Je höher die zuvor gemessene Arbeitsgedächtniskapazität, desto eher brach die Leistung ein. Je schlauer, desto größer der Leistungsabfall. Ganz anders sah es bei den Menschen mit niedrigerer Kapazität im Stirnhirn aus: Sie blieben in ihrer Leistung konstant. Egal wie sehr der Leistungsdruck wuchs, ihre Leistungen blieben auf dem Ausgangsniveau. Was passiert also, wenn Sie den überdurchschnittlich guten Kollegen und Mitarbeitern Druck machen? Sie werden Durchschnitt. Diejenigen, die am meisten können, versagen am ehesten unter Druck. Warum ist das so?

Zwei Dinge kommen den Denkern in die Quere: Wer gerne komplexe Lösungswege wählt, lastet mit Genuss die Kapazität des Arbeitsgedächtnisses voll aus. Stressfaktoren führen zum Nachdenken über den Stress und dessen Effekt. Wer das macht, hat zwangsweise nicht mehr so viel Kapazität im Arbeitsgedächtnis zur Verfügung. Aber genau die benötigt der Gut-und-gerne-Denker dringend für die komplexen Lösungswege. So kommt das Nachdenken über den Stress dem Nachdenken über das Problem in den Weg. Der Systemabsturz ist so vorprogrammiert.

Diejenigen unter uns hingegen, die ohnehin den einfachen Weg mit Abkürzungen, Schätzungen und Lösungen nach Schema F bevorzugen, bleiben dieser Strategie auch unter Stress treu. Sie haben ja gar keine komplexen Lösungsstrategien, die sie anwenden können. Und das ist das Geheimnis ihrer Leistungskonstanz. Sie werden auch unter Stress nicht bei diesen »einfachen« Arten, Probleme zu lösen, aus der Bahn geworfen. Sie sorgen sich einfach nicht darum, was schiefgehen könnte und wie sie das Problem mental elegant lösen könnten. Und genau dieser Mangel an zu kritischer stressbedingter Selbstreflexion lässt ihr Stirnhirn locker weiterarbeiten. Das Stirnhirn der High-Performer allerdings leidet nachweislich unter dieser Zusatzdenkarbeit; es wird langsamer und verliert seine Power.

»Gut genug« ist auch nicht immer gut genug

Sian Beilock beschäftigte die Frage, ob der Erfolg der Menschen mit weniger Arbeitsgedächtniskapazität anhält. Daher steigerte sie die Forschungsreihe; die doppelte Anzahl von Aufgaben musste gelöst werden. Und nun holen die Menschen mit mehr Kapazität auf. Sie hatten auf kurze Sicht zwar nicht die effizienteste Strategie gewählt, weil sie immer wieder andere Hypothesen und Herangehensweisen testeten. Aber über die Dauer von 16 Aufgabensammlungen zeigte sich, dass die Arbeitsgedächtnisse mit hoher Kapazität immer mehr die optimale Strategie und nicht die leichteste einsetzten. Sie blieben nicht bei den einfachen eindimensionalen Abkürzungen, sondern suchten die passende, wenn auch manchmal komplexere Strategie aus. Also auch hier: keine Ausreden mehr! Mit »gut genug« kommen Sie kurzfristig schneller zum Ziel. Aber es reicht nicht, wenn die Leistungen konstant sehr gut sein sollen. Drei Konsequenzen ergeben sich daraus:

1. Leistungskiller Nummer 1 ist das Vertrauen auf die Megapower im Stirnhirn. Die Experten in Ihren Teams leisten nur dann gute Arbeit, wenn sie nicht durch erhöhten Wettbewerbsdruck, enges Zeitmanagement oder zeitlich zu früh gesetzte monetäre Anreize in ihrer Leistungsfähigkeit beschnitten werden.
2. Diejenigen, deren Arbeitsgedächtnis noch nicht zu den High-Performern gehört, sind unter Stress nur deswegen gut, weil sie nicht schlechter werden (aber auch nicht besser).
3. Es geht eben nichts über einen starken Denkmuskel hinter der Stirn!

Drei Konsequenzen

Lösung: Werden Sie Nicht-Denker

Das eigene Denken zu vermasseln, ist nicht einfach nur eine schlechte Leistung. Eigentlich ist es eine Leistung, die schlechter ist, als sie sein müsste. Sie könnten es ja besser. Wie also kommen Sie zurück zu den geistigen Höhenflügen? Indem Sie Ihren mentalen CEO entlasten. Sie wissen um seine begrenzte Kapazität. Wie können Sie diese optimal ausnutzen, ohne einen mentalen Kurzschluss zu erzeugen? Indem Sie weniger nachdenken. Ganz besonders wenig sollten Sie darüber nachdenken, wie Sie gerade denken. Das ist der Kapazitätsräuber. Und der schlägt in zwei sehr verschiedenen Situationen zu:

1. beim Präsentieren Ihrer Problemlösungen und Entscheidungen und
2. beim Denken.

Für beide Arten von »mentalem Stottern« gilt: Menschen, die in solchen Situationen weniger über sich selbst und ihre Leistungen nachdenken, haben weniger Probleme mit den Denkressourcen. Und die Forschung hat nun eine scheinbare Binsenweisheit belegt: Je mehr Sie daran gewöhnt sind, mit dem Stress in der Leistungssituation umzugehen, desto weniger anfällig sind Sie für das mentale Stottern.

Stresslevel simulieren

Was heißt das konkret? Für den ersten Bereich heißt es: Machen Sie es wie Felix Sturm. Ich meine nicht nur Training und die Übung Ihrer Präsentation. Vielmehr geht es darum, dass Sie von Anfang an den Stresslevel und die Anforderungen der »Aufführungssituation« mitsimulieren. Das ist das Geheimnis. Und sollten Sie in Ihrer Probensituation kein »kritisches Publikum« zur Hand haben: Schnappen Sie sich eine Videokamera, und zeichnen Sie Ihre Probe mit dem Ziel auf, sie anderen zu zeigen. Allein bei diesem Gedanken schießt Ihr Adrenalinspiegel schneller in die Höhe, als Sie »Lampenfieber« sagen können.

Für den zweiten Bereich gilt: Ein nachweislich wirksames Werkzeug ist es, sich vor der Denkarbeit zehn Minuten Zeit zu nehmen und über die eigenen Ängste und Befürchtungen zu schreiben. Das aktiviert sie nicht, wie die Alltagsintuition vermuten lassen würde. Studien aus der klinischen Psychologie belegen, dass genau das die selbstzerstörerischen Gedanken »aus dem System« schafft. Sie haben es sich von der Seele und vor allem aus dem Kopf geschrieben. Sie haben Ihre Ressourcenkiller sozusagen outgesourct.

Konzentration auf bestimmte Wörter

Und für beide Bereiche gilt: Wenn Sie die ressourcenfressenden Gedanken aus dem Kopf drängen wollen, geht dies am ehesten mit der Konzentration auf bestimmte Wörter. Auch das belegt die Forschung. Sian Beilock ließ Golfer unter Stress putten. Diejenigen, die über ihren Putt nachdachten, schlugen fehl. Diejenigen, die an nicht im Zusammenhang stehende Wörter wie »rot« oder »grün« dachten, schlugen sich auch nicht besser. Nur diejenigen, die an »ruhig« oder »fokussiert« dachten, boten dem Stresslevel die kalte Schulter.

Extratipp für fiese Gegenspieler: Wenn Sie jemand im Sport oder bei Denksportaufgaben zu schlagen droht, lassen Sie einfach ganz beiläufig Sätze fallen wie »Wow, wie machst du das, kannst du mir das ganz kurz sagen?«. Sie werden sehen, wie Ihr »Gegner« einknickt und sein Leistungsniveau gleich mit.

17. Denkfalle: Warum wir erst schießen und dann fragen

In ihrer Regierungserklärung vom Herbst 2010 stellten die Parteien klar dar, dass sie die Kernenergie als wichtigen Standortfaktor Deutschlands erachteten. Die Laufzeit der 17 Meiler sollte im Schnitt um zwölf Jahre verlängert werden. Im Juni 2011 verabschiedeten sie den Atomausstieg und hatten bereits acht Meiler abgeschaltet. Der Rest sollte in den kommenden elf Jahren folgen. Was in der Zwischenzeit in der Welt passiert war, ist wahrscheinlich jedem klar. Was in den Zimmern der politischen Entscheider in der Zwischenzeit passiert sein muss, ist nicht so klar. Und klar ist auch, dass dieses Vorgehen mit einem Planungs- und Entscheidungszeitraum von nicht einmal vier Monaten nicht den Maßstäben ordentlichen Problemlösens gerecht würde. Bankenfallschirm, Eurorettung, Atomausstieg – wir leben im Zeitalter der schnellen Entscheidungen.

Im Zeitalter der schnellen Entscheidungen

Sobald sich uns ein Problem in den Weg stellt, suchen wir die Lösung. Und zwar sofort und so schnell es geht. Wir fangen nicht an, über einen Lösungsweg nachzudenken, sondern überlegen direkt, wie die Lösung aussehen sollte. Die Forschung nennt das den Hang zur *Unterschiedsreduktion*. Wir geben diesem Hang umso eher nach, je weniger geläufig uns das Problem erscheint. Wir schauen dann vor allem, ob der direkt folgende Schritt eine Verbesserung darstellt. Wir missachten dabei jedoch völlig die Frage, ob der Gesamtplan funktioniert. Das *Problem der sechs Stöcke* führt dies eindrücklich vor Augen.

Hang zur Unterschiedsreduktion

PROBLEME LÖSEN: KLASSISCH UND KREATIV

Die Teilnehmer an diesem Experiment bekommen fünf Minuten Zeit, die Lösung zu präsentieren. Hilfsmittel sind sechs gleich große Stöcke:

Daraus sollen sie vier gleich große Dreiecke der nachfolgenden Art kreieren:

Von 120 Studenten, denen wir diese Problemlöseaufgabe gestellt haben, haben 95 Prozent den nachstehenden Lösungsansatz präsentiert:

Einmal gefundene Lösung sitzt fest

Als wir ihnen sagten, dass dieser nicht richtig sei, kamen sie auf keine andere Lösung mehr. Keiner konnte sich von der einmal gefundenen Lösung distanzieren, sie war sozusagen »eingebrannt«. Aus Sicht des Gehirns mehr als nachvollziehbar. Das Problem ist doch gelöst, wieso soll ich noch mal zurück auf Anfang? Als intuitiv problemlösende Menschen neigen wir dazu, die Lösungsschritte zu bevorzugen, bei denen wir das Gefühl haben, sie bringen einen neuen Zustand hervor, der dem Ziel deutlich näher ist als der Ausgangszustand. Dieses Vorgehen wird in der Forschung auch als *Bergsteigen* bezeichnet. Übersetzt ins Alltagsdeutsch: erst schießen und dann fragen. Die Lösung für das Problem der sechs Stöcke finden Sie übrigens gleich im Unterkapitel »Lösung: Die Mittel-Ziel-Analyse«.

In der Regel führt unser Drang, die Differenz zwischen Ausgangslage und Ziel möglichst effizient und großschrittig zu minimieren, zu Schwierigkeiten. Das hängt natürlich, Sie ahnen es, mit den Grenzen des Arbeitsgedächtnisses zusammen: Große Schritte belasten die Ressourcen weniger als viele kleine Teilschritte. Das wiederum ist klar nachzuvollziehen, wenn wir Teilnehmern unserer Trainings den Turm von Hanoi vorstellen:

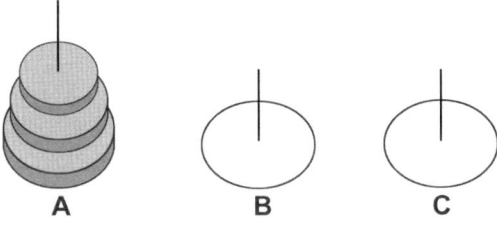

Abb. 27: Der Turm von Hanoi

Und das müssen die Teilnehmer im Kopf durchspielen: Zu Beginn befinden sich mehrere Scheiben auf Stab A. Ziel ist es, alle Scheiben in der gleichen Reihenfolge auf Stab C zu stapeln. Drei einfache Regeln müssen dabei beachtet werden.

1. Die Scheiben dürfen nur auf den Stäben A, B oder C abgelegt werden.
2. Pro Zug darf man nur eine Scheibe bewegen.
3. Eine größere Scheibe darf nicht auf einer kleineren liegen.

Die Version mit drei Scheiben ist im Kopf noch einigermaßen zu lösen. Wenn wir allerdings vier oder fünf Scheiben anbieten, ist das zu viel für den mentalen CEO. Was passiert? Die Teilnehmer gehen vom mentalen Simulieren in der »Drei-Scheiben-Variante« direkt über ins »Versuch-und-Irrtum-Stadium«. Der gewachsenen Komplexität der Scheibenbewegungen sind sie nicht gewachsen. Sie finden aber auch keinen durchstrukturierten Lösungsweg. Das kostet Zeit und Nerven. Und es erfordert ein Denken, das Lösungsschritte akzeptiert, die im ersten Augenblick vom Ziel wegführen.

Lösung: Die Mittel-Ziel-Analyse

Das SISO-Paradigma

Der PC auf Ihrem Schreibtisch ist ein exzellenter Problemlöser. Gut, manchmal ist er auch ein Problemverursacher. Aber das liegt nicht an ihm. Das liegt am *SISO-Paradigma*: Shit in, Shit out. Exzellent ist dabei, dass der Weg von A nach Z, also vom Ausgangszustand zum Ziel, mithilfe klarer Regeln, Formeln und Prozesse berechnet wird. Nach kürzester Zeit kann ein Ergebnis präsentiert werden. Dieses Vorgehen behagt unserem Gehirn nicht. Die Denkpsychologen Michael Atwood und Peter Polson haben bereits in den 70er-Jahren gezeigt, dass wir beim Lösen von Problemen nur einen Schritt im Voraus denken. Und wir beurteilen die Qualität dieser Schritte danach, wie schnell sie uns ans Ziel bringen, und nicht danach, wie sinnvoll sie im Gesamtzusammenhang sind.

Die Mittel-Ziel-Analyse

Allen Newell, einer der Väter der künstlichen Intelligenz und der Kognitionswissenschaft, und sein Kollege Herbert Simon entwickelten die Mittel-Ziel-Analyse (MZA) auf Basis programmierter Computerabläufe. Die Lösung besticht durch ihre Einfachheit: ein ganz simples rekursives Verfahren. Dabei wird ihr eigenes Prinzip, nämlich die Analyse der Mittel zum Erreichen des Ziels, immer wieder auf sich selbst angewendet. Sie führen das Problem schrittweise auf einfachere Versionen von sich selbst zurück. Das ist alles. Mit der MZA zerlegen Sie Ihr »großes« Ziel in kleine Teilziele. Sie ist aufgrund der Möglichkeit, große Ziele in Teilziele aufzuspalten, nicht ganz so »stürmisch« wie die Unterschiedsreduktion. Und wie funktioniert das jetzt im Alltag? Halten Sie sich an folgendes Vorgehen:

1. Der Kontext: Sagen wir, Sie wollen Ihre Liebste / Ihre Tochter / Ihren Vater oder wen auch immer zum Theater bringen – es ist der erste Auftritt dieser Person als Komparse, Pünktlichkeit wäre willkommen.

2. Das Problem: Sie müssen Ihren familiären Komparsen von zu Hause (A) ins Theater (Z) bringen.
3. Der Unterschied, den es zu verkleinern gilt, ist die räumliche Distanz.
4. Ihre Lösung (Ihr Mittel): Sie nehmen das Auto. Sie wollen losfahren und müssen feststellen, dass das Auto nicht funktioniert, die Batterie ist defekt. Jetzt könnten Menschen doch tatsächlich zur Unterschiedsreduktion neigen, das Auto links liegen lassen und dem nervösen Komparsen das Busgeld in die Hand drücken. Oder aber Sie verwenden erneut die einfache MZA: Eine Ersatzbatterie ist in der Garage. Nächstes Teilziel: Wie kommt die Batterie in Ihr Auto? Die Werkstatt kann's richten. Nächstes Teilziel: Werkstatt kontaktieren. Nächstes Problem: Wie? Nächstes Teilziel: Telefon finden etc.

Die Strategie der MZA ermöglicht es Problemlösern, Operatoren, deren Anwendung im anstehenden Lösungsschritt blockiert ist, zum nächsten Teilziel umzufunktionieren. Das Mittel wird zum Ziel – für den Moment. Und diese Fähigkeit, auch da sind sich die Leute vom Fach einig, zeichnet erfolgreiche Problemlöser aus. Denn was bei Ihrem Transportproblem so profan erscheint, können Sie für jede beliebig komplexe Lösung nutzen. Sie müssen nur die Gesamtheit der Lösungsalternativen im Blick behalten. Erfolgreiche Problemlöser gehen so an komplexe Probleme heran und gehen vor allen Dingen so mit unvorhergesehenen Problemen bei der Operatorenwahl um.

Und hier die Lösung für das Problem der sechs Stöcke – eine Pyramide mit drei Dimensionen:

Lösung: Dreiecke aus sechs Stöcken

18. Denkfalle: Warum es kein Zurück gibt, wenn wir den Wald vor lauter Bäumen nicht sehen

Vieles unterscheidet die Branchen, in denen ich mit meinem Team von Braincheck tätig bin. Ein Frische-Discounter hat auf den ersten Blick wenig gemeinsam mit einem gestandenen Geldinstitut. Würde man meinen. Dass dem nicht so ist, erlebe ich immer wieder. Beide können in der gleichen Denkfalle landen.

Gurkenproblem

In diesem Beispiel ging es um frisches Biogemüse. Für den Frischelieferanten Teil des Alltags. Für das Geldinstitut eine spannende Frage aus dem Rohstoffmarkt. Die mühselig gezogene Biogurke wog zur Zeit des Einkaufs 500 Gramm und bestand zu 90 Prozent aus Wasser. Doch wie das eben so ist, Wasser verdunstet. Der H_2O-Anteil betrug nun nur noch 60 Prozent. Wie schwer war jetzt die Gurke? Vermutlich ungefähr 350 Gramm, war die erste Schätzung. Leider nicht ganz richtig. Das war auch gar nicht so schlimm – außer für die zahlenverliebten Banker. Die mögen es gar nicht, wenn sie sich verrechnen. Vor aller Augen. Mitten in der Finanzkrise. Aber bei Bankern und Frischelieferant nahm das Dilemma im Denkapparat einen sehr ähnlichen Lauf.

Das Gehirn kennt kein Zurück

Was meinen Sie? Haben Sie von der Wassermasse 60 Prozent berechnet? Das ist zwar falsch, aber nicht direkt die Denkfalle, um die es geht. Die Denkfalle setzt eigentlich jetzt ein, wo Sie merken, dass Sie falsch liegen. Sie geraten in Stress und merken, dass Sie von Ihrer einmal gefundenen Lösung nicht mehr loskommen. Sie scheint in die Neuronen festgebrannt zu sein. Im Beispiel kamen übrigens weder Frischelieferant noch Banker vom falschen Ergebnis los. Der Grund war der gleiche wie jetzt bei Ihnen. Das Gehirn kann keine mentalen Rückwärtsschritte machen. In der Fachsprache: Das Gehirn hat eine eingebaute *Back-up-Vermeidung*. Es lässt keine Handlungen zu, die den Effekt einer vorherigen Handlung aufheben. (Das richtige Ergebnis für das Gurkenproblem erhalten Sie später am Schluss der »Lösung: Stressfrei den Wald und die Bäume sehen«.)

Am besten verdeutlichen das klassische Schiebepuzzles. In einem Rahmen stecken 15 gleich große Quadrate. Diese sollen durch Verschieben in eine bestimme Reihenfolge gebracht werden. Die Spieler fangen an, die Quadrate zu verschieben, und merken, dass ihr Lösungsweg falsch ist. Doch sie können die einzelnen Lösungsschritte nicht rückwärts durchlaufen, um wieder in die Anfangssituation ihres Lösungsansatzes zu kommen. Stattdessen machen sie einfach da weiter, wo sie gerade gelandet sind. Bei einem Schiebepuzzle ist das nicht weiter dramatisch. Bei der Problemlösung während der Projektbesprechung sehr. Und genau da setzt der Stress ein und verengt die Ressourcen beim mentalen CEO weiter. Nicht nur, dass er nicht rückwärtsdenken kann. Durch den Stress kann er bald gar nicht mehr denken.

Die WHO sieht in Stress eine der größten Gefahren für den Menschen im 21. Jahrhundert. Mehr als 30 Milliarden Euro werden zur Behandlung stressbedingter Erkrankungen ausgegeben. Tendenz steigend. Was ist Stress, auf den Punkt gebracht? Es ist eine körperliche und hormonelle Reaktion auf potenziell lebensbedrohliche Situationen. Es ist das Umschalten vom bewussten Denken auf die automatisierten Kampf-Flucht-Mechanismen. Daher geht das Gehirn auf Notstrom, um bei der neuronalen Koordinierung der Flucht- oder Angriffsreflexe nicht im Weg zu sein.   **Was ist Stress?**

Stressreaktionen kennen wir aus allen Lebenslagen. Im Büro, im Partnerschaftsstreit, bei Termindruck, Entscheidungsdruck, mangelnder Teamarbeit, Rollenunsicherheit, in Leistungssituationen mit Versagenschance, auf der Bühne bei der Präsentation, im Kampf mit dem inneren Schweinehund. Auch wenn der Kontext sich immer wieder ändert: Die physiologischen Reaktionen bleiben gleich. Der Blutdruck steigt, der Herzschlag erhöht sich, die Produktion der Magensäure wird angekurbelt. Außerdem werden Stresshormone ausgeschüttet. Adrenalin, Noradrenalin und Cortisol überschwemmen das Blut. Das wiederum wirkt zurück auf das Gehirn. Gedächtnisleistungen lassen nach, die Wundheilung wird nachweislich verschlechtert und die Libido erlischt.   **Wirkung von Stress**

Und: Stress greift das Arbeitsgedächtnis an. Der mentale CEO leidet mit am meisten unter der Notstromversorgung im Gehirn. Was passiert da? Kognitionspsychologisch betrachtet ist es ein Wettstreit der Ressourcen. Stress greift sich einen ordentlichen Batzen dieser Ressourcen, um mit deren Hilfe die   **Denkstress killt den CEO**

PROBLEME LÖSEN: KLASSISCH UND KREATIV

Situation zu bewältigen. Dann bleibt eben nicht mehr viel übrig für Aufmerksamkeit und Informationsverarbeitung. Es gelingt uns schlechter, irrelevante Informationen zu unterdrücken. Damit geht noch mehr Kapazität verloren und die geistige Flexibilität sinkt in den Keller. Physiologisch betrachtet sorgt ein Enzym für den mentalen Knoten im Kopf. Die PKC, die *Proteinkinase C*. Stress sorgt für die Ausschüttung von Noradrenalin. Dieser Neurotransmitter bzw. dieses Hormon wiederum aktiviert die PKC. Und das verhindert das Funktionieren im Stirnhirn.

Back-up-Vermeidung ist sinnvoll für das Gehirn. Warum soll es sich etwas merken, was es für erledigt hält? Für das Gehirn ist der Weg nicht das Ziel. Das Ziel ist das Ziel. Wie es dahin kommt, ist dem Gehirn ziemlich egal; Hauptsache, es landet dort effizient und schnell. Wenn es nicht so funktioniert, killt Stress die Ressourcen. Es gibt dann also weder einen Weg zurück noch genügend Power für einen Neuanfang. Das genau macht diese Denkfalle so dramatisch und auch problematisch. Was also tun? Ressourcen freischaufeln! Und das geht in zwei Schritten.

1. Stress abbauen.
2. Von Anfang an nachvollziehbare Lösungswege visualisieren, damit der Schritt zurück leichtfällt. Dabei geht es um klassisches Outsourcen von mentalen Prozessen. Sie delegieren, und zwar auf einem Blatt Papier. Sie visualisieren von Beginn an Ihren Lösungsweg.

Lösung: Stressfrei den Wald und die Bäume sehen

Drei Faktoren für die Stressbewältigung

Entscheidungsverhalten in kommunikativen Krisensituationen ist durchsetzt von den Schnellschüssen und Denkfallen, um die es in diesem Buch geht. Zwei Faktoren greifen hier besonders: Entscheiden unter Stress und Entscheiden mit den Konsequenzen, also den Fern- und Nebenwirkungen vor Augen. Wie wir bereits gesehen haben, gelingt die Stressreduktion durch Visualisierung des Lösungsweges. Zuerst muss aber der Stress bewältigt werden, dann sind mehr Ressourcen frei für das »zeichnende« Denken. Ganz wichtig für die Stressbewältigung sind drei Dinge:

1. Wenden Sie sich dem Problem zu, anstatt es zu vermeiden.
2. Schätzen Sie den Stress richtig ein.
3. Entspannung: Nutzen Sie die richtige Technik zum Stressabbau.

Weder die »Kopf-in-den-Sand-Technik« noch »Verleugnen« bzw. »Vermindern von negativen Konsequenzen« hilft bei der Stressreduktion. Mit diesen Bewältigungsstrategien wird weder das Denken noch das eigene Befinden besser. Das belegen Forschungen der Sozialpsychologin Hasida Ben-Zur (Ben-Zur/ Breznitz 1981). Ein aktives Herangehen mit Bewältigungsstrategien hingegen gibt dem mentalen CEO wieder mehr Handlungsfreiheit. Allein die Entscheidung, sich bewusst dem Problem zu stellen, setzt Ressourcen frei, die der Stress sonst wegfrisst. Dies geschieht z. B. durch das Suchen relevanter Informationen, das Auswählen direkter Handlungen oder das Unterlassen bestimmter Handlungen.

Ganz entscheidend für die Wirksamkeit der Denkbremse Stress ist die eigene subjektive Einschätzung. Diese subjektive Einschätzung ist der Faktor, mit dem der Stress Ressourcen klaut. Sie entscheiden also, ob und wie viel Ressourcenraubbau in Ihrem Gehirn geschieht. Und diese psychologische Komponente greift früher, als Sie denken. In einer Stresssituation hilft eines nicht weiter: zu wissen, was einen stresst. Im Gegenteil. Das Bewusstsein, dass etwas ein sogenannter Stressor ist, aktiviert bereits die Stressmechanismen. Und wenn dann z. B. der Stressor Schwiegermama auftaucht, startet sofort der Stress, noch bevor die Dame den Mund aufgemacht hat. Allein der Anblick ist der Startschuss für das Cortisol. Ihr Umgang mit Ihrem Stress hängt also allein daran, was Sie persönlich als stressend definiert haben.

Subjektive Einschätzung bewirkt Stress

Kommen wir nun zum dritten Faktor für die Lösung: Entspannung. Physiologisch gesehen nehmen Sie mit Ihrer Ent-

Methoden zur Entspannung

spannung dem sympathischen Nervensystem das Heft aus der Hand und übergeben es dem parasympathischen. Letzteres ist der Teilverbund, der das Herz ruhiger schlagen lässt. Wie erreichen Sie eine solche Entspannung? Entspannungstechniken wie die progressive Muskelrelaxation oder das autogene Training wirken wunderbar. Doch dafür brauchen Sie Raum und Zeit. Das ist also eher etwas für Sie, wenn Sie ein abschließbares Einzelbüro haben.

Schlaf ist sicherlich die bekannteste Entspannungsmethode, in seiner Langform aber nicht immer angebracht. Macht sich nämlich nicht gut im Meetingraum: Plötzliches Hinlegen mit den Worten »Ich muss mal eben meine Back-up-Vermeidung überlisten« könnte befremdlich wirken. Aber der Nutzen von Schlaf auf die Informationen im Hirn ist belegt. Die Forschung spricht da von *Spindeln*, die die Gedächtniskonsolidierung in dieser Zeit anzeigen, doch dafür braucht es schon eine längere Pause. Wie aber können Sie schnell das Hirn entspannen?

Micronap   Das sogenannte *Micronap* kann schnell helfen, Ressourcen freizuschaufeln. Die Psychiaterin Sara Mednick belegte in einem Versuch den positiven Effekt von solchen Kurznickerchen auf das Denken (Mednick 2006). Ein dreißigminütiges Nickerchen steigerte die kognitiven Leistungen um bis zu 40 Prozent. Die ca. 1000 Versuchsteilnehmer, die die Augen nicht für eine kurze Pause schlossen, schnitten sichtbar schlechter in Intelligenztests ab. Die biologische Forschung belegt also, dass ein entscheidender Faktor für den Denkbooster »Nickerchen« in dessen Kürze liegt. Wenn Sie mehr als 45 Minuten schlafen, verschwinden die zuvor beschriebenen Effekte sofort. In der Regel reichen 15 Minuten. Das, so wird angenommen, ist notwendig, damit der Organismus einmal durchschnaufen kann und die Neuronen mit neuer Energie versorgt werden können. Fortgeschrittenen wird dann auch ein kürzerer Schlaf, eben jenes Micronap, helfen. Zwei bis fünf Minuten erfrischen und vertreiben das Gefühl der Schläfrigkeit. Je nach Stresslevel spürt man, sobald man die Augen schließt, ein Gefühl der Erleichterung von hinten nach vorne durch die Augen dringen. Je häufiger man das macht, desto stärker der Effekt. Also: Um produktiv zu sein, gönnen Sie sich eine faule Minipause.

Eine Alternative zum Micronap ist das *periphere Sehen*. Es

aktiviert das parasympathische Nervensystem und ist wie das sympathische Nervensystem Teil des autonomen Nervensystems (ANS). Das autonome Nervensystem ist das Hauptübertragungssystem für die Weiterleitung von Impulsen vom zentralen Nervensystem (ZNS) an die peripheren Organsysteme. Das ANS reguliert die internen Systeme wie Puls, Herzschlag, Drüsentätigkeit und Verdauungsprozesse, die nahezu alle außerhalb unserer willentlichen Kontrolle liegen. Bei Anspannung wirken die Mechanismen des sympathischen Nervensystems. Bei Entspannung die des parasympathischen. Daher wird Letzteres auch als »Ruhenerv« bezeichnet. Beide Systeme können nicht gleichzeitig aktiv sein. Ziel ist es, das parasympathische Nervensystem zu aktivieren; denn wenn Sie dieses aktivieren, kann das sympathische nicht mehr in Wirkung treten.

Peripheres Sehen

Diesen Ruhenerv können Sie willentlich aktivieren. Dazu müssen Sie vom normalerweise genutzten *fovealen Sehen* auf das periphere Sehen umschalten. Beim fovealen Sehen ist die *Fovea centralis*, also der scharf sehende Mittelteil der Pupille, aktiv. Wenn Sie jemanden anstarren, nutzen Sie die Fovea. Peripheres Sehen nutzt die Sehzellen am Rand der Pupille, also an der Peripherie. Die Konzentration der Wahrnehmung auf diese Bereiche aktiviert das parasympathische Nervensystem.

Wie gelingt Ihnen das? Schauen Sie geradeaus und fokussieren Sie einen Punkt auf Augenhöhe. Nun dehnen Sie Ihre Aufmerksamkeit von diesem Punkt seitlich rechts und links neben sich aus. Sie bewegen dabei nicht die Pupillen. Die schauen immer noch geradeaus. Sie bewegen Ihre Aufmerksamkeit an den Rand Ihres Sehfeldes. Sie können zu Anfang Ihre Hände zu Hilfe nehmen. Heben Sie sie auf Augenhöhe und bewegen Sie sie seitlich links und rechts neben dem Kopf, sodass Sie sie gerade noch aus den Augenwinkeln sehen können. Wenn Sie mit den Fingern wackeln, nehmen Sie diese Bewegung gerade noch mit den Augen wahr. Jetzt haben Sie Ihre Aufmerksamkeit auf das periphere Sehen ausgedehnt. Und Sie werden merken, wie sich von selbst die Atmung verlangsamt, Ruhe einkehrt und der Stress nachlässt. Trainieren Sie das, es wirkt Wunder! Sie können diesen Effekt noch verstärken, indem Sie während des Einatmens bis vier zählen,

Übung für peripheres Sehen

während des Ausatmens jedoch bis acht. Einatmen aktiviert das sympathische, Ausatmen das parasympathische Nervensystem. Übrigens: 30 Minuten nach dem Auslöser ist der Level an Stresshormonen am höchsten. Pausen lösen also auch hier Denkblockaden! Und so entspannt widmen Sie sich jetzt der Visualisierung Ihres Lösungsweges mit den logischen Bäumen.

Logische Bäume Mit der Nutzung logischer Bäume machen Sie das, was zuvor als »problemorientierte Bewältigung« beschrieben wurde: Sie versuchen durch direkte Handlungen beispielsweise die Problemsituation »Gurke« zu überwinden. Denn die Einfachheit der Darstellung ermöglicht Ihnen, was Ihr Gehirn so tunlichst verweigert: einen Schritt zurückzugehen. Logische Bäume sind Kettensägen im Dickicht des Problemlösens. Sie schaffen Klarheit und bauen aufgrund einer ganz spezifischen Art der Visualisierung von Lösungsschritten und Ursachenalternativen einen geordneten Wald, den Sie dann gerade wegen der Bäume sehen. Denn was dabei wegfällt, ist das Gestrüpp der ungeordneten Gedanken, das den Denkweg sofort wieder überwuchert und so den Weg zurück unmöglich macht. Logische Bäume visualisieren also eine Fragestellung, zerlegen sie in ihre Komponenten und gehen von links nach rechts gelesen immer mehr ins Detail der Lösung (vgl. Abb. 28).

Was bringt ein logischer Baum? Logische Bäume haben einen extrem hohen Nutzen. Sie ermöglichen es, beim Herangehen an Probleme drei entscheidende Aspekte im Blick zu behalten:

1. das Kernproblem zu definieren,
2. differenzierte Handlungsschritte zu finden und
3. die einzelnen Lösungsschritte auch im Nachhinein noch nachvollziehbar vor Augen zu haben.

Das klare Umreißen des *Kernproblems* ist wichtig. Nur so vermeiden Sie es, ein Symptom des Problems für den Kern zu halten. Bauchschmerzen sind beispielsweise nicht das Kernproblem, sondern nur das Phänomen, also der momentan sichtbare Teil des Problemzusammenhangs. Das Kernproblem ist vielmehr so etwas wie ein wenig Nervenflattern vor der Präsentation (geringes Problem), eine Fischvergiftung (größeres Problem), ein

Blinddarmdurchbruch (großes Problem) oder Schmetterlinge im Bauch (Problemcharakter uneindeutig).

Es gibt zwei Arten logischer Bäume. Einer fragt nach dem Warum und ist das Werkzeug, um das Problem bei der Wurzel zu packen und mögliche Lösungen zu visualisieren. Der andere fragt nach dem Wie und zeigt alle möglichen Antworten auf diese Frage. Beide gehorchen vier einfachen Regeln:

Frage nach dem Warum und dem Wie

1. Immer weiter fragen: Das beständige Weiterfragen ist wichtig. Auch in Bezug auf die Frageart. Wenn Sie einmal mit Warum angefangen haben, wechseln Sie nicht zu Wie.
2. Von der Ausgangsfrage zur Analyse: Es geht ja um das tiefere Eindringen in Ihr Problem. Daher steht an erster Stelle das Herunterbrechen auf die Unterthemen. Dann erst gilt es, Hypothesen zu entwickeln, die Infos zu bestimmen, die Sie für deren Analyse benötigen, und schließlich die Quellen zu definieren, aus denen die Infos stammen.
3. Überschneidungsfrei und ohne Löcher: Wichtig ist, kein Thema doppelt aufzuführen, keine kategorielle Überschneidung zu erzeugen. Wenn Sie auf die Frage »Wie komme ich von Frankfurt nach London?« eine Kategorie »Fliegen« und eine Kategorie »Per Flugzeug« aufstellen, dann überschneiden sich beide. Das ist der Moment, in dem Sie anfangen, den Wald vor Bäumen nicht mehr zu sehen. Überschneidungsfreiheit sorgt sozusagen für Lichtungen im Wald. Ohne Löcher sollte Ihre Analyse sein, damit Sie keine Lösungsbereiche auslassen. Wenn Sie bei Ihrem Reiseproblem von Frankfurt nach London »Per Flieger«, »Per Schiff« und »Per Autozug« aufgelistet haben, bestehen keine Löcher mehr. Wasser, Luft und Land sind die einzig verfügbaren Transportwege.
4. Machen Sie den »Ja-und-Check«: Nicht jeder Lösungsast bringt auch einen Erkenntnisgewinn. Ich habe es selbst vor Kurzem wieder erlebt. Ich schlief im Zug ein und wachte erschrocken auf, als dieser plötzlich anhielt. Hatte ich meinen Bahnhof verschlafen? Ich wandte mich aufgeregt an meinen Nachbarn und fragte ihn, wo wir seien.

Er antwortete: »Im Zug von Hannover nach Frankfurt.« Seine Antwort war ohne jeden Erkenntnisgewinn. Es sei denn, ich hätte auf meinen Mitfahrer den Eindruck gemacht, dass man mir zutrauen müsse, ohne Sinn und Verstand in irgendwelche Züge einzusteigen, ohne deren Fahrziele zu beachten. Hätte er geantwortet: »Wir halten zwischen Frankfurt Hauptbahnhof und Flughafen auf offener Strecke«, hätte mir das geholfen.

Wenn Sie das Erstellen logischer Bäume ein wenig trainieren wollen, fangen Sie mit einfachen Beispielen an, z. B. mit einem Wie-Baum: »Wie können Sie die Belegschaft Ihres Unternehmens unterteilen?«

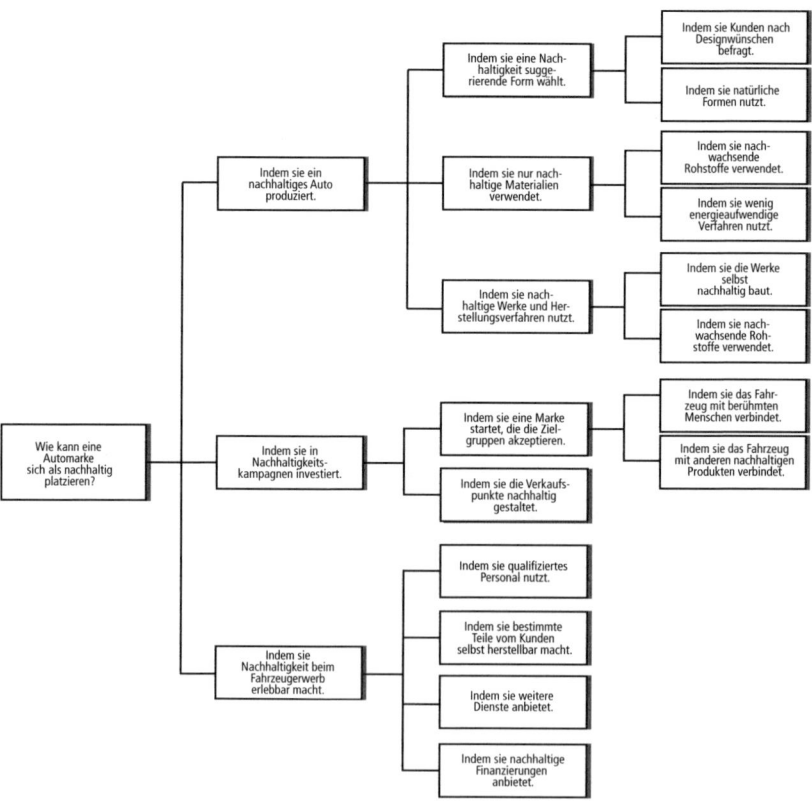

Abb. 28: Beispiel für einen logischen Baum

Logische Bäume helfen, jegliche Form von Information zu strukturieren: Mitarbeiter, Kunden, Schüler, Freunde, Feinde, Urlaubsziele – egal womit Sie gerade ein Problem haben. Sie können z. B. einen Problembaum dafür aufzeichnen, wie Sie bisher Probleme gelöst haben. Wenn Sie nun herausbekommen, dass Sie nicht die richtigen Techniken kennen bzw. Ihre Probleme immer »irgendwie« gelöst haben, dass Sie anscheinend immer wiederkehrende Erlebnisse (Fehler) machen und dass Sie nicht genau wissen, wie Ihr Oberstübchen gerne Probleme löst, haben Sie ein sehr viel genaueres Bild davon, was das Problem ist. Je klarer das ist, desto durchschlagender wird der Lösungserfolg sein.

In vielen Fällen zahlt sich die Visualisierung mithilfe des logischen Baums ganz besonders aus. Denn hier geht es um das, was uns als Menschen mit einem auf Energieeffizienz getrimmten Hirn so schwerfällt: der Blick auf die weiteren Konsequenzen, die Fern- und Nebenwirkungen. Wie der schon zitierte Denkpsychologe Dietrich Dörner in seiner *Logik des Misslingens* zeigt, ist es nahezu unmöglich, diese weiteren Auswirkungen vor dem geistigen Auge präsent zu haben bzw. zu halten. Hier kommt der logische Baum mit der Fragestellung »Wozu führt das?« zum Tragen. Wichtig ist hierbei, dass Sie nicht nach den ersten zwei bis drei Konsequenzen aufhören, sondern immer weiter fragen. Der Umstand, dass oftmals Fern- und Nebenwirkungen nicht im Vorhinein erkannt werden, liegt darin begründet, dass die »Denker« das Nach-Denken zu früh einstellen.

Logische Bäume und die Versicherungsbranche

Alles, was Sie jetzt noch wissen müssen, ist, wie Sie die logischen Bäume in ein vollständiges Problemlöseszenario einbauen. Das sieht so aus:

1. Finden Sie die Kernursache (mithilfe eines logischen Baums).
2. Formulieren Sie eine Hypothese rund um die Kernursache.
3. Klären Sie Ihren Informationsbedarf.
4. Entwickeln Sie Lösungsansätze (mithilfe eines logischen Baums).

Auflösung des Gurkenproblems

Dies gilt natürlich nicht nur für Gurken, sondern auch für Tomaten und auch für komplexere Probleme, die kein Biogemüse beinhalten.

Und hier noch die Auflösung des Gurkenproblems: Wie schwer ist die Trockenmasse der Gurke? 50 Gramm. Die Trockenmasse von 50 Gramm bleibt beim Verdunsten konstant: stimmt. 40 Prozent sind Trockenmasse: stimmt. Die Trockenmasse macht jetzt mehr als ein Drittel aus: stimmt. 40 Prozent entsprechen 50 Gramm: stimmt. 100 Gramm sind 100 Prozent: stimmt nicht. 20 Prozent sind 25 Gramm: stimmt. 100 Prozent sind fünfmal so viel: stimmt. Die Gurke wiegt jetzt also 125 Gramm.

19. Denkfalle: Warum wir auf dem inneren Auge blind sind

Unser mentaler CEO hat nicht genügend Power, um die Komplexität vieler Problemstellungen im Vorfeld zu durchdenken. Das gilt für das Lösen vieler Probleme in unserem beruflichen und privaten Alltag. Es liegt an zwei Dingen:

1. Es fehlt das nötige Erfahrungswissen, um sprichwörtlich an »alles zu denken« – man weiß ja nicht, was dieses »alles« ist.
2. Die Power des Arbeitsgedächtnisses reicht nicht aus. Hier spüren wir das Limit im Arbeitsgedächtnis als Flaschenhals bei unseren Verarbeitungsressourcen, wie Marius Usher vom Birkbeck College der University of London belegte (Usher / Haarmann 2001).

Repräsentation

Geübte Bauer mentaler Modelle verfügen dementsprechend über zwei Dinge: über ein gut trainiertes Arbeitsgedächtnis und über Erfahrungswissen, das ihnen hilft, komplexe Abläufe gebündelt vor ihr inneres Auge zu rufen. Die Forschung nennt dieses Vorstellen vor dem inneren Auge *repräsentieren*. Wir müssen zum effektiven und erfolgreichen Problemlösen Operationen planen, Informationen abrufen, neue integrieren,

Zwischenschritte repräsentieren, weitere Operationen ausführen, den intendierten Zielzustand präsent halten und immer wieder mit den Fortschritten unseres Denkens abgleichen. Das alles passiert vor unserem geistigen Auge mithilfe mentaler Modelle. Ein mentales Modell ist die Vorstellung aller Aspekte und Abläufe eines Ereignisses bzw. Problems. Und je unbekannter ein Problem ist, umso schwerer ist es, sich dazu ein mentales Modell vorzustellen.

Testen Sie doch einmal Ihre Fähigkeit, ein detailliertes mentales Modell zu erstellen. Bauen Sie vor Ihrem inneren Auge ein Schachbrett aus 8 × 8 Feldern auf. Fertig? Nun ist es Ihre Aufgabe, die Fläche vollständig mit vertikal oder horizontal liegenden Dominosteinen zu bedecken; keines der Felder darf leer bleiben oder mehrfach belegt werden. Es ist schwer, aber möglich – die Lösung dazu finden Sie am Ende des Unterkapitels »Lösung: Die richtigen Bilder sind Problemlöseturbos«. Nun stellen Sie sich noch erschwerend vor, dass das Schachbrett um insgesamt zwei Felder verkleinert wird, wobei an zwei gegenüberliegenden Ecken ein Feld fehlt. Ist es dann immer noch möglich, das Brett mit Dominosteinen abzudecken?

Bedenken Sie dabei:

1. Jeder Stein kann immer nur ein schwarzes und ein weißes Feld abdecken.
2. Es gibt jetzt eine ungleiche Zahl von schwarzen und weißen Feldern, nämlich je nach entfernter Ecke 30 weiße und 32 schwarze oder 32 weiße und 30 schwarze.

Mentale Modelle

Die Lösung hierzu ist eigentlich recht einfach, weil die Prämissen eins und zwei sich ausschließen.

Und während Sie sich gerade real oder nur mental die Synapsen fusselig puzzeln, geht es Ihnen vielleicht wie den meisten: Sie haben bereits bei der Frage gemerkt, dass die bildliche Vorstellungskraft nicht ganz ausreicht, um vor dem inneren Auge dem Schachbrett die beiden Felder zu nehmen und dann die Steine draufzulegen. Die Grafikkarte im Kopf scheint eher wie in einem Atari-PC aus den 80er-Jahren. Kein »intel inside« im Kopfkino. Die Begrenzung des Vorstellungsvermögens ist dabei gar nicht so sehr das Problem. Vielmehr ist es die Tatsache, dass wir dies in unserer Kommunikation und bei unseren Problemlösungen ignorieren. Und das gilt ganz besonders für Projektmeetings und alle Arten von firmeninternen Versammlungen. Was hilft? Eine angemessene interne und externe Repräsentation! Wie kann man die erreichen? Zur internen Repräsentation befähigt Sie die ausreichende Kapazität Ihres trainierten Arbeitsgedächtnisses und die externe erreichen Sie mithilfe professionalisierter Visualisierungstechniken.

Schachspieler unter der Forscherlupe

Diese Art des Vorstellens kann man gezielt trainieren. Das Ergebnis des Trainings ist eine klarere, detailliertere und stabile Vorstellung und damit eine bessere Lösungsausbeute. Dieses Training ist deshalb so wichtig, weil in den verschiedenen Stadien des kreativen Denkens die stabile Vorstellung die zentrale Rolle spielt. Als klassisches Beispiel dafür wurde in der kognitiven Psychologie das Vorgehen der Schachspieler herangezogen. Schach war von jeher die Domäne der Denker; ein Strategiespiel mit schier unendlichen Zügen, Gegenzügen, Finten, Angriffen und Ausweichmanövern. Schachgroßmeister sind die Meister der mentalen Modelle schlechthin. Sie verfügen im Bereich ihrer Expertise über ein signifikant besseres Erinnerungsvermögen. Das ist vor allem der Organisation der Erinnerungen geschuldet. Sie bilden Muster. Zwischen 10 000 und 100 000 solcher Muster an Schachstellungen hat ein Großmeister in seinem Langzeitgedächtnis. Die stehen abrufbereit zur Verfügung. Und das wirkt sich gegenüber dem Laien extrem auf die Art und Weise der Analyse- und Lösungsgeschwindigkeit aus.

Doch geht es dabei nicht so sehr darum, wie viele diese Muster zur Verfügung stehen. Vielmehr können Experten, wie Nobelpreisträger Herbert Simon zeigte, größere Zusammenhänge zu Mustern zusammenfassen als Laien (Chase / Simon 1973). Dieser Effekt kommt durch einen Umstand zum Tragen, den wir nie wirklich gerne hören: Übung. Langjährige, erfolgreiche Schachspieler sind in der Tat recht gute Problemlöser – solange die Probleme mit Schach zu tun haben oder eben ähnlich wie in einem Schachspiel aufgebaut sind. Aufgrund ihres hohen Erfahrungsschatzes verfügen solche Problemlöseexperten über höheres Wissen, bessere Mustererkennung, klarere Problemrepräsentationen und eine effizientere Bewertung der

Problemsituation. Bekannte Forschungen zeigen sogar, dass die Mustererkennung der Experten auch weitere Assoziationen zu möglichen Zügen und generellen Plänen, die sich aus der Situation ergeben, einschließt (Ericsson / Kintsch 1995).

Wichtig ist jetzt nur die Frage: Nützt einem die Fähigkeit, gut Schach zu spielen, auch bei anderen Problemstellungen? Können Experten ihre Fähigkeiten auf andere Bereiche übertragen? Wenn ein Problem den gleichen Regeln wie ein Schachspiel gehorcht, sind Sie gut damit beraten, den Schachspieler in Ihrem Team zum Leiter zu machen. Wenn Ihr Problem gerade ist, dass Sie die Regeln nicht kennen und Vorhersagen in komplexen Situationen treffen müssen – manche nennen das Marketing –, dann hilft Ihnen Schachexpertise wenig. Denn Versuche zeigen, dass der Denkvorsprung der Experten dahinschmilzt, wenn es um Muster geht, die nicht den Regeln des Schachspiels gehorchen. Dann können sich Experten und Novizen gleich schlecht an sie erinnern, denn keiner hat dazu passende Muster in seiner Erinnerung gespeichert. Beide sind nun gleich gut oder schlecht im Lösen des neuen Problems. Fazit?

Schachmatt den Experten

1. Experten sind eben nur auf einem Gebiet Experten – auf allen anderen sind sie oftmals auch nur Laien.
2. Beim Sammeln von Mustern kann Ihnen dieses Buch nicht helfen, da brauchen Sie auch keine Hilfe, sondern Zeit.
3. Hinzu kommt, dass wir üben müssen, mentale Modelle effektiv zu bilden. Das lesen Sie nun in der folgenden Lösung.

Lösung: Die richtigen Bilder sind Problemlöseturbos

John D. Bransford und Marcia K. Johnson belegten in einer Studie zum auditiven Verarbeiten, Speichern und Abrufen von komplexen Inhalten, wie sehr visuelle Schemata Verstehen und Speichern von Informationen beeinflussen. Folgender Text (übersetzt nach der Vorlage von Bransford / Johnson 1972) wurde den Teilnehmern vorgelesen:

Einfluss visueller Schemata

Wenn die Ballons platzten, wäre der Sound nicht mehr zu hören, weil alles zu weit vom richtigen Stockwerk entfernt wäre. Ein geschlossenes Fenster würde auch verhindern, dass der Sound zu hören wäre, da die meisten Gebäude tendenziell gut isoliert sind. Da der gesamte Vorgang von einem stetigen Elektrizitätsfluss abhängig ist, würde ein Bruch in der Mitte des Kabels ebenfalls Probleme verursachen. Natürlich könnte der Kerl auch laut rufen. Aber die menschliche Stimme ist nicht laut genug, um so weit zu reichen. Ein weiteres Problem ist, dass eine Saite des Instrumentes reißen könnte. Dann gäbe es keine Begleitung zur Botschaft. Es ist klar, dass die beste Situation weniger Entfernung beinhalten würde. Dann gäbe es weniger potenzielle Probleme. Mit einem Austausch von Angesicht zu Angesicht würden die wenigsten Dinge schiefgehen.

Stufen Sie nun, wie die Originalteilnehmer der Studie, ein, wie verständlich Sie diesen Text finden. Außerdem versuchen Sie ihn bitte möglichst vollständig nachzuerzählen. So lässt sich herausfinden, wie viel Sie gespeichert haben. Bitte lesen Sie erst weiter, nachdem Sie das gemacht haben. Im Originalversuch waren die Beurteilungen und Leistungen folgendermaßen: Der Text wurde im Schnitt mit 2,3 von maximal 7 Punkten als wenig verständlich beurteilt und dementsprechend wenig überraschend war die durchschnittliche Behaltensleistung mit 3,9 von 15 – der Text war in 15 Sinneinheiten unterteilt worden, um die Behaltensquote messbar zu machen. Kurz danach gab es mit einem neuen Probandenteam einen neuen Durchgang, der eine Beurteilung der Verständlichkeit im Schnitt von 6,1 von 7 und eine Behaltensleistung von 14 von 15 möglichen Sinneinheiten ergab. Was war geändert worden? Vor dem Abspielen des Textes wurde eine Zeichnung ausgeteilt. Und so sah sie aus:

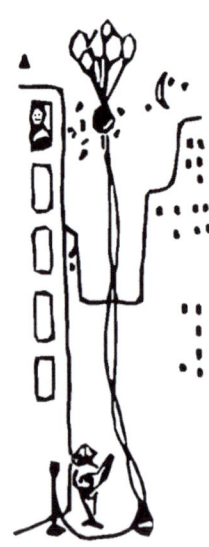

Abb. 29: Nachgezeichnet aus der Studie Bransford/Johnson 1972

Visualisierungen funktionieren als Verständnisturbo und Speichermaximierer dabei hauptsächlich aus folgenden Gründen:

1. Durch den Aufbau der visuellen Struktur bilden Sie ein mentales Modell, das bei der Lösungsfindung hilft.
2. Die bildliche Repräsentation füllt die Lücken Ihres Arbeitsgedächtnisses, das nicht alle Problemaspekte gleichzeitig repräsentieren kann.
3. Die bildlich repräsentierten Zusammenhänge sind leichter kognitiv zu verarbeiten und aktivieren gleichzeitig größere assoziative Netze in Ihrem Gedächtnis.

Mit Ihren visualisierten Problemstellungen wird es Ihnen wie den Probanden im vorgestellten Experiment gehen. Die Visualisierung aller Aspekte, Ziele und Lösungswege zu einer Problemstellung ist eine analoge Darstellung, die es Ihnen im wahrsten Sinne des Wortes erlaubt, das große Ganze, das Gesamtbild zu sehen – ein Vorgang, der Ihnen beim linearen Abfassen von Textzeilen zur Problembeschreibung verwehrt bleibt. Gleichzeitig ordnen Sie die Inhalte, deren Verknüpfungen und potenzielle Lösungsansätze.

2003 untersuchten die Kognitionspsychologinnen Patricia Trbovich und Jo-Anne LeFevre, wie sehr unser unbewusster Einsatz unserer Ressourcen im Arbeitsgedächtnis allein durch die Darstellung des Problems beeinflusst wird. Dazu stellten sie ein klassisches Problem der modularen Arithmetik auf zwei Arten dar:

Gefahren falscher Visualisierung

> **Horizontale Darstellung:**
> $52 = 24 \pmod 3$
>
> **Vertikale Darstellung:**
> 52
> $= 24 \pmod 3$

Die horizontale Darstellung führt bei Problemlösern zum Einsatz der phonologischen oder verbalen Ressourcen, weil wir die Problemschritte verbal im Gedächtnis behalten, z. B. indem wir sie im Kopf wiederholen. Vertikale Darstellungsformen hingegen aktivieren visuell-räumliche Kapazitäten im Kopf, weil wir die Probleme im Kopf ähnlich lösen, wie wir es auch auf einem Blatt machen würden: in einem räumlichen mentalen Arbeitsbereich. Jetzt kommt der entscheidende Faktor: Wenn wir beim Problemlösen unter Stress geraten (Leistungsdruck, Teamdruck, Versagensängste etc.), setzen wir uns innerlich mit diesem Stress auseinander. Wir tun das, indem wir uns selbst wie in einem inneren Monolog unsere Befürchtungen etc. mitteilen. Diese Selbstgespräche sind nicht nur für ein positives Selbstkonzept hinderlich. Wenn Sie mit sich selbst reden, belegen Sie damit Kapazität in Ihrem präfrontalen Kortex. Den brauchen Sie auch bei der Satzproduktion. Also: Selbstgespräche beim Lösen von Problemen können das Denkvermögen vermindern. Und genau das belegten die Versuche: Probleme, die horizontal dargestellt wurden, konnten unter Stressbedingungen nur schwer gelöst werden – bei vertikalen Visualisierungen war das leichter. Also: Allein die Art, wie Sie für sich oder das Team Aufgabenstellungen visualisieren, hat großen Einfluss auf die Lösungsgeschwindigkeit und die Lösungsqualität.

Und hier die Auflösung des Schachbrett-Problems:

Lösung Schachbrett-Problem

Abb. 30: Lösung in Anlehnung an die Originalaufgabe von Zimbardo 2004

Kreativer denken

»Für neue Probleme gibt es keine Experten.«
HERMANN RÜPPELL

Wenn wir in den letzten Jahren Studenten gefragt haben, wen sie als kreativen Menschen ansehen, waren die Antworten: Johann Wolfgang von Goethe, Wolfgang Amadeus Mozart, Shakespeare, Leonardo da Vinci, Alfred Hitchcock, Albert Einstein, Walt Disney. Das sind so die gängigen Namen, die einem einfallen, wenn es um kreative Köpfe geht. Erste Überraschung: kein Designer, kein lebender Maler, kein Grafiker, kein Internetprogrammierer ist dabei. Ja, auch kein Politiker und kein Wirtschaftslenker. Zweite Überraschung: Es wurden keine Frauen genannt. Das bedeutet nicht unbedingt eine Wertung an sich, ist aber ein klares Ergebnis der Historie der Kreativität.

Frage nach kreativen Menschen

Auf anderer Ebene überraschend ist die Tatsache, dass den Befragten schnell viele Beispiele künstlerischer Kreativität einfallen: Produkte, Lösungen und Ereignisse für die Zerstreuung und die künstlerische Betätigung. Aber Beispiele praktischer Kreativität werden erst im zweiten Schritt genannt: Thomas Edison, Johannes Gutenberg oder der Erfinder der Post-its. Was ist mit Hans-Dietrich Genscher? War er nicht kreativ als einer der Architekten der Einheit? Und ist Sandra Maischberger nicht kreativ als Meisterin der innovativen Fragekunst? Selbst Ihr Sachbearbeiter beim Finanzamt ist doch kreativ, wenn er immer wieder Wege findet, Ihre Sonderausgaben nicht anzuerkennen.

Was heißt »kreativ«?

Kreativität ist eine natürliche Eigenschaft von Lebewesen und findet sich nicht nur in hervorragenden Leistungen. Die Entwicklung der eigenen Persönlichkeit, die Gestaltung einer Partnerschaft, die Erziehung von Kindern und erfülltes Altern erscheinen aus psychotherapeutischer Sicht als kreative Aufgaben. Und niemand hat die Erfinder der faulen Hypothekenkredite in den USA als kreativ eingestuft, höchstens als kriminell.

Und doch sind all diese Menschen in ihrer Arbeit praktisch kreativ. Denn kreativ ist eine Lösung immer dann, wenn sie

Informationen neu kombiniert

etwas Neues, individuell oder gesellschaftlich Nützliches hervorbringt. Kreativ ist eine solche Lösung aber auch nur dann, wenn wir dafür nicht auf altbewährte Lösungen, auf Routineverfahren zurückgegriffen haben. Eine besonders griffige Definition hat der Heidelberger Psychologe und Kreativitätsforscher Rainer Holm-Hadulla gefunden: Kreativität ist die Neukombination von Informationen (Holm-Hadulla 2011). Diese Beschreibung macht eines ganz deutlich: Kreativität ist eine menschliche Eigenschaft, die sich in den unterschiedlichsten Bereichen zeigt (s. a. Hartley / Cunningham 2002).

Weltweiter Bedarf an kreativen Lösungen

Kreativität ist ein wirtschaftlicher und persönlicher Erfolgsfaktor. Und Kreativität ist im 21. Jahrhundert noch mehr als in allen Jahrhunderten zuvor eine selbstverständliche Bewältigungsgröße. Die Notwendigkeit bisher ungedachter Lösungen für den Fortbestand der Menschheit ist überwältigend: Die weltweite Versorgung mit Wasser, Nahrung und Energie bestimmt die Tagespolitik. Und auch der persönliche Bedarf an kreativen Lösungen für lebenswichtige Probleme steigt:

1. Wir suchen neue Wege, um unseren Lebensunterhalt zu verdienen: Die Zahl der Selbstständigen, also derjenigen, die kreativ neue Wege für den Lebensunterhalt suchen, ist seit 1991 um 40 Prozent gestiegen.
2. Wir hoffen auf immer neue Arzneien und Behandlungen gegen die großen und kleinen Beschwerden. Selbst in den Jahren der Finanzkrise steigerten die Pharmaunternehmen mit einer Innovationsintensität von 11,2 Prozent ihre Forschungsausgaben weiter.
3. Der deutsche Erfindergeist rangierte 2011 im weltweiten Vergleich auf Rang drei hinter den USA und Japan.
4. Studien im Rahmen des Bestsellers *Der blaue Ozean als Strategie. Wie man neue Märkte schafft, wo es keine Konkurrenz gibt* ergaben, dass kreatives Denken im Bereich der strategischen Innovation sich überproportional auf den Gewinn eines Unternehmens auswirkt.

Wenn kreatives Denken so wichtig für den Alltag ist und es schon seit den 70er-Jahren eine gute und erfolgreiche Kreativitätsforschung gibt, stellt sich die Frage: Warum stufen sich bei Befragungen zwar viele Menschen als gute Denker ein, aber als schlechte kreative Denker? Denn persönliche Kreativität ist genau das, was Intelligenzforscher Robert Sternberg als wichtigen Teil der Erfolgsintelligenz beschrieb (Sternberg 1998): die Fähigkeit, die wirklich wichtigen Probleme im Leben aufzuspüren und zu lösen. Umfragen zeigen, dass viele von uns einen sehr eingeschränkten Begriff von Kreativität haben und wir uns deshalb erst gar nicht trauen, uns als kreativ zu bezeichnen.

20. Denkfalle: Kreative sind verrückt, jung und eigenbrötlerisch

Trotz oder gerade wegen der Wichtigkeit kreativer Lösungen in unserem Alltag bestehen noch viele hemmende Irrtümer in Bezug auf die Kreativität. Räumen wir also zuerst mit einigen Klischees auf: die fünf schlimmsten Irrtümer rund um das kreative Denken.

Hemmende Irrtümer

1. Kreativität entsteht aus Chaos und Verrücktheit
Klar, wenn Sie das tun, was Sie immer getan haben, bekommen Sie die Ergebnisse, die Sie immer schon bekamen. Ohne Loslösung von Routinen kommen keine neuen Lösungen zustande. Als Beispiel hier die Abbildung einer optischen Täuschung:

Abb. 31: Würfel 1

Eine Frage der Perspektive

Ohne Loslassen kämen Sie nie dahinter, warum dieses Bild so funktionieren kann. Denn im ersten Moment denken Sie sich: »So eine optische Täuschung habe ich schon mal bei M.C. Escher gesehen.« Es ist aber keine Täuschung. Wenn Sie die Perspektive ändern, sehen Sie, dass in den vorderen Balken des Würfels einfach zwei Löcher eingesägt wurden. Und durch diese offenen Stellen sind die hinteren Balken sichtbar. Wenn Sie sich nun den oberen Würfel wieder anschauen, wird Ihnen klar, dass die hinteren Balken einfach den Freiraum der vorderen ausfüllen. Also keine Illusion. Kreatives Denken ist eine Frage der Perspektive, die aus Unmöglichem Mögliches macht.

Abb. 32: Würfel 2

Sind Kreative wirklich verrückt?

Doch dieses Beispiel zeigt auch: Perspektivenwechsel ist eine klare Technik und kein chaotischer Wildwuchs. Alltagstaugliche Kreativität besteht zu einem großen Teil aus klaren Prozessen, strukturierten Techniken.

Wie steht es nun mit der Behauptung, Kreative seien verrückt? Es gibt tatsächlich einen Zusammenhang zwischen Kreativität und Psychopathologie. Wie Erkenntnisse aus dem schwedischen Karolinska-Institut zeigen, gibt es eine Verbindung zwischen mentaler Gesundheit und Kreativität (Manzano et al. 2010). Den Beleg liefert das Dopaminsystem. Dopamin, auch bekannt als Glückshormon, ist ein Botenstoff im Gehirn, der ausgeschüttet wird, wenn Ereignisse besser ablaufen als vorhergesehen. Dopamin ist also eine Art Belohnungsstoff für gute Hirnarbeit. Die neuen Forschungen zeigen nun, dass das Dopaminsystem gesunder, hoch kreativer Menschen vergleichbar mit dem von Schizophrenie-Patienten ist. Das könnte der Grund dafür sein, dass Fähigkeiten wie das Bilden ungewöhnlicher oder bizarrer Assoziationen bei beiden, den gesunden Kreativen und den nicht gesunden, so gut ausgeprägt sind. Beide Gruppen haben eine auffällig geringe Dichte bestimmter Dopaminempfänger im *Thalamus*. In Abb. 33 sehen Sie, wo sich der Thalamus im Gehirn befindet:

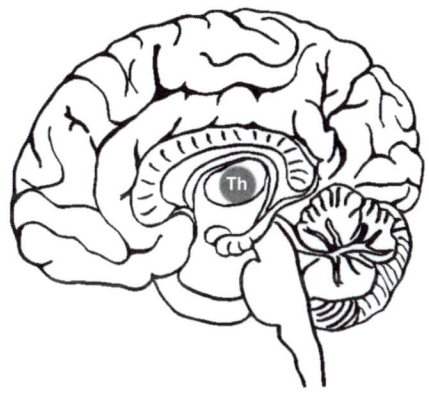

Abb. 33: Der Thalamus

Thalamus als Schaltstation

Der Thalamus ist wichtig für das kreative Denken, weil er wie eine Schaltstation funktioniert. Er filtert die eingehenden Informationen, bevor sie in den Kortex, unsere Denkrinde, gelangen. Die geringe Dichte der Dopaminempfänger führt zu einem weniger starken Filter. Das wiederum erlaubt, dass mehr Informationen durch den Filter flutschen. So kommen mehr ungewöhnliche Ideen im Denkmuskel an, die sonst rausgefiltert würden. Es gibt also durchaus kreative Persönlichkeiten, die unter psychischen Problemen leiden.

2. Kreativität ist eine Begabung

»Der war schon immer so kreativ, das kann man nicht lernen.« Den Satz haben Sie auch schon öfter gehört? Das macht ihn auch nicht richtiger. Kreative Köpfe werden nicht geboren, wie es immer wieder den Anschein hat. Auch in Zeiten von *Deutschland sucht den Superstar* reicht Talent allein bei Weitem nicht aus. Denn ein wenig Talent für kreatives Denken hat jeder und der Rest unserer kreativen (Denk-)Fähigkeiten basiert schlicht und ergreifend auf harter Arbeit. Die führt dann zum Erfolg, wenn sie mit einem gesunden Mischungsverhältnis aus Motivation, Durchhaltevermögen und Spaß am Wettbewerb gepaart ist.

Einzelner versus Umfeld

Die aktuelle Forschung geht auch nicht mehr vom einsamen Genie im Elfenbeinturm aus, das tagelang vor sich hin brütet. Nicht die kreative Person allein ist maßgebend. Das kreative Umfeld spielt die entscheidende Rolle. Denn nur auf eine einzelne Person zu schauen, reicht nicht aus, um das Zustandekommen eines kreativen Produkts zu verstehen. Die Kreativität des Einzelnen ist immer abhängig vom Einfluss des sozialen Umfelds: Emotionale Zuwendung und Förderung spielen eine wichtige Rolle.

Persönlichkeit versus Fähigkeit

Außerdem ist heute in der Psychologie seltener von kreativen Persönlichkeitsmerkmalen die Rede. Zutreffender ist die Rede von kreativen Fähigkeiten. Solche Fähigkeiten sind die generelle Befähigung zu denken, ein Quantum Fachwissen in dem Gebiet, in dem die Person kreativ werden will, sowie die Ausdauer, auch nach Fehlversuchen weiterzusuchen. Hunderte von befragten Erfindern gaben dies als die wichtigste Bedingung an. Hinzu kommen Offenheit und Risikobereitschaft. Viele Menschen sind allerdings eher risikoscheu. Und mit der Unfähigkeit, Risiken in Kauf zu nehmen, geht auch der geringe Drang nach neuen Lösungen einher.

Kreatives Potenzial erkennen

Aber woran erkennen Sie nun das kreative Potenzial bei sich selbst und anderen? Die kognitive Psychologie sieht das so: Wenn Sie unabhängig und nonkonform sind, weit gespannte Interessen haben, Offenheit für neue Erfahrungen mitbringen und ein gewisses Maß an Risikobereitschaft und Flexibilität besitzen, dann gehören Sie zu den »Ideenmagneten«. Spaß am Spiel, Beharrlichkeit, aber auch Sachbezogenheit und Frustrationstoleranz gehören zu den erforderlichen Eigenschaften. Und wenn Sie das auf den Alltag übertragen, heißt das Folgendes: Einsame, rücksichtslose Genies wurden früher als kreativ angesehen, heute werden sie als Dauersingles bemitleidet. Sie sind heute den Kreativen gewichen, die in Einklang mit den natürlichen und kulturellen Lebenszyklen sind; also Menschen, die über ein starkes soziales Gefüge verfügen, gut mit den gesellschaftlichen Normen klarkommen und sich eingliedern.

3. Die Jugend ist kreativ, das Alter ist weise

Gesellschaftliche Denkmaulkörbe

Was für ein fataler Irrtum! Zwar nimmt unsere Kreativität in den ersten 14 Lebensjahren zu. Aber der Grund für den anschließenden Rückgang ist nicht geistiger Verfall, sondern ein gesellschaftlicher Denkmaulkorb. Das liegt daran, dass Kreativität oft falsch verstanden wird. Die Vorurteile, denen Sie als kreativer Mensch begegnen, äußern sich z.B. so: »Kreative sind unfolgsam, weil unkonventionell, unnormal, weil unbequem.« Nicht jeder denkt so, klar. Aber fatal ist der Irrtum, weil gerade aufgrund der altersbedingten Erfahrungsvielfalt die Menge an brauchbaren Ideen nicht ab-, sondern zunimmt. Der Mensch hat im Alter nicht nur mehr Erfahrung, sondern auch einen stärkeren Glauben an die Wirksamkeit der eigenen Person. Und je stärker dieser Glaube an sich selbst, desto höher die Bereitschaft, von Gruppenmeinungen abzuweichen und neue (Denk-)Wege zu gehen.

4. Kreativität, das hat etwas mit Spaß zu tun

Spaßfaktor wird überschätzt

Kreative sind heiter und haben Spaß an der Arbeit. Ohne Spaß keine kreativen Lösungen! Ohne Freude am Tun gelingt Ihnen wahrscheinlich nicht mal eine einfache Hühnersuppe. Aber die Wichtigkeit des Spaßfaktors beim kreativen Denken wird doch erheblich überschätzt. Das ist eine gefährliche Einengung. Fragen Sie mal van Gogh, ob er heiter war, als er sich ohne linkes Ohr malte! Wenn Künstler, Ingenieure, Wissenschaftler oder Unternehmer an neuen Lösungen arbeiten, mag die Hingabe mitunter spielerisch wirken, sie ist jedoch nicht mit Heiterkeit verbunden. Wenn Sie die genannten Gruppen nach einer solchen kreativen Lösungssuche befragen, fallen eher Begriffe wie »mühselig« oder »bedrohlich«.

Allerdings muss noch ein wenig feiner unterschieden werden. Denn es ist erwiesen, dass Menschen, die gute Laune

haben, sich nicht um den alltäglichen Kleinkram kümmern und stattdessen ein Vielfaches mehr an ungewöhnlichen Ideen produzieren als weniger gut Gelaunte. Auch Menschen wie Mozart, Goethe, Picasso und Einstein erlebten Heiterkeit, ausgelassene Freude und Entspannung, wenn sie mit Freunden oder ihrer geliebten Frau zusammen waren, auf Reisen waren oder Wein tranken – aber nicht während ihrer kreativen Arbeit.

5. Kreativität ist eine Frage der Intelligenz

Bedeutet viel IQ viel Kreativität? Viel hilft viel? Viel IQ bedeutet viel Kreativität? Hängen die beiden überhaupt zusammen? Am weitesten verbreitet ist die Annahme, dass Intelligenz und Kreativität sich in einigen Anforderungsbereichen decken. Der renommierte Intelligenzforscher Robert Sternberg hat 1998 entdeckt: Menschen mit einem sehr hohen IQ, also die »Superschlauen« am obersten Ende der Skala, verfügen über weniger kreatives Potenzial. Allerdings haben Kreative in der Regel einen IQ, der leicht über dem Durchschnitt liegt. Leider lässt sich der Zusammenhang nur schwer nachweisen. Viel wichtiger und aussagefähiger ist der Zusammenhang von spezifischem Wissen und Kreativität. Wenn Sie nicht zumindest Hobbykoch sind, werden Sie keine Kücheninnovationen hervorbringen. Für den Berufsalltag ist das deswegen eine brauchbare Aussage, weil sie bestätigt, dass in einem Unternehmen die Mitarbeiter aufgrund ihres Fachwissens auch kreativ sein können.

Lösung: Vom Oje-Moment zum Aha-Effekt

Qualität der Informationsverarbeitung zählt Die Schwierigkeiten, die wir mit dem Lösen von Problemen haben, sind vor allem eine Frage der Art der Informationsverarbeitung. Dabei ist weniger der Intelligenzquotient (IQ) ausschlaggebend als die Qualität der Informationsverarbeitung (QI). Erfolgreich löst man daher Probleme mit QI statt IQ, könnte man so sagen, mit Köpfchen, statt nur mit dem Kopf. Zwei Dinge sind für die Topqualität im kreativen Denken wichtig:

1. Viele Menschen arbeiten mit einer unvollständigen oder nicht ganz angemessenen Darstellung des Sachverhalts und verlieren so mitunter Informationsteile. Das ist eine Kapazitätsfrage, die mithilfe des Arbeitsgedächtnistrainings gelöst werden kann.
2. Bei vielen Menschen kommt die Tendenz zur Vereinfachung von Sachverhalten zum Zuge. Sie neigen dazu, die neue Situation in bereits bekannte und vertraute Schemata einzubetten. Damit sind sie in der Sichtweise gefangen und stehen sich und der wichtigen Fähigkeit zur Umgestaltung der Informationen im Weg. Das ist ebenfalls trainierbar und ist Gegenstand der folgenden Kapitel zum Thema Trainieren von Metaphern.

Lösungsmöglichkeiten gezielt abrufen

Gute kreative Denker beachten beides: Sie haben klare umfassende Vorstellungen von Situationen und Problemen im Kopf und sie verfügen über klare, einfache Strategien für kreatives Denken. Über kreative Strategien zur Lösung von Problemen verfügen wir, wenn wir die Lösungsmöglichkeiten, die wir bereits im Kopf haben, gezielt abrufen, verändern und anwenden können. Im Alltag wird das öfter gefordert, als wünschenswert ist, und wir finden seltener kreative Lösungen, als uns lieb ist.

Während meiner Zeit an der Uni zu Köln erlebte ich den Vortrag eines Gastprofessors. Der Beamer stand schon bereit, nur getestet war er noch nicht. Während des Vortrags wurde immer deutlicher: Der Projektor war zu niedrig, das Bild gab nur zur Hälfte die Inhalte wieder, die andere Hälfte war vom Professor ausgefüllt. Schnell fanden sich höhere Semester ein, um dem Missstand abzuhelfen. Sie versammelten sich um den Projektor, um das Problem zu lösen. Erste Idee: ein Buch. So konnten sie den Projektor vorne höher stellen. Doch das Buch war zu dick! Lösung: Ein dünneres Buch muss her. Während alle fieberhaft nach einem dünneren Buch suchten, ging eine junge Studentin zum Projektor, schlug das dicke Buch in der Mitte auf, und voilà, der Beamer hatte die richtige Höhe. Tja, so viele Akademiker, und keiner weiß, wie man ein Buch aufschlägt, bis jemand eine plötzliche Eingebung hat. Nur: Wie entstehen solche Geistesblitze?

Das Hick-Hyman-Gesetz

Das *Hick-Hyman-Gesetz* aus den 50er-Jahren besagt, dass die Entscheidungszeit bei der Lösung von Problemen linear zum Informationsgehalt des Problems wächst. 1956 entwarf der britische Psychiater W. Ross Ashby, Pionier der Kybernetik, ein Gegengesetz. Und er fand heraus: Der erfolgreiche Umgang mit komplexer Dynamik (dem Verstehen dessen, was andere sich gedacht haben) ist gebunden an ein Lösungssystem, das mindestens die gleiche Variabilität besitzt wie die Problemstellung. Das hilft natürlich in der Praxis wenig, wenn wir die Lösung nicht verstehen! Aber im Grunde sagt das Folgendes aus: Derjenige mit der größten Flexibilität im Denken hat den größten Erfolg beim Lösen von Problemen.

Leidensdruck und Neugier als Propeller

Dieser Erfolg stellt sich in der Regel als Resultat eines mehr oder weniger gleichbleibenden Ablaufs dar: Am Anfang muss Ihre Unzufriedenheit mit dem Istzustand stehen. Sonst hätten Sie ja keinen Grund, diesen in den von Ihnen gewünschten Zielzustand zu verwandeln. Mit anderen Worten: Sie hätten ja gar kein Problem! Doch nicht nur Leidensdruck lässt Sie zum Problemlöser werden. Es gehört auch eine gewisse Neugier dazu, herausfinden zu wollen, wie Sie vom Istzustand zum Ziel kommen können. Ohne Neugier wären Sie einfach nur unzufrieden. Mit Neugier sind Sie zwar auch noch unzufrieden, haben aber die Motivation, das zu ändern. Dieses Gefühlsduo ist Ihr »Propeller«. Er treibt Sie an bei der Suche nach Lösungen. Diese suchen Sie im sogenannten Problemraum. Das ist so etwas wie der Raum zwischen Istzustand und Ziel, in dem alle möglichen Lösungen, Hilfsmittel und Informationen zu finden sind. Bei einem Schachspiel z. B. ist der Problemraum die Gesamtheit aller Figurenstellungen, die die Spielregeln erlauben.

Wenn der Problemraum zu klein ist

Manchmal ist der Problemraum zu klein. Das passiert immer dann, wenn Sie ihn selbst durch Sätze wie »Haben wir immer schon so gemacht« oder »Das erlaubt unsere juristische Abteilung nicht« kleiner gestalten. Manchmal ist dieser Raum auch falsch gebaut, z. B. wenn Sie die Denkfallen aus den vorherigen Kapiteln darin einschleusen und so falsche Strategien ermöglichen. Wenn Sie z. B. den Eiffelturm von Paris kennenlernen wollen, sind alle Wege und Straßen von Ihrem Hotel bis zum

Turm Ihr Problemraum. Wenn Sie die schnellste Strecke mithilfe der Trial-and-Error-Methode herausfinden wollen und an zehn Kreuzungen Entscheidungen treffen müssen, dann haben Sie einen Problemraum von ($1 + 4^1 + 4^2 + 4^3 + 4^4 + 4^5 + 4^6 + 4^7 + 4^8 + 4^9 + 4^{10}$) Straßen (Maderthaler 2008). Darum gibt es in so einem Fall ja auch ein Optimierungsverfahren namens Straßenkarte oder ein mobiles Navigationsgerät.

Mit dem Navi haben Sie im vorherigen Beispiel natürlich ein Hilfsmittel, das die Problemlösung herstellt. Schwierig wird es, wenn es keine solchen klaren Lösungsoptimierer gibt. Und das ist immer dann der Fall, wenn sich kein anderer zuvor Ihres Problems angenommen hat. Wenn Sie beispielsweise eine neue Lösung, ein neues Produkt für Ihre Kunden entwickeln müssen, haben Sie vielleicht einen guten Kenntnisstand der Istsituation. Ferner verfügen Sie über einen relativ klaren Zielkenntnisstand. Das bedeutet, Sie wissen ungefähr, was Ihre Lösung, Ihr Produkt, können muss. Und den Problemraum dazwischen hat noch keiner betreten, weil es ihn bisher eben gar nicht gab. Dann haben Sie ein schlecht definiertes Problem, bei dem kreatives Problemlösen gefragt ist. Sie kennen vielleicht auch das Gefühl, wenn Sie nach dem Workshop oder der Teamsitzung kein Ergebnis vorzeigen können. Das ist der Oje-Moment. Aber vielleicht kennen Sie es auch, dass Ihnen nach der Sitzung eine Lösung in den Kopf schießt. Der Aha-Effekt!

Der Aha-Effekt ist ein Prozess, der auch als *Illumination* bezeichnet wird. Doch warum lässt diese Erleuchtung manchmal so lange auf sich warten? Das ist inzwischen wissenschaftlich geklärt: weil wir fixieren, in einer Denkstrategie festhängen, die unser Kopf bei bisherigen Lösungen als erfolgreich abgespeichert hat. Deshalb gibt er ihr den Vorzug. Bei Problemen, die keine Einsichtsprobleme sind, ist das auch richtig, weil es dem Gehirn Zeit und Energie spart. Für die Aufgabe 17×4 brauchen Sie nur die Ihnen bekannten Regeln der Multiplikation zu nutzen und kommen bei richtiger Anwendung auch zum richtigen Ergebnis.

Aha-Effekt als Illumination

Ganz anders verhält es sich, wenn Sie einen *Remote-Association-Test* (RAT) zu lösen haben. Ein solcher Test verlangt nämlich von Ihnen als Problemlöser, ein Wort zu finden, das mit

Der Remote-Association-Test

drei vorgegebenen Wörtern jeweils sinnvolle, weil lexikalisch belegbare Komposita bildet. Hier ein Beispiel:

Gegeben sind: REISE   ALL   SCHMERZ
Finden Sie das Komposita-Substantiv!

Gegeben sind: LEER   STAU   BAHN
Finden Sie das Komposita-Substantiv!

Gegeben sind: MIST   FLEISCH   FUSS
Finden Sie das Komposita-Substantiv!

Der Moment der Erleuchtung

Haben Sie den Moment der Erleuchtung gespürt, wenn Sie das passende Wort gefunden haben? (Die Lösungswörter sind Welt, Blut und Schwein.) Für viele ist das ein Moment der Erleichterung. Wenig angenehm ist, dass wir beim Lösen von Einsichtsproblemen gar nicht das Gefühl bekommen, Fortschritte zu machen. Stattdessen fällt es uns mit einem Mal wie Schuppen von den Augen. Auch in den Seminaren berichten viele Teilnehmer, dass sie zunächst wie in einer Sackgasse festgesteckt hätten. Dann kam plötzlich eine Eingebung, für die ihnen die Erklärung fehlte.

Aktuelle Forschungsbefunde belegen, dass die Lösung eines RAT sich schon vorher im Kopf abzeichnet, bevor wir sie dann bewusst wahrnehmen. Jeder Geistesblitz kündigt sich bereits einige Sekunden zuvor durch die Deaktivierung des rechten visuellen Kortex und drei Zehntelsekunden vorher mit einer erhöhten Aktivierung der rechten Schläfenlappenwindung an. Noch deutlicher ist es im EEG zu sehen. Dort fallen bis zu 1,5 Sekunden vor dem Aha-Moment genau die (niederfrequenten) Alphawellen auf, die visuelle Eindrücke unterbinden. Wir schließen die Augen, wenn wir angestrengt nachdenken und dabei Außeneindrücke ausblenden wollen.

Neuronales Netzwerk als Wiege der Kreativität

Dieses neuronale Netzwerk ist also die Wiege der Kreativität? Na ja, zumindest fängt es Feuer, wenn es um das Verbinden von bisher nicht miteinander assoziierten Infos geht. Das Spannende an diesen Ergebnissen ist, dass sie eine Erklärung dafür bieten, warum wir manchmal so lange auf den Geistesblitz warten müssen. Es scheint so, als wenn die Lösungen, die in der rechten Hemisphäre schon warten, von Mustern in der linken Hälfte, die für unsere Denkroutinen zuständig ist, überlagert werden. Und erst wenn die linke Seite sich müde gefeuert hat oder mit etwas anderem beschäftigt ist, kommt die rechte Seite zum Zuge. Die besten Einfälle kommen ja in der Tat unter der Dusche, beim Baden oder Joggen. Kreativ wird also, wer den Gedanken freien Lauf lässt. Immer mal wieder teste ich das mit einem kleinen Kreativwettbewerb zu einer bekannten Frage: »Geben Sie mir die kreativsten Antworten auf die Frage: Was ist Faulheit?« Das Beste und Kreativste, was ich je als Antwort bekam, war ein leerer Zettel, den der Student mir mit den Worten »Das hier!« überreichte.

Oft werden wir von Unternehmen eingeladen, Vorträge und Interaktionen rund um die Themen Gehirn, Arbeitsgedächtnis und das Denken zu gestalten. In einem dieser Programme mit dem Titel »Nervennahrung – Futter für die grauen Zellen« nutzen wir einen solchen RAT, um die Gäste ein wenig herauszufordern. Und dann zeigt sich – auch ganz ohne fMRT-Scanner –, wie es in deren Hirn arbeitet und wie sich die Einsicht auf den Gesichtern abzeichnet. Spannend ist dann auch mitzubekommen, wie Menschen die Zeit einschätzen, die sie brauchen, bis die Einsicht einsetzt. Viele können relativ sicher voraussagen, wie lange sie für Nicht-Einsichtsprozesse brauchen, also für mathematische bzw. logische Aufgaben. Viele überschätzen allerdings die Zeit, die sie für Einsichtsprozesse brauchen, erheblich. Je optimistischer die Einschätzung, desto eher versagen viele bei der Lösung des Problems völlig. Warum? Unter anderem, weil sie aufgrund der eigenen klaren Zeitvorgabe unter Stress geraten. Und wie sich zeigt, ist Stress Staatsfeind Nr. 1 für jeden kreativen Gedanken und führt zu Fixierungen, wie Sie im nächsten Kapitel erfahren werden.

21. Denkfalle: Wenn ein Hammer kein Hammer ist

Flexibilität ist erforderlich

Flexibilität brauchen wir beim Yoga genauso wie beim Denken. Unbeweglich beim kreativen Denken werden wir, wenn wir unserem Gehirn erlauben, auf Autopilot zu schalten. Das geschieht immer dann, wenn wir als Folge früherer Erfahrungen, quasi gewohnheitsmäßig und ohne zu zögern, einen Lösungsweg einschlagen nach dem Motto: »Das haben wir immer schon so gemacht. Und es hat funktioniert. Warum also ändern?« Doch es gilt:

1. Nur weil Sie etwas zwanzigmal genauso gemacht haben, heißt das noch lange nicht, dass es auch richtig ist.
2. Keine zwei Probleme sind gleich. Sie kommen nie um eine gute Analyse herum. Wenn Sie Ihre geistigen Bemühungen reduzieren, landen Sie grundsätzlich in der Sackgasse.

Der Drang zur einfachsten Lösung

Wir können Probleme auf zweierlei Arten lösen: mit reproduktivem Denken und mit produktivem Denken. Das reproduktive Denken setzen wir sehr viel häufiger ein, weil es so schön einfach ist. Denn es beschreibt unsere Fähigkeit, eine Lösung, die einmal funktioniert hat, auch ein zweites Mal anzuwenden, also reproduzierend zu handeln. Produktives Denken betrifft unsere Fähigkeit, ein Problem und dessen Struktur zu verstehen, eine Einsicht zu generieren und so ein produktives Neuverständnis aufzubauen. Also die Informationen umzugestalten, anstatt sie in ein bekanntes Muster zu pressen. Warum aber schaltet unser Gehirn selbst dann auf reproduktives Denken, wenn wir kreativ sein wollen? Weil es eben hauptsächlich nach dem Sparsamkeitsprinzip funktioniert. Dieses Leitmotto können Sie auch als den Drang zur einfachsten Lösung verstehen. Er rührt daher, dass Lebewesen generell eher ökonomisch mit ihren Ressourcen umgehen. Es ist ein Überlebensvorteil, kein Energieverschwender zu sein.

Denken mit Scheuklappen

Ein Vorteil ist dies aber nur so lange, wie die Umwelt, an die sich die Denkoptimierung angepasst hat, gleich bleibt. Wenn das Umfeld sich ändert, führt das Sparsamkeitsprinzip jedoch zu einem Denken mit Scheuklappen. Die Forschung nennt das *funktionale Fixierung.* Der Begriff ist sehr stimmig, denn genau das passiert beim Denken auf Sparflamme. Die typische Funktion, die ein Objekt oder eine Lösungsstrategie hat, wird so übermächtig, dass wir unsere Wahrnehmung nur noch darauf fixieren. Beispiel: Was ist die typische Funktion eines Hammers? Klar: Hämmern. Und sonst? Buchstütze. Flaschenöffner. Gewicht. So könnten Sie einen Hammer auch benutzen, machen Sie aber nicht, weil Sie darauf fixiert sind, mit einem Hammer zu hämmern. Gilt das nur für Werkzeuge? Nein.

Der Kollege aus der Buchhaltung kann noch so ungewöhnliche Ideen für das Produktmarketing haben: Sie nehmen sie nicht auf. Warum? Weil der Kollege eben auf Zahlen spezialisiert ist. Und Zahlen sind unsexy. Sie haben eine klare Funktion: finanzielle Zusammenhänge darstellen. Und Ihr Kollege hat auch eine klare Funktion: diese finanziellen Zusammenhänge bearbeiten. Darauf sind Sie wiederum fixiert. Und deshalb nehmen Sie ihn nicht ernst, wenn er mit einer Idee kommt. Dabei entgeht Ihnen möglicherweise ein geschäftlicher Erfolg durch einen ganz neuen Ansatz.

Folgende Anekdote macht die funktionale Fixierung sehr schön deutlich: Zu Beginn der bemannten Raumfahrt war es bei der NASA total schick, mit dem Kugelschreiber zu schreiben. Funktionale Fixierung: Willst du etwas aufschreiben und modern sein, nimm den Kuli. Die Raumfahrt war ein modernes Abenteuer zu jener Zeit. Und vor allem eines, bei dem man viel aufzuschreiben hatte. Also brauchte man den Kuli. Das Dilemma war, dass er in der Schwerelosigkeit nicht so einfach schrieb. Also musste geforscht werden, wie man das hinbekommt. Zwölf Millionen Dollar wurden dafür ausgegeben. Die Russen wollten auch ins All, hatten aber aus Ressourcenmangel gar keinen Zugriff auf so tolle Kugelschreiber. Also auch keine funktionale Fixierung darauf, dass Schreiben eben nur damit gehen könnte. Das Ergebnis? Sie nahmen einen Bleistift und sparten zwölf Millionen.

Millionen für Kugelschreiber

Warum haben wir solche Fixierungen? Wir schreiben jedem Objekt prototypische Eigenschaften zu: wie man es verwendet, was es kann, wie schwer es ist etc. Jetzt ist es aber je nach Problemstellung so, dass wir bestimmte Eigenschaften – fachsprachlich: *Kategorienmerkmale* – aktivieren und andere dadurch hemmen. Der Psychologe Norman Maier trieb diese Fixierung zur Verzweiflung seiner Probanden auf die Spitze. Diese wurden in einen Raum geführt, an dem an zwei Stellen je ein Seil von der Decke hing. Aufgabe war es, die beiden Seile durch Verknoten miteinander zu verbinden. Leider war der Abstand zwischen den beiden Seilen so groß, dass man sie nicht beide greifen konnte. Bei der Lösung des Problems waren die Versuchsteilnehmer so fixiert, dass sie die im Raum herumliegenden Gegenstände wie Stuhl oder Zange gar nicht zur Lösung des Problems nutzten. Schließlich ist ein Stuhl zum Sitzen da, und eine Zange braucht der Mensch nur, wenn er etwas drehen oder abkneifen will. Dabei wäre die Zange die Lösung gewesen, wenn sie als Gewicht und eben nicht als Zange erkannt worden wäre! Das Gewicht am Seil zu befestigen, um dieses dann wie ein Pendel in Schwingung zu versetzen und so entspannt auf das schwingende Seil zu warten, während das andere fest in der Hand liegt, wäre im Prinzip einfach. Doch die funktionale Fixierung der Zange hinter sich zu lassen, das ist schwer.

Abb. 34: Seilexperiment. Skizze zum Originalexperiment von Maier 1931

Genau dieses Lösen von der hauptsächlichen Funktion eines Objekts oder einer Information gelingt oft nicht. Wir bleiben in der Fixierung auf die normale Funktion gefangen und können Objekte nicht neutral, von einem »unwissenden« Standpunkt aus betrachten. Das hemmt und diese Blockade macht uns immer wieder das Leben schwer.

Robert Weisberg und Joseph Alba untersuchten, was passiert, wenn man Probanden bei klassischen Einsichtsproblemen den Tipp gibt, ihre funktionale Fixierung zu hinterfragen (Weisberg et al. 1981). Gerade einmal 20 Prozent konnten mit einem solchen vereinfachenden Hinweis etwas anfangen. Das scheint darauf zurückzuführen zu sein, dass wir, wenn wir ein Problem »erkannt« haben, eine bestimmte Repräsentation im Kopf haben. Diese Repräsentation aktiviert die passenden Repräsentationen – und eben nicht die unpassenden. Unpassend sind in diesem Moment aber eben leider genau die Assoziationen oder Aspekte, die helfen, die funktionale Fixierung zu durchbrechen. Erst wenn wir eine völlig neue Repräsentation des Problems aufbauen, können wir auch andere Aktivierungen in unserem neuronalen Netzwerk herbeiführen (s. a. Ohlsson 1992).

Wenn auch Hinweise nicht helfen

Neuere Forschungen greifen gerne auf das Seilexperiment zurück, um herauszufinden, was Menschen hilft, ihre Denkbremsen zu lösen. So mussten die Teilnehmer einer Studie die Seilaufgabe lösen, wurden aber z. B. alle zwei Minuten unterbrochen, damit sie eine sportliche Übung durchführten. Teilnehmer, die gebeten wurden, die Arme vor- und zurückzuschwingen, und dabei in Dreierschritten rückwärts zählen mussten, kamen auf die Lösung. In kürzester Zeit hatten 85 Prozent der Teilnehmer die Aufgabe gelöst. Das Teilnehmerteam, das lediglich zum Ausstrecken der Arme animiert wurde, hatte keinen Erkenntnisgewinn. Nur 62 Prozent schafften innerhalb von 15 Minuten eine Lösung. Allerdings: Nur drei Teilnehmer der Schwingergruppe hatten einen bewussten Bezug zum Arme- und Seileschwingen hergestellt. Ihre Einsicht blieb dem Bewusstsein verborgen.

Korrekte Repräsentationen von Problemen und das Erkennen alternativer Funktionen von Dingen und Zusammenhängen lassen sich sehr gut trainieren. Denn dieses »neue« Wahr-

Umstrukturierung als wirksame Technik

KREATIVER DENKEN **237**

Der Necker-Würfel

nehmen von Bekanntem, die sogenannte *Umstrukturierung*, ist eine sehr wirksame Technik, die das kreative Denken beschleunigt. Unserem Gehirn fällt dieses Umstrukturieren, dieses »Er-Neuern« einer Wahrnehmung, eigentlich leicht. Wie leicht ihm das fällt, merken wir, wenn wir uneindeutige Infos aufnehmen. Das sind z. B. Kippbilder oder mehrdeutige Wörter. Aus dem Potenzial der Mehrdeutigkeit von Wörtern entstehen auch die Pointen vieler Satiriker im Fernsehen. Das Prinzip der Umstrukturierung ist bei der visuellen und der sprachlichen Wahrnehmung identisch.

Ein klassisches Beispiel aus der Wahrnehmungspsychologie verdeutlicht unsere Fähigkeit zur Umstrukturierung. Sie sehen in der Abb. 35 den sogenannten *Necker-Würfel*, benannt nach dem Schweizer Kristallografen Louis Albert Necker (1786–1861), der damit den *Effekt der bistabilen (mehrdeutigen) Wahrnehmung* beschrieb.

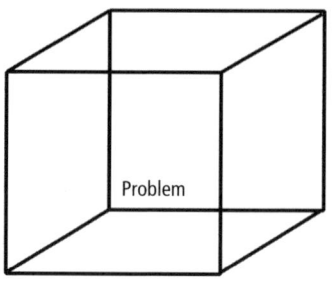

Abb. 35: Der Necker-Würfel

Das Wort »Problem« scheint im ersten Moment im Inneren an der hinteren Wand des Würfels zu stehen. Im nächsten Moment ändert sich aber die Perspektive und das Wort inklusive hintere Würfelwand wird zur Vorderseite des Würfels. Dieses Umkippen der Sichtweise ist eine Art automatische Restrukturierung Ihrer Wahrnehmung. Im Beispiel funktioniert die Neuinterpretation automatisch, weil die grauen Zellen für Interpretation A (»Problem« steht auf der vorderen Wand) und Interpretation B (»Problem« steht auf der hinteren Wand) permanent miteinander konkurrieren. Mal siegt das eine, mal das andere. Es ist wie eine automatische Interpretationswippe. Diesen Umschwung bekommen gute kreative Denker bewusst und zielgerichtet hin.

Einfache Restrukturierungen können Sie willentlich herbeiführen. Der Necker-Würfel, die in Abb. 36 zu sehende Esel-Seehund-Variante von Ludwig Wittgenstein wie auch viele andere bekannte Kippbilder spielen aufgrund ihrer bistabilen Wahrnehmungsmöglichkeit mit unserer Fähigkeit zur Umstrukturierung:

Esel-Seehund-Variante und andere Kippbilder

Abb. 36: Buchillusion: Sehen Sie das Buch von innen oder außen?
Rattenillusion: Sehen Sie einen glatzköpfigen Mann mit Brille oder eine Ratte?
Seehundillusion: Sehen Sie einen Esel oder einen Seehund?

Sie merken, es funktioniert. Anwendbar ist es immer dann, wenn wir beide Strukturen auch erkennen und willentlich zwischen ihnen wechseln können. Bei den vorhergehenden Beispielen funktioniert das schnell und in der Regel reibungslos.

Aber Sie merken auch: Das müssen Sie trainieren. Die Wahrnehmung und das darauf aufbauende Denken würden, wenn sie sich wieder selbst überlassen werden, wieder in die alten Muster zurückkehren. Und weil dem so ist, gleich ein weiterer Anwendungsfall für das kreative Denken, damit die Handlungsumstellung leichter fällt. Die Aufgabe:

Sie haben Folgendes zur Verfügung: eine Kerze, fünf Reißzwecken und eine Schachtel Streichhölzer. Wie können Sie eine brennende Kerze an einer Tür festmachen?

Die Lösung finden Sie diesmal nicht direkt hier im Buch, aber Sie können sie gerne per Mail erfragen unter: cn@braincheck. de. Hier interessiert, was in Ihrem Kopf passiert. Um das Problem zu lösen, müssen Sie innerlich die Repräsentation der Objekte und deren Funktionen ändern und diesen kognitiven Kurzschluss der Fixierung aufheben. Dazu müssten Sie die Streichholzschachtel eben nicht nur als Schachtel, sondern auch als Podest und die Kerze nicht nur als Kerze, sondern auch als Werkzeug begreifen – Sie müssten also von der Fixierung auf die alltägliche Funktion der Objekte Abstand nehmen. Wie können Sie aber nun in Ihrer alltäglichen Arbeit solchen Fixierungen entgehen bzw. sie in kürzester Zeit auflösen?

Lösung: Inkubationseffekte nutzen, Pausen machen

Mehr Erfolg mit Pausen

Kreatives Denken macht Spaß (wenn man Seminarteilnehmern glauben kann), hungrig (wenn man der Werbung glauben darf) und manchmal eben auch einen Knoten im Kopf (wie man frustrierten Denkern glauben muss). Pausen wirken da Wunder. Nicht nur in der Werbung. Denn Pausen sind im Arbeitsalltag keineswegs, wie es in vielen Leistungseinheiten gesehen wird, ein notwendiges Übel, ein kaum zu vertretender Luxus. Vielmehr sind sie signifikante Lösungsmagnete. Studien von Jane Silveira belegen, dass Menschen, die nach einer halben Stunde angestrengter Denkarbeit eine Pause einlegen, mit einer erheblich höheren Lösungsquote punkten (Silveira 1971). Die Pausen in der Versuchsanordnung sind bis zu vier Stunden lang. Während gut die Hälfte der Problemlöser ohne Pausenzeit erfolgreich war, stieg die Rate mit Break auf 85 Prozent.

Den Kopf freibekommen

Worauf ist die extreme Steigerung zurückzuführen? Viele Teilnehmer zeigten nach der Pause einen generellen Verhaltenswechsel. Sie setzten sich von Neuem an die Aufgabe und begannen nochmals, eine Lösung auszuarbeiten. Weil sie die falschen Lösungen nicht länger im Kopf hatten, konnten sie ungehindert an die richtige Lösung herangehen. Nicht die Strategie hatte sich in der Zeit geändert, sondern die Einstellung, die zu einem Aha-Erlebnis, der Einsicht, führte.

Aktien sind heutzutage oft nicht mehr viel wert und der Wert von Gold schnellt in ungeahnte Höhen. Und ausgerechnet jetzt will Ihre Liebste eine neue goldene Kette! Aber, fällt Ihnen ein, Sie haben ja noch die alten Ketten von der reichen Erbtante aus Heiligendamm. Da brauchen Sie nur aus vier dreigliedrigen geschlossenen Ketten eine neue fertigen zu lassen. Die Kosten für das Öffnen eines Kettengliedes betragen 10 Euro und die Kosten für das Schließen 15 Euro. Die Kette darf insgesamt nicht mehr als 75 Euro kosten, denn Sie müssen ja auch sparen. Und der Goldschmied will auch nur Geld verdienen. Deshalb schlägt er Ihnen ganz entspannt vor, alle vier Ketten nacheinander in jeweils einem Kettenglied zu öffnen, um sie einer der anderen Ketten anzuschließen. Kostenpunkt: läppische 100 Euro. Das geht aber billiger. Was schlagen Sie dem verschlagenen Schmiedemeister vor, um billiger dabei wegzukommen?

Ihre Lösung:

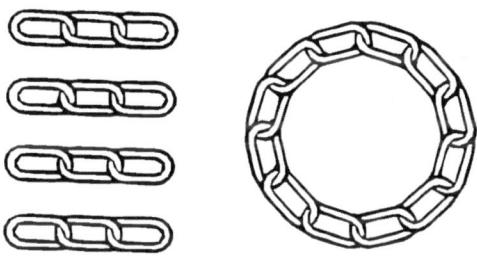

Abb. 37: Kettenproblem. Verändert nach Anderson, J. R. (2001)

Wenn Sie nach 30 Minuten noch nicht drauf gekommen sind, machen Sie erst einmal eine Pause, z.B. indem Sie folgenden kleinen Exkurs über die Wichtigkeit der Erholung für gutes Denken lesen.

Würden Sie einem Fahrer vertrauen, der mit einem Promille Alkohol im Blut den Wagen, Bus, Zug lenkt, in dem Sie sit-

Nichtschlafen als Statussymbol

zen? Nein, natürlich nicht. Würden Sie einem Manager vertrauen, der die gleiche Menge Alkohol intus hat? Wohl auch nicht. Trotzdem tun Sie es, denn eine Woche mit nur vier bis fünf Stunden Schlaf hat den gleichen Effekt auf das Denkvermögen wie ein Promille Alkohol im Blut. Der Harvard-Mediziner Charles Czeisler vergleicht Übermüdung mit dem Zustand von Trunkenheit. Wenn Sie dieses Minischlafpensum für nur zehn Tage beibehalten, ist es vorbei mit dem Denken, Urteilen und Problemlösen. Und mit der Kreativität sowieso. Also: Schlafen hilft beim Denken. Und trotzdem ist Nichtschlafen ein Statussymbol in der heutigen Geschäftswelt, denn es steht für Aktivität und Erfolg. Czeisler weist aber nach, dass wir gar nicht produktiver sind, wenn wir weniger schlafen und dabei hoffen, mehr zu schaffen (Czeisler 2011). Eher trifft das Gegenteil zu. Wer auf Schlaf verzichtet, untergräbt seine Produktivität nachweislich. Denn wenn wir zu müde werden, übernimmt unser Gehirn die Kontrolle. Nicht wir steuern unser Schlafbedürfnis, sondern ein ganz zerbrechliches Gleichgewicht aus Hormonen und Rhythmen im Gehirn.

Günstige Denkfaktoren

Acht Stunden Schlaf erlauben Ihnen ein gleichbleibendes Aufmerksamkeitsniveau in den Wachphasen. Und hier ist Ihre Aufmerksamkeits- und Denknotapotheke. Diese Hilfsmittel können Ihre Aufmerksamkeit und Ihre Denkpower im Notfall ein wenig mit Notstrom versorgen:

- **Koffein:** Koffein ist ein Wachhaltemittel. Allerdings eher ein Notfallmittel. Es blockiert die Teile im Gehirn, die das Schlafbedürfnis wahrnehmen. Die Wirkung verfliegt rasch und hinterlässt in der Regel ein tieferes Müdigkeitstal.
- **Schlaf:** Der Schlaf zwischendurch sollte nie länger als 30 Minuten dauern, sonst sind Sie zu schlaftrunken beim Aufwachen.
- **Umgebung:** Der Wechsel in eine neue und angenehme Umgebung wirkt anregend und vertreibt Müdigkeit.
- **Bewegung:** Körperertüchtigung vertreibt die Schläfrigkeit für gewisse Zeit.
- **Beleuchtung:** Kurzwelliges blaues Licht unterdrückt die Produktion von Müdigkeitshormonen. Selbst ein Blick in den blauen Himmel hat diesen Effekt.

Inkubation, also der Effekt des nicht bewussten Nachdenkens, führt zu Reaktionen wie: »Ach, so kann ich das machen.« Das ist kein magischer Moment, sondern schlicht und ergreifend das Resultat von Vergesslichkeit. Wann immer Sie kreative Lösungen brauchen, lassen Sie daher sich und den anderen im Team Zeit für die Einsichtsprozesse. Der Münchner Hirnforscher Ernst Pöppel spricht sogar von einem »Kreativitätsstau«, der sich auflösen würde, wenn Unternehmen täglich eine Stunde aus dem Kommunikationszwang ausstiegen (Pöppel 2008). Also: Pausen machen gute Denker besser! So wie im folgenden Alltagsbeispiel.

Pausen für bessere Ergebnisse

Wir feierten den ersten Geburtstag meiner Tochter und hatten einen kleinen Kuchen gebacken. Nun sollte der Kuchen an die versammelte Verwandtschaft verteilt werden. Ich sagte: »Ich wette, dass ihr es nicht schafft, den Kuchen mit drei Schnitten in acht gleich große Teile zu teilen.« Die Gäste ließen sich darauf ein. Nach gut 15 Minuten gaben sie aber auf. Was war geschehen? Das Denkspiel hatte die grauen Zellen in Dauerfeuer versetzt und eine Menge Lösungsansätze hervorgebracht. Doch alle scheiterten.

Vielleicht haben Sie die Lösung auch nicht und es geht Ihnen wie den Mitdenkern: Problem delegieren oder ignorieren oder gleich aufgeben. Und jetzt mal ehrlich: Wie viele solcher Situationen haben Sie in Ihrem Leben bisher mitgemacht? Ein scheinbar einfaches Problem, schnelle Lösungsversuche, kein Erfolg. Stattdessen Frust und die Überzeugung: Soll sich doch ein anderer darum kümmern! Nach der Auflösung des Rätsels dann der Gedanke: »Daran habe ich ja gar nicht gedacht!« Und damit haben Sie ganz intuitiv den Kern kreativen Denkens getroffen: Die Art, wie Sie sich ein Problem vorstellen, beschleunigt oder behindert Ihre Lösungsfindung enorm. Die Fähigkeit, solche Vorstellungen zu manipulieren und zunehmend komplexer zu gestalten, ist eng mit der Kapazität des Arbeitsgedächtnisses verbunden.

Ein Beispiel aus meinem Berufsalltag: Wir suchten nach einer Lösung, um die Gleichwertigkeit von sechs betrieblichen Themen darzustellen. Einer aus dem Team hatte sie untereinander auf das Flipchart geschrieben. Wir starrten darauf, als könnten wir das Chart so zwingen, uns die Antwort selbst zu

Kreativ im Meeting

geben. Doch weder das Chart noch wir kamen auf eine Lösung. Egal wie wir die Themen hin und her schoben: Irgendein Einwand war immer dabei. Untereinander: zu hierarchisch. Alphabetisch aufgelistet: wirkt einfallslos. Alle nebeneinander: passt nicht. Das Chart zwang uns die funktionale Fixierung der zwei Dimensionen auf. Es hatte dadurch eine falsche Repräsentation, ein falsches Modell in unseren Kopf transportiert. Erst als einer sagte: »Mist, dass ein Flipchart kein iPad ist, da könnten wir das so aus der Tiefe fliegen lassen«, klickte es: Warum eigentlich nicht mit Tiefe? Warum nicht ein dreidimensionales Gebilde? Was hat sechs Seiten? Ein Würfel. Die kann man nicht alle gleichzeitig sehen. Dann nehmen wir zwei Würfel nebeneinander. Und die drehen wir so, dass wir jeweils drei Seiten sehen können. Lösung gefunden.

Es gibt eine klare Abfolge in vier Phasen, in der kreatives Denken Vorstellungen in Lösungen verwandelt:

1. In der *Vorbereitung* formulieren Sie das Problem und stellen erste Versuche an, um Lösungsstrategien zu finden.
2. Kurze Entspannung ist angesagt, denn hier legen Sie zugunsten der *Inkubation* das Problem zur Seite und wenden sich für einen gewissen Zeitraum anderen Dingen zu. Diese Inkubation wird auch als eine spezielle Art des Vergessens bezeichnet. Warum soll hier gerade das Vergessen helfen? Was Sie hier vergessen, sind die Ergebnisse Ihrer erfolglosen Lösungen. Bestehen bleiben die Erinnerungen an die Eigenschaften der Objekte. Und genau die werden dann vom Gehirn in einer Art eigenständigen Knobelarbeit immer wieder neu kombiniert.
3. Dann kommt der Heurekamoment, die *Illumination*, bei der Ihnen in einer plötzlichen Einsicht die Lösung erscheint.
4. In der abschließenden Phase der *Verifikation* testen Sie die Lösung auf ihre Funktionsfähigkeit.

Anwendung auf das Kuchenproblem

Was heißt das für Sie? Wenn Sie zu Beginn Ihre Informationen sammeln, muss sich eine klare Vorstellung aufbauen, die immer genauer wird. Kommen wir auf das Kuchenproblem zurück: Wenn Sie den Kuchen schneiden, blicken Sie von oben auf den Kuchen, sehen also (abstrahiert) einen zweidimensionalen Kreis. Dementsprechend ist auch die Vorstellung vor dem geistigen Auge nur auf die zwei Dimensionen begrenzt. Klar weiß jeder, dass ein Kuchen breit, tief und hoch ist. Doch die Info ist in der Vorstellung zunächst nicht bewusst. Nun ist eine Denkpause angesagt, in der das Gehirn eigenständig weiterarbeiten kann. Gerade in der Pause muss die Vorstellung flexibel und stabil zugleich sein. Stabil muss sie sein, damit Ihr Gehirn sie nicht verliert. Flexibel muss sie sein, damit Ihr Gehirn die Perspektive verändern kann, um auf die Lösung zu kommen. Nur wenn beides gegeben ist, kommt der Moment, in dem auch Sie schreien: »Ah! Jetzt hab ich's« – oder »Heureka!«, wenn Sie es ein wenig traditioneller wollen. Das ist der Moment der Erleuchtung bzw. Illumination. Es ist der Moment, wo mit einem Mal alles zusammenpasst und die Lösung vor dem geistigen Auge erscheint. Das war bei der Geburtstagsmannschaft dann auch der Fall: Opa kam nach einer Weile aus der Küche und sagte: »Von oben nach unten in vier Teile schneiden. Dann an der Seite ansetzen und den Kuchen halbieren. Acht Teile, fertig! So, los jetzt, ich hab Hunger.« Er begann direkt zu schneiden und stieg damit in die abschließende Phase kreativen Denkens ein. Er testete sein Modell. Und er lag richtig.

Warum kommen wir nicht sofort auf so eine Lösung? Sie ahnen es. Es liegt an unserem Arbeitsgedächtnis, am CEO, und wie er trainiert ist. Je mehr Kapazität, je besser er im Training ist, desto genauer wird die Vorstellung und desto leichter ist der Perspektivenwechsel, der für die Lösung notwendig ist. Ein gut trainierter mentaler CEO beherrscht die vier Dinge, die für kreatives Denken notwendig sind: Er kann Informationen umfassend abrufen, er kann sie leicht umstrukturieren, er kann sie länger präsent halten und er kann eine stabile Vorstellung entwickeln.

Kreativ mit gut trainiertem Arbeitsgedächtnis

Mit ein wenig Übung erreichen Sie so die Flexibilität, verschiedene Perspektiven auf dieselbe Situation einzunehmen. Elkhonon Goldberg sieht in dieser Kompetenz die Fähigkeit, mit der Wechselhaftigkeit und Mehrdeutigkeit der Umwelt umzugehen. Diese Kompetenz bilden wir im mentalen CEO aus, sie gehört laut Goldberg zu den Hauptaufgaben des Frontallappens (Goldberg 2002).

Lösung der Kettenaufgabe Und hier noch die Lösung der Kettenaufgabe: Alle drei Glieder der einen Kette öffnen und diese dann zum Verbinden der anderen drei nutzen, fertig!

22. Denkfalle: Warum wir nie Heizkosten sparen

Die mentalen Modelle, die Sie in den vorhergehenden Kapiteln kennengelernt haben, sind auch für erfolgreiches kreatives Denken eine Erfolgsvoraussetzung. Sie ermöglichen uns das Herumprobieren mit verschiedenen Teilzielen und Zwischenschritten und das Speichern der Informationen zu einem Problem während der Phase der Inkubation. Sie sind also die Art und Weise, wie Sie ein Problem repräsentieren. Je besser ein solches Modell ist, also je robuster, detaillierter und klarer, desto mehr können Sie es manipulieren, also damit herumspielen und es von unterschiedlichen Seiten angehen. Und diese Flexibilität brauchen Sie, um die verschiedensten Lösungswege anzustreben und dabei nicht in einer Repräsentation bzw. einer Perspektive gefangen zu sein.

Heizungsproblem Wie regeln Sie die Temperatur in Ihrer Wohnung, in Ihrem Haus? Klar, mit einem Thermostat. Aber wie nutzen Sie diesen Thermostat? Verwenden Sie ihn als »Feedbackgeber« oder als »Ventil«? Sie werden sehen, dass es einen riesigen Unterschied macht, für welche Vorstellung, für welches mentale Modell, Sie sich entscheiden. Was unterscheidet die beiden Vorstellungen? Die Feedbackvariante basiert darauf, dass der Thermostat abhängig vom Feedback der Raumtemperatur den Heizkessel ein- oder ausschaltet. Ist das Feedback: »zu kalt«, springt er an; ist das Feedback: »zu warm«, schaltet er die Heizung aus. Das bedeutet allerdings auch, dass die einzige Art, auf die der Thermostat die Wärme im Raum kontrollieren kann, die Kontrolle der Brenndauer des Heizkessels ist. Ganz anders funktioniert das Ventilmodell. Um in diesem Modell eine konstante Temperatur zu erreichen, muss die Einstellung so vorgenommen werden, dass die Menge an generierter Wärme genau die Menge an verlorener Wärme ausgleicht. Hier hat der Thermostat also keine spezifische Aufgabe als Wärmeregulator. Vielmehr fungieren Sie, indem Sie den Thermostat einstellen, als dieser Regulator.

Warum ist es wichtig, sich für die »richtige« Vorstellung, das zutreffende mentale Modell zu entscheiden? Mit jeder Vorstellung verbinden Sie unterschiedliche Funktionen und Fähigkeiten. Auf deren Basis machen Sie Voraussagen über die Energiesparmöglichkeiten des Systems. Welches kommt Ihrer intuitiven Vorstellung Ihres Heizverhaltens am nächsten? Immer wieder befragen wir Studenten, Mitarbeiter, Führungskräfte und ahnungslose Passanten. Das Ergebnis ist dabei überraschend konstant: Die Mehrzahl der Befragten entscheidet sich für das Feedbackmodell. Sie verlassen sich auf den Gedanken, dass ein Thermostat genau dazu da ist, um Energie zu sparen. Er soll ihnen die Arbeit abnehmen, die mit der Ventilvariante bei Ihnen als Regulator hängen bleibt.

Ist das mentale Modell »Feedback« tatsächlich das sinnvollere? Dazu muss geklärt werden, wie sich diese beiden mentalen Modelle in Bezug auf das Lösen des Problems »Energie sparen« unterscheiden. Das Ventilmodell sagt voraus, dass bei höheren Einstellungen mehr Brennstoff als bei niedrigen gebraucht wird. Allerdings liegt es nicht daran, dass aufgrund der größeren Ventilöffnung mehr Brennstoff verbraucht wird. Vielmehr führen höhere Temperaturen im Haus zu größerem Hitzeverlust durch Fenster und Türen. Und das ist der springende Punkt. Denn unter bestimmten Umständen kann das Feedbackmodell zu erheblichen Energieverlusten führen. Aus einem einfachen Grund: Feedbacknutzer tendieren dazu, den Thermostat länger auf einem höheren Wert zu lassen, weil sie glauben, dass die Heizleistung runtergefahren wird, sobald die gewünschte Temperatur einmal erreicht ist. Im Ergebnis läuft die Heizung dann mehr, als sie müsste. Ventilnutzer verändern die Thermostate öfter als Feedbacknutzer. Sie sind sich des Zusammenhangs bewusst, weil er Teil ihres mentalen Modells ist. Ein Feedbackmechanismus läuft ohne Hilfe. Das ist Teil der Vorstellung des Thermostats als Feedbackgeber. Und so nutzen in der Tat die meisten Menschen ihr Thermostat. Die Vorstellung, er sei eben nicht ein selbstständiger Regelmechanismus,

Mit richtigem mentalen Modell sparen

KREATIVER DENKEN **247**

sondern vielmehr ein Ventil, das von außen optimal eingestellt werden muss, führt zu einem ganz anderen Verhalten. Die Ventilnutzer erkennen genau das und erscheinen so als die besseren Energiesparer. Mit dem richtigen mentalen Modell könnten laut Willett Kempton die Menschen in den USA eine Energieeinsparung im Wert von 5 Billionen US-Dollar erzielen (Kempton 1986).

Mentale Modelle in Ihrem Alltag

Was dürfen Sie daraus für den alltäglichen Umgang mit mentalen Modellen ableiten? Ihre Vorstellungen davon, wie etwas aussieht, funktioniert etc., wirken auf Ihre Vorhersagen ein, weil die Abläufe, Zusammenhänge und Funktionsweisen, die Sie vorhersagen, eben mit den inneren Bildern verbunden sind, die Ihr mentales Modell Ihnen nahelegt. Ein falsches oder ungenaues mentales Modell bringt also einen klaren Nachteil mit sich. Allerdings verändern sich mentale Modelle mit Ihrem Wissensstand. Erlangen Sie neues Wissen, löst sich das alte Modell auf und ein anderes, aktualisiertes tritt an dessen Stelle. Kreative Köpfe brauchen also zweierlei Fähigkeiten:

1. die Fähigkeit, klare Vorstellungen zu erzeugen, und
2. die Fähigkeit zur Neukombination der Einzelheiten einer Vorstellung.

Beaufsichtigung, Bewertung, Belohnung, Einengung, Wettbewerb, Gängelung und Druck sind in der Forschung belegte Kreativitätskiller (s. a. Giesler 2003, Amabile 1996, Sonnenburg 2007). In den hier angesprochenen simulierten Szenarien wie auch im realen Problemlösealltag gilt daher übereinstimmend, was Teresa Amabile als sehr förderlich postulierte: Wenn dem Problemlöser Entscheidungsfreiheit, ein stimulierendes Umfeld, ein positives Innovationsklima und unerwartetes positives Feedback vermittelt werden, dann klappt es auch mit dem Lösen von Problemen.

Der mentale CEO braucht ausreichend Kapazität und Freiraum für das, was als kreatives Denken bezeichnet wird. Und dafür braucht er auch alle zur Verfügung stehenden Ressourcen. Denn die Fähigkeit, bekannte Informationen auf neue Art so zusammenzubauen, dass eine bisher unbekannte Lösung auftaucht, ist harte Arbeit. Und diese harte Arbeit erfordert einen Perspektivenwechsel und die Fähigkeit zur Umstrukturierung. Warum ist es so harte Arbeit? Weil dieser Perspektivenwechsel all den Lieblingstendenzen des Gehirns widerspricht, die Sie als Denkfallen kennengelernt haben. Den gewohnten Blick aufzugeben und eine neue Perspektive einzunehmen, ist für das Gehirn weder energiesparend noch auf den ersten Blick zielführend. Doch die Möglichkeit, die Perspektive zu ändern, ist maßgebend für die notwendigen neuen Sichtweisen, die Ihnen bisher ungesehene Lösungen offenbaren.

Ob Sie das bewerkstelligen können, hängt davon ab, wie Sie die Informationen im Arbeitsgedächtnis repräsentieren. Eine Überlastung kann leicht zur Barriere werden und dann ist schnell Feierabend in Ihrem Problemlösezentrum. Damit es nicht dazu kommt, nutzen Problemlöseprofis visuelle Repräsentation und visuelle Modellbildung. Und da kommen die zuvor schon kennengelernten mentalen Modelle zum Einsatz. Denn nur mithilfe der mentalen Modelle können Sie ein Problem so ausgiebig repräsentieren, dass Sie es auf verschiedenen Bearbeitungsebenen, auf verschieden hohen Abstraktionsniveaus, durchdenken können. Das Denken in Analogien lässt genau das zu. Gleichzeitig erlaubt es ein möglichst ökonomisches Management des Arbeitsgedächtnisses. Nur so haben Sie ausreichend Kapazität für die Steuerungsprozesse und erreichen den flexiblen Umgang mit dem Denkmaterial.

Denken in Analogien

Studien von Frank Vohle haben gezeigt, dass die Verwendung von Analogien zu einer Beschleunigung von Verständigungsprozessen führt (Vohle 2004). Und auch ein Versuch zu lösungsorientiertem Führungsverhalten von Dietrich Dörner belegt das (Dörner 1989). Ein Teilnehmer sollte eine Aufgabe für eine Uhrenproduktionsfirma lösen (von der Herstellung von Uhren hatte er keine Ahnung). Er verstand die Aufgabe, indem er die Abläufe mit dem Drehen von Zigaretten verglich. Das wiederum kannte er wahrscheinlich als geübter Raucher. Durch die analoge Übertragung stellte sich das Verständnis des Problems ein. So konnte er auch eine Lösung für einen Bereich finden, der ihm nicht vertraut war. Er hatte seine Expertise in die Form einer Analogie übertragen.

Nur trainierte Denker schaffen es, ihre Vorstellungen klar entstehen zu lassen (Einbindung) und bei Bedarf in Teilen zu verwerfen (Auflösung). Nur wer ein stabiles Bild vor seinem geistigen Auge hat und dieses hin und her bewegen kann, kann dieses infrage stellen und verändern. Sie müssen dabei nämlich nicht nur alles im Kopf behalten, sondern auch noch zu einer variablen Umstellung, zur Kombination von Alternativen, zum Durchforsten von Informationsstrukturen in der Lage sein. Wie trainiert man das? Mit AnaMeta, einem Denktraining für kreatives Problemlösen mit Analogien und Metaphern.

Lösung: AnaMeta – Denken in Analogien und Metaphern

Wirksamkeit von Metaphern

Metaphern wirken. Sie sind Verständnisturbos, Wissensmagnete und Lösungsdünger. Das Atommodell und seinen Aufbau mithilfe des Planetensystems zu erklären, ist uns inzwischen so vertraut, dass wir die Analogie dahinter gar nicht mehr wahrnehmen. Ärzte erklären uneinsichtigen Patienten die Wirkungsweise des Herzens als Motor, der mit dem richtigen Öl, sprich Olivenöl, gepflegt werden muss und der regelmäßige Inspektionen, sprich ärztliche Check-ups, benötigt. Die Katzenaugen in unseren Fahrradspeichen heißen so, weil sie genau das sind: eine analoge technische Entwicklung basierend auf der Wirkweise der Augen der kleinen Stubentiger. Der Ingenieur Mark Murray hat sich die Brustflossen von Buckelwalen angeschaut. Sie waren das Vorbild für sein komplettes Neudesign der Turbinen in Gezeitenkraftwerken. Resultat: Egal ob niedrige oder höhere Strömungen, die Turbinen arbeiteten sichtbar effizienter. Spechtköpfe werden zur technischen Lösungsanalogie für Stoßdämpfer, Haihaut hilft in der technisch analogen Form Flugzeugen beim Spritsparen. Beispiele gibt es wie Sand in Dubai.

Und die psychologische Forschung erbringt den Beweis der Wirksamkeit: Die amerikanischen Psychologen Gilles Fauconnier und Mark Turner belegen, dass uns analogiegestütztes Denken produktiver in Hinsicht auf die Menge und Qualität unserer Ergebnisse macht (Fauconnier / Turner 2002). In einem Versuch ließ Dedre Gentner Problemlöser mit unterschiedlichen Vorstellungen über die Wirkungsweise von elektrischem Strom arbeiten (Gentner 2001). Die erste Gruppe bekam dazu die Analogie des Fließens, die implizierte, dass der Flusswiderstand durch die Dicke der Rohre etc. zustande kam. Die zweite Gruppe bekam die Analogie: »Eine Menschenmenge zwängt sich durch eine Tür«, bei der der Widerstand die Türen an den Korridoren waren. Während Team 1 in der anschließenden Befragung besser Probleme von Batterien bearbeiten und beantworten konnte, gelang es Team 2 besser, Probleme im Bereich der Transistoren zu lösen. Daraus leitete die Psychologin ab, dass die gewählte Analogie und die mit ihr einhergehenden strukturellen und relationalen Aspekte einen deutlichen Einfluss auf das Verständnis des Problems und die sich daraus ergebenden Lösungserfolge haben.

Warum sind Analogien dem Verstehen und der Kreativität so dienlich? Ihre Fähigkeit, ein Problem zu lösen, hängt extrem davon ab, wie Sie das Problem verstehen. Der besondere Clou wirkt dabei im Hintergrund. Selbst wenn Sie gerade nicht das Wissen abrufen können, das direkt relevant für die Lösung Ihres Problems ist, können Sie mithilfe einer Analogie verborgenes Wissen indirekt abrufen, indem Sie es analog zum Problem strukturieren. Und die Antwort lautet: Sie übertragen die Lösung des Problems auf die Lösung eines neuen (s. a. Gentner et al. 2001). Das funktioniert natürlich dann am besten, wenn der Kern des Ursprungsproblems klar herausgearbeitet wird.

Was Analogien so wirkungsvoll macht

Nehmen wir einmal die Katzenaugen. Das Ziel ist, Radfahrer im Dunkeln sichtbar zu machen. Zwei Wege waren hier denkbar: eine Lichtquelle, die selbst strahlt, oder ein Objekt, das strahlt, wenn es von Licht getroffen wird. Natürlich kann man ein Fahrrad wie einen Christbaum mit Lichterketten umwickeln und es so auch von der Seite sichtbar machen. Der Strom kommt dann aus der Batterie. Oder vom Dynamo. Doch bei der Überlegung, wie viel Kraft uns schon die Beleuchtung vorne und hinten beim Treten abverlangt, starb diese Variante schnell. Batterien für die Rundumbeleuchtung hätten das Gewicht des Fahrrads verdoppelt. Also musste es etwas sein, was Licht reflektiert. Was leuchtet auf, wenn Licht darauf fällt? Antwort: Tieraugen. Diese wurden nachgebaut und siehe da, der Reflektor war entwickelt. Ganz so schnell ging es in Wirklichkeit

Erfindung von Katzenaugen

wahrscheinlich nicht. Aber der grundlegende Prozess ist immer der gleiche. Es ist die Basis, auf der auch analoge Witze beruhen:

1. Die Ehe ist wie eine lange Mahlzeit, die mit dem Dessert beginnt.
2. Männer sind wie Wale: immer in Tran, ein großes Maul und die meiste Kraft im Schwanz.
3. Frauen sind wie Waschmaschinen: Macht man sie an, drehen sie durch.
4. Kollegen sind wie Wundblasen. Sie kommen, wenn die Arbeit getan ist.
5. Freunde sind wie Sterne. Du kannst sie nicht immer sehen, aber du weißt, dass sie immer für dich da sind.

Auf dieser Basis wirken auch die rhetorisch provokativen Äußerungen von US-Börsenanalyst Peter Schiff zu den Gefahren im Umgang mit der Finanzkrise. Er meint, dass er immer, wenn er den Fernseher einschalte, Paulson sähe, der dem amerikanischen Volk versichere, dass die Wirtschaft gesund sei. Das sei so, als ob man zum Arzt ginge und der einem sagte: Sie sind kerngesund, aber ich operiere Sie trotzdem mal am offenen Herzen, nur zur Sicherheit.

Analogien sorgen für Klarheit

Analogien und Metaphern sorgen für Klarheit. Ein Beispiel: Die Wirtschaftskrise 2008 hat noch jeder vor Augen. Viele Experten verglichen das, was damals passierte, mit einer Blase. Die Spekulationsblase platzte. Eine einprägsame Metapher ... aber eine falsche. Und eine, die auf den falschen Lösungsweg führt. Das wies der dänische Physiker Per Bak nach. Er zeigte, dass der Markt keineswegs geplatzt und damit weg ist. Vielmehr sei die Immobilienkrise wie ein Sandhaufen. Immer wieder rieseln ein paar Körner Sand von oben auf ihn drauf. Manche von diesen bleiben oben, andere rieseln weiter herunter. So baut sich der Sandhaufen langsam auf. Mal wird er ein wenig höher, dann rieseln kleinere Mengen Sand wieder auf den Boden. Und plötzlich brechen ganze Mengen weg und reißen andere Sandmengen mit sich – eine Lawine auf dem Weg nach unten. Der Sandhaufen sieht nun ziemlich dezimiert aus, deformiert gar – aber das Fundament bleibt. Das ist eine tatsächliche Analogie für den Zusammenbruch von immer weiter aufgeschütteten Systemen, egal ob am Strand von Mallorca oder bei den Strandwohnungen von Miami.

Analogien sind Goldminen für tiefschürfendes Verständnis. Es gibt zwei Wege, wie Sie für Ihre kreativen Probleme die passenden Analogien als Lösungsturbos einsetzen. Zum einen können Sie sich eine eigene Analogiesammlung anlegen. Oder Sie trainieren Ihr analoges Denken mit AnaMeta. Dieses von Hermann Rüppell entwickelte Modell führt zu einer größeren Sensibilität im Erkennen und Entwickeln lösungsrelevanter Analogien (Rüppell 2000).

Analogienbildung trainieren

Eine Analogie besteht aus drei Schritten. Aus einem Basisbereich, den man gut kennt und gut vor Augen hat, entnehmen Sie ein Modell, das Sie kennen. Dann haben Sie auf der anderen Seite den Gegenstand, dessen Funktionieren Sie erklären wollen. Und schließlich entscheiden Sie im dritten Schritt, was Sie vergleichen wollen. So haben Sie die Chance, vorhandenes Wissenspotenzial zur Ausbildung neuer Wissensstrukturen zu nutzen. Der Psychologe Stellan Ohlsson (1992) spricht in diesem Zusammenhang davon, dass die Problemrepräsentation wie eine Art Sonde im Langzeitgedächtnis funktioniert. Dieses sucht nach Lösungen, indem es Informationen z. B. nach Bedeutungszusammenhängen oder nach begrifflicher und phonetischer Über- oder Unterordnung klassifiziert und gruppiert. Doch wie finden Sie überhaupt eine solche Analogie, die Ihnen die Lösung Ihres Problems ermöglicht, bzw. woran erkennen Sie, dass Sie eine solche lösungsrelevante Analogie überhaupt gefunden haben?

Schlüssel zur Analogiefindung

1. Schlüssel: Die Struktur Ihres Problems erkennen

Grundlage für das Finden der Analogie ist, dass Sie die Struktur Ihres Problems klar vor Augen haben. Sie erinnern sich: Visualisieren! Dieses Verstehen bezieht sich auf die zentralen Eigenschaften und Abhängigkeiten in Ihrem Problem. Nehmen Sie beispielsweise ein Atom. Dessen Struktur ist so aufgebaut, dass um einen Kern Elektronen angeordnet sind. Wie aber lässt sich diese Struktur sichtbar machen? Die Analogie, die Sie nun suchen, muss die Parameter »Kern«, »Dinge, die um den Kern kreisen« und »Kraft, die die Elektronen auf der

Kreisbahn um den Kern hält« beinhalten. Dieser Klassiker der Problemlösepsychologie ist relativ leicht aufzulösen, wenn Sie auf Ihr Wissen rund um den Aufbau des Universums zurückgreifen. Dort finden Sie den Aufbau und die Struktur unseres Sonnensystems, bei dem Planeten auf Kreisbahnen um die Sonne ziehen und durch Anziehungskräfte auf ihren Bahnen gehalten werden.

Schauen wir kurz bei einem Fachmann vorbei und nehmen wir uns die Grundstruktur einer Analogie vor: Aristoteles definiert die Analogie als Gleichheit der Relation von mindestens vier Inhalten. Mit anderen Worten, so wie das Verhältnis von A zu B ist auch das Verhältnis von C zu D. Oder kürzer: A:B=C:D. Je komplexer das Ausgangsproblem, desto mehr dieser Relationen sind bei der Analogiebildung natürlich zu beachten.

Die Gefährdung Microsofts in einer Analogie

Dan Geer publizierte im Herbst 2003 eine folgenschwere Analogie. Der Computerexperte verglich Microsoft mit einer biologischen Monokultur. Wenn eine Art keine oder oder wenige genetische Variationen aufweist, gilt sie als potenziell gefährdet. Diese Gefährdung sah nun Dan Geer auch bei Microsoft, weil eben ein Angriff aufgrund der sehr variantenarmen Software auf den PCs der Welt verheerende Folgen hätte haben können. Immerhin nutzten im Juli 2008 89,59 Prozent das Betriebssystem Windows von Microsoft (Quelle: www.tecchannel.de; News vom 5.8.2009). Also auf eine Formel gebracht lautete die Analogie so: wenige genetische Variationen bei Monokultur = variantenarme Software bei Microsoft. So mächtig war diese Analogie, dass der Microsoftzulieferer, bei dem Geer angestellt war, ihm daraufhin wegen Rufschädigung kündigte. Erst einige Zeit später wirkte die konstruktive Seite der Analogie, die die für die PC-Sicherheit zuständigen Behörden in den USA dazu bewegte, über eine »Kulturenvielfalt« nachzudenken. Fazit? Analogien sind wirksam! Allerdings ist der *analoge Abruf*, also das Suchen und Finden, eben nicht immer ganz so einfach.

Mapping

Keith Holyoak und Paul Thagard beschreiben in ihrem Buch *Mental Leaps. Analogy in Creative Thought* den zentralen Aspekt des Übereinanderlegens von Ursprungsinfo und analoger Information. Das wiederum führt sie dazu, einen Blick auf dieses sogenannte *Mapping* zu werfen, denn dessen Erfolg hängt stark davon ab, wie man ein Problem und die analoge Lösung repräsentiert.

Folgendes Beispiel macht das deutlich: Ein Mann kaufte ein Pferd für 60 Euro und verkaufte es für 70 Euro. Dann kaufte er es für 80 Euro zurück und verkaufte es erneut für 90 Euro. Die Frage ist nun: Wie viel verdiente er an diesen Geschäften?

a) Er verlor 10 Euro.
b) Er machte weder Verlust noch Gewinn.
c) Er gewann 10 Euro.
d) Er gewann 20 Euro.
e) Er gewann 30 Euro.

Die Lösung hängt von der Art und Weise ab, wie Sie diese Pferde repräsentieren. Beachten Sie einmal den Unterschied, wenn Sie die Aufgabe ein ganz klein wenig anders repräsentieren. Das Szenario bleibt gleich: Ein Mann kaufte ein weißes Pferd für 60 Euro und verkaufte es für 70 Euro. Dann kaufte er ein schwarzes Pferd für 80 Euro und verkaufte es für 90 Euro. Wie viel verdiente er an diesen Geschäften?

a) Er verlor 10 Euro.
b) Er machte weder Verlust noch Gewinn.
c) Er gewann 10 Euro.
d) Er gewann 20 Euro.
e) Er gewann 30 Euro.

Warum fällt das schon ein wenig leichter? Sie stellen sich die Pferde nun konkret vor. Und genau das ist der Effekt der gelungenen Repräsentation. Studien belegen: Beim Mapping funkt es besonders im linken dorsolateralen präfrontalen Kortex (dem obersten Organisationszentrum im Hirn) und im linken inferioren parietalen Kortex (ein Teil des Rechners im Kopf). Das zeigt die Abb. 38:

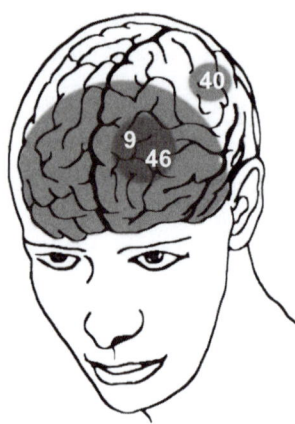

Abb. 38: Dorsolateraler präfrontaler Kortex und linker inferiorer parietaler Kortex

2. Schlüssel: Eine großzügige Sichtweise einnehmen

Loslassen macht kreativer

Ihre Fähigkeit, aus einer bestimmten Problemsituation ein abstraktes Muster herauszulesen und dieses dann in einem Ihnen bekannten und zugänglichen Wissensbereich wiederzufinden, ist von besonderer Bedeutung. Dazu nehmen Sie die sogenannte inspirative Haltung ein. Diese Haltung beschreibt der Psychologe Gerald Mendelsohn als »Defokussierung von Aufmerksamkeit« (Mendelsohn 1976). Defokussierte haben einen leichteren Zugang zur Analogiebildung. Loslassen macht also kreativer.

Warum? Das Gehirn schaltet nicht auf Stand-by, wie es der Begriff »Defokussierung« suggeriert. Stattdessen tritt eine verstärkte Nutzung von Alphawellen auf, die mit Entspanntheitszuständen verbunden sind. Diese breiten sich vom Stirnhirn nach hinten aus. Die Konsequenz: Das Gehirn filtert die eingehenden Wahrnehmungen nicht mehr so stark und ermöglicht so ungewöhnliche Musterbildungen und Gedankenverbindungen. Und wie erreicht man Defokussierung? Wann immer Sie einschlafen und so vom Wachzustand in den Schlaf wechseln, erleben Sie den sogenannten *hypnagogischen Zustand* (Wackermann et al. 2002). Häufig kommen Ihnen genau dann die guten Ideen und Sie sagen zu sich mit schläfriger Stimme: »Oh, das muss ich mir merken!« Schade, dass Sie gerade dann einnicken. Doch diesen Zustand können Sie auch bewusst herstellen. Nutzen Sie dazu die bereits erläuterte Technik des peripheren Sehens (vgl. 18. Denkfalle) und lassen Sie währenddessen Ihre Gedanken weiter um das Problem kreisen.

Mit dieser Orientierung wenden Sie sich nun den verschiedenen Aspekten Ihrer Problemstellung zu, und Sie werden merken, wie sich neue, andere Gedanken und Assoziationen zu Ihrem Thema einstellen, während Sie defokussiert und doch bei der Sache auf die Suche nach Lösungen gehen. Wenn Sie das nicht glauben, dann schauen Sie in der Geschichte nach: Kekulé fand den Benzolring, als er in das Land der Träume eintauchte. Beim entspannten Bad stellte sich für Archimedes die Lösung für das Messen des Goldanteils einer Krone ein.

Analogien zu finden, ist allerdings auch Übungssache. Viele von uns sind es nicht gewohnt, so zu denken. AnaMeta ist ein Programm zum Denken in Analogien und Metaphern. Unser Kollege Frank Vohle setzte es 2004 im Rahmen seiner Forschung ein, um die Organisation des Wissensmanagements bei der Siemens AG zu unterstützen. Das Training fördert Denken und Sprechen in Analogien und Metaphern. Es sensibilisiert dafür und schafft die Voraussetzung, analoges Denken beim Lösen von Problemen einzusetzen.

Der Praxistransfer

Bei einem Pharmaunternehmen kam diese Lösung zum Einsatz. Es ging darum, in letzter Minute ein Give-away zu entwickeln, das die Produktvorteile sofort erkennbar machte und fast kein Geld kostete. Nach einem Warm-up mit AnaMeta lernte das Team, die zentralen Eigenschaften aus dem Problem zu extrahieren. Das Eigenschaftscluster diente dann als Vorlage für die Analogiesuche. Was so einfach klingt, war für das Team harte, weil ungewohnte Arbeit. Doch es funktionierte. Das Cluster der Begriffe stand am Ende der Suche nach den Eigenschaften: »beliebig skalierbar« / »gasförmig« / »leicht einsetzbar« / »maßgeschneidert«. Nun machten wir eine längere Pause, so wie es weiter vorne beschrieben ist (siehe »Lösung: Inkubationseffekte nutzen, Pausen machen«). Und als die Teams zurückkamen, fanden sie mögliche Analogien, bis es tatsächlich zum Heurekamoment, zur Einsicht kam: Luftballons. Sie verbanden genau diese Eigenschaften, waren schnell zu beschaffen und damit die optimale Lösung. Wir ließen sie so

KREATIVER DENKEN **257**

bedrucken, dass der Produktname größer wurde, wenn sie aufgeblasen wurden, wählten starke Farben und hatten das, was das Team sich gewünscht hatte. Im Rückblick klingt es auch wirklich einfach und logisch.

TEIL 3:
Wie denkt sich's besser?

»Erst handeln, dann denken!«

ANONYMER POLITIKER

Brainjogging, Kreuzworträtsel, Sudoku, Bilderrätsel machen ... all diese Spiele machen Spaß! Sie trainieren dabei allerdings immer nur eine spezielle Fähigkeit, nicht aber Ihre generelle Konzentrationsfähigkeit oder strategisches Denken. Trainiert werden können aber auch die Kapazität des Arbeitsgedächtnisses (also wie viele Chunks es gleichzeitig präsent halten kann), die Geschwindigkeit, mit der Informationen gespeichert und abgerufen werden können, und die Einsicht in analoge Problemzusammenhänge. Um das mit Erfolg und vor allem Spaß zu trainieren, hat Hermann Rüppell die Methode Neurospeed entwickelt. Neurospeed bringt Ihre neuronalen Verdrahtungen auf Trab; Sie erweitern damit die Kapazität Ihres Arbeitsgedächtnisses auf kreative und spielerische Art.

Mit Neurospeed die grauen Zellen auf Trab bringen

Sie wissen ja: Das Arbeitsgedächtnis speichert Inhalte zwischen, sucht nach passenden Assoziationen im Langzeitgedächtnis, ruft Kombinationsregeln ab, hält Zwischenergebnisse warm und präsentiert schließlich die Lösungen Ihres Denkens. Und genauso ist Neurospeed aufgebaut. Das Spiel fordert Ihr Gehirn heraus, mehrere Arbeitsschritte gleichzeitig zu vollziehen. Sie lernen so eine Technik kennen, um die Kapazität Ihres Oberstübchens zu steigern. Und Sie können später auch anderen dabei helfen, denn die Entwicklungsmöglichkeiten nach dem Neurospeed-Prinzip sind nahezu unendlich. Die einzige Grenze ist Ihre Kreativität. Und wie Sie die entspannt überschreiten, haben Sie ja in den vorherigen Kapiteln erfahren.

Der sogenannte n-back-Test ist eine ganz besonders fordernde Trainingsvariante, die einfach funktioniert und sehr verbreitet ist. Sie können sich das so vorstellen: Sie sehen eine Reihe von Buchstaben (= Reizen). Einen nach dem anderen. Die vorhergehenden Buchstaben müssen Sie im Gedächtnis behalten, während Sie die neuen sehen. Ihre Aufgabe ist es, auf einen Knopf zu drücken, wenn der Buchstabe, den Sie gerade sehen, deckungsgleich ist mit dem, den Sie zwei Buchstaben früher gesehen haben. So könnte eine solche Buchstabenreihe aus-

n-back-Test

sehen, bei der Sie jeden Buchstaben einzeln für eine kurze Zeit sehen, dann den nächsten, dann den nächsten usw.:

C D E C F C E C ...

Aufgabenstellung Die Aufgabenstellung lautet: »Wurde der gleiche Buchstabe zwei Buchstaben vorher schon mal gezeigt?« Sie müssen also beim dritten C und beim vierten C auf den Knopf drücken. Wenn es eine 4-back-Aufgabe wäre, hätten Sie beim E und beim vierten C klicken müssen. So einfach ist das!

In der Regel fängt das Training bei niedrigen n-backs an. Je besser Sie werden, desto größer wird der Abstand: erst 2, dann 3, dann 4, dann 5 usw. Es geht aber nicht nur um Buchstabengleichheit, sondern auch um den Ort, an dem der Buchstabe auf dem Bildschirm erscheint. Diesen zweiten Satz von (lokalen) Reizen müssen Sie parallel beachten. Und auch hier gilt das n-back-Prinzip. Taucht ein Buchstabe oben links auf, müssen Sie dann klicken, wenn zwei Buchstaben zuvor (2-back) ebenfalls an genau der Stelle ein Buchstabe zu sehen war. Sie können sich bereits vorstellen, dass es schon mehr als eine kleine Herausforderung ist, die Buchstaben- und die Ortsaufgabe gleichzeitig zu lösen. Aber genau das macht Ihr Arbeitsgedächtnis die ganze Zeit: Es hält Reize für kurze Zeit im Zwischenspeicher: Gehörtes, Gesehenes, Erzähltes, Gemaltes. Nur so kann es die nachfolgenden Reize vergleichen und ein Muster oder einen Sinn darin erkennen: z. B. eine grüne Ampel oder den Satz »Fahr endlich, es ist grün«. Nur der Vergleich mit einer früher schon einmal aufgetauchten Ampel und dem damit verbundenen Wissen, dass Sie dann losfahren dürfen, führt zu einem sinnvollen Handlungsresultat. Ähnlich ergeht es Ihnen mit der freundlichen Aufforderung des Beifahrers: Nur wenn Sie den Satz, den er äußert, abgleichen können mit etwas, was Sie in Ihrem Arbeitsgedächtnis zwischengespeichert haben, drücken Sie auch wirklich aufs Gaspedal. Ohne Arbeitsgedächtnis könnten Sie kein Bild erkennen, keinen Satz verstehen. Denn auch da müssen Sie ja den Anfang so lange im Kopf behalten, bis Sie das Ende gelesen oder gehört haben. Deswegen sind lange Schachtelsätze auch Denkkiller. Sie überlasten Ihr Arbeitsgedächtnis, weil Sie zu viele n-backs parallel im Kopf behalten müssen. Aber Sie trainieren ja nicht nur wegen der Schachtelsätze in den Vorträgen Ihrer Kollegen. Sie wollen generell mehr Kapazität im Arbeitsgedächtnis zur Verfügung haben, um auch den größeren Problemen in Alltag und Beruf entspannt entgegentreten zu können. Eine Studie von Walter Perrig (2008) mit den n-back-Tests zeigte: Nach sieben Stunden Training (verteilt auf 20-Minuten-Päckchen täglich) waren die Teilnehmer deutlich besser in der Lage, ihnen bis dahin unbekannte Probleme zu lösen. Im Schnitt verbesserte sich ihre Leistung um 13 Prozent. Jeder war also um ca. ein Siebtel schlauer geworden. Nicht schlecht für drei Wochen, oder?

Hermann Rüppell hat eine ganze Reihe Spiele entwickelt, die diesen Mechanismus der n-back-Tests unterhaltsam umsetzen. Ein solches Trainingstool ist das bereits erwähnte Neurospeed. Die nachfolgend abgedruckte Variante zeigt drei Level: Warm-up, Stretching und Bodybuilding. Sie alle folgen dem gleichen Grundprinzip, die Spanne Ihres mentalen CEO zu erweitern. Das erreicht das Spiel, indem es Sie dazu bringt, immer mehr Leistungen vom mentalen CEO durchführen zu lassen.

Spiel mit drei Levels

Wie funktioniert das Spiel? Sie sehen Spielkarten. Darauf stehen unvollständige Namen von Städten, Ländern, Flüssen, Inseln, Tieren oder auch Vornamen. Unvollständig heißt, dass Silben fehlen. Ihr Ziel ist es, die jeweils fehlende Silbe im Kopf zu ergänzen – und sie auch im Kopf zu behalten. Denn aus den Silben ergibt sich jeweils das Lösungswort.

Sie sehen am oberen Rand der Spielkarten sechs kleine Symbole. Sie stehen für die oben genannten Kategorien, in dieser Reihenfolge: Stadt, Land, Fluss, Insel, Tier, Vorname. Aus diesen Kategorien kann auch das Lösungswort stammen. Am unteren Rand der Karte steht ein großes Icon. Es zeigt an, aus welchem Bereich das unvollständige Wort kommt.

Hier die Spielregeln für zwei oder mehrere Spieler:

1. Spieler 1 zieht eine Karte und legt sie offen auf den Tisch. Alle Spieler versuchen, den fehlenden Wortteil zu finden.
2. Die zweite Karte nach einiger Zeit umdrehen. Wieder suchen alle nach dem fehlenden Wortteil.

3. Aus den fehlenden Wortteilen ergibt sich ein neues Wort. Wer es als Erster nennt, bekommt die Karte.

Warm-up Schauen Sie sich bitte erst die Lösungen an, nachdem Sie es gespielt haben. Viel Spaß beim Warm-up!

1. PAVI + WASHING

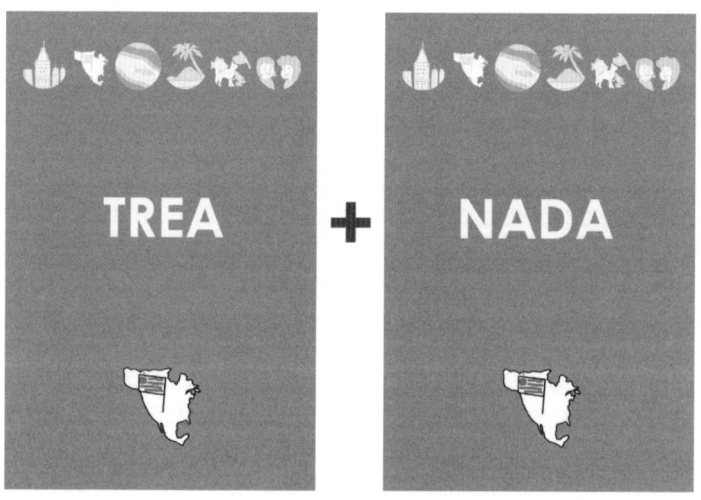

2. TREA + NADA

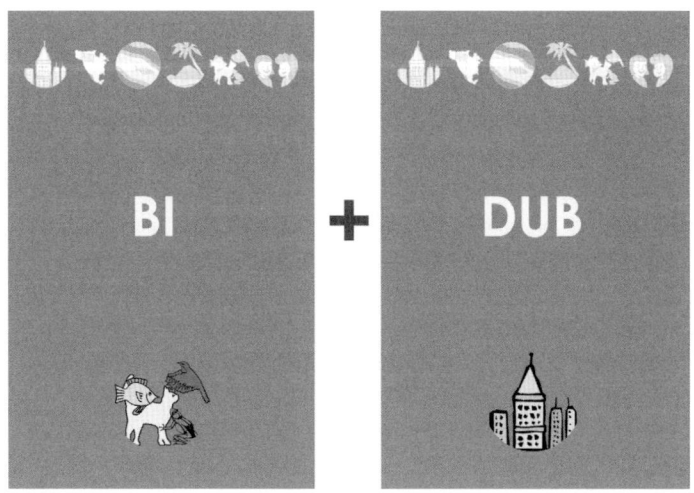

3. BI + DUB

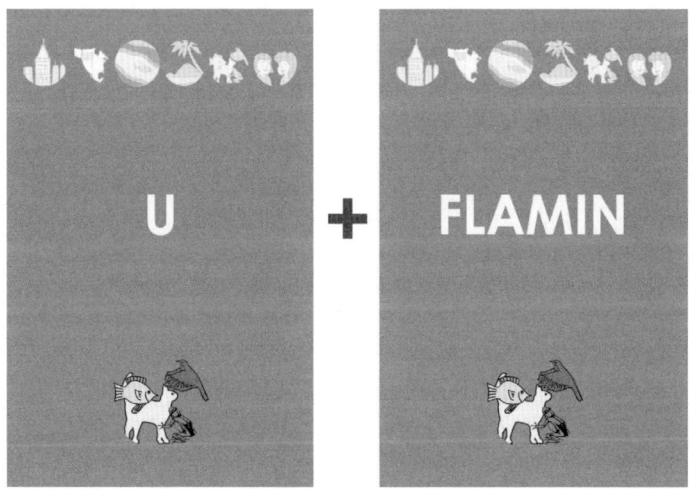

4. U + FLAMIN

Stretching Und nun kommen Sie zu Stufe zwei. Jetzt geht es um eine weitere Aktion im Arbeitsgedächtnis. Sie müssen die beiden Silben über Kreuz kombinieren. Und los geht's!

5. THEM + BICHT

6. MÖ + GANDA

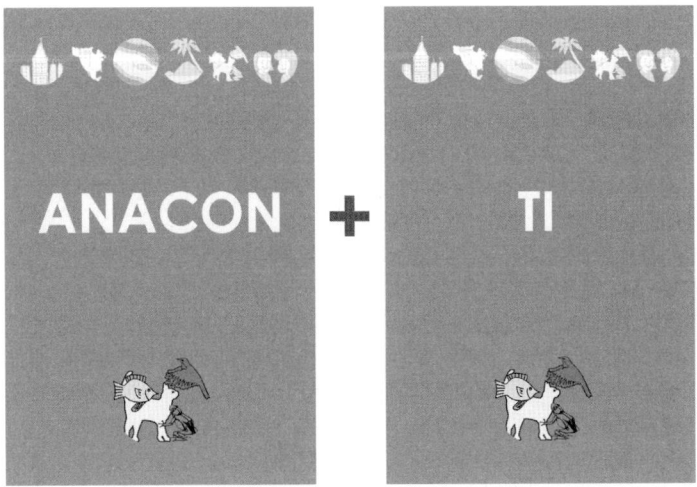

7. ANACON + TI

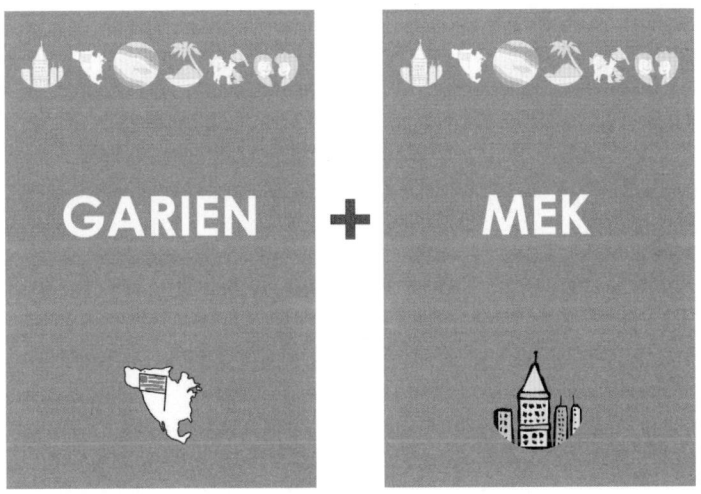

8. GARIEN + MEK

Bodybuilding In dieser Stufe gibt es nun Karten, bei denen sich die gesuchten Begriffe aus mehreren Worthälften zusammensetzen. Deshalb befinden sich zwei unvollständige Wörter auf einer Kartenseite. Jetzt müssen Sie drei Silben zu einem neuen Wort kombinieren.

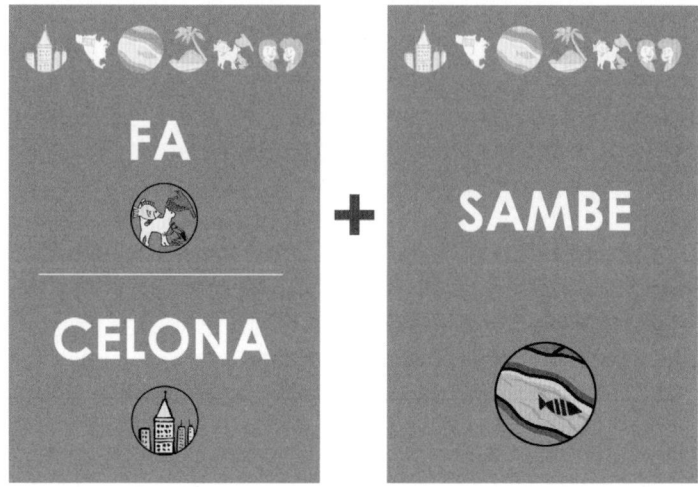

9. FA // CELONA + SAMBE

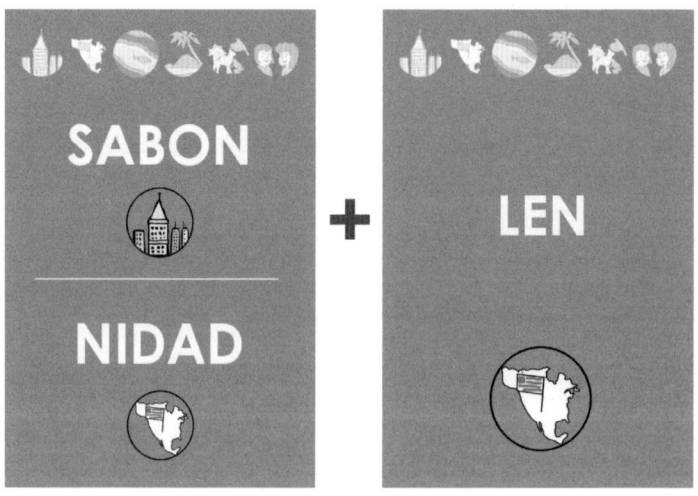

10. SABON // NIDAD + LEN

11. MEL // KAT + LAND

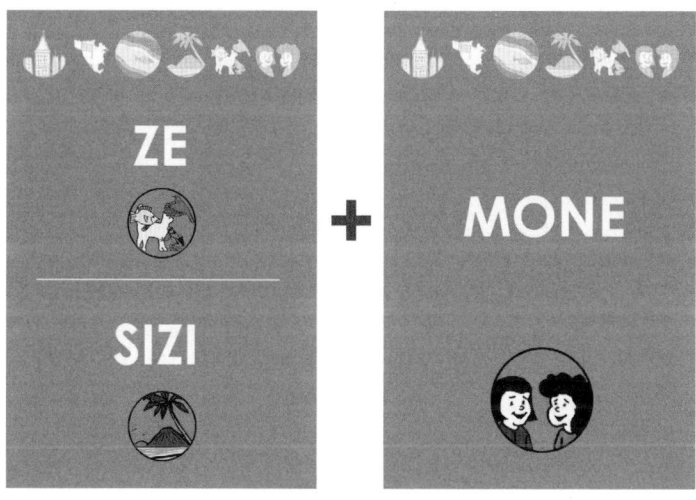

12. ZE // SIZI + MONE

Mr. Olympia Bodybuilding Jetzt geht es um vier Silben. Alles andere bleibt gleich. Sie müssen nun die vier Silben im Kopf zu einem sinnvollen Wort zusammensetzen.

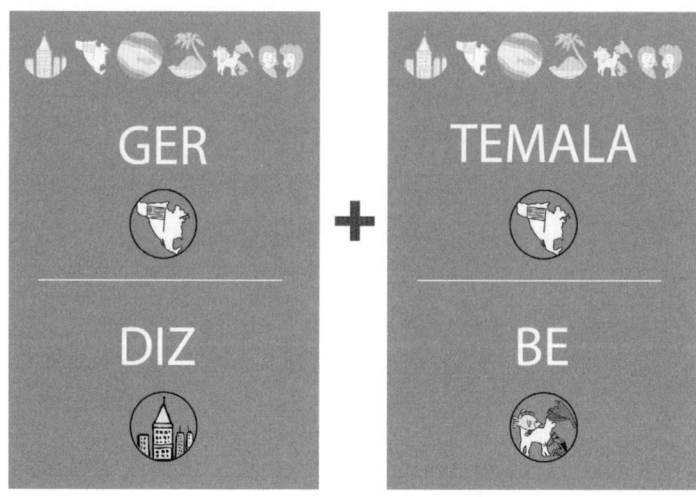

13. Paar: GER // DIZ + TEMALA // BE

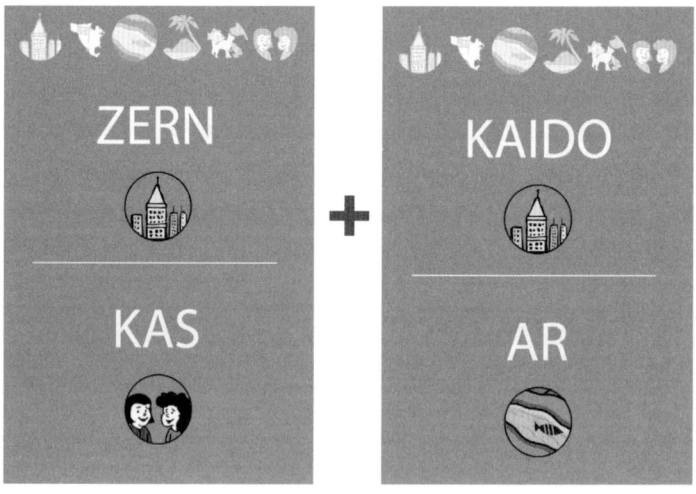

14. Paar: ZERN // KAS + KAIDO // AR

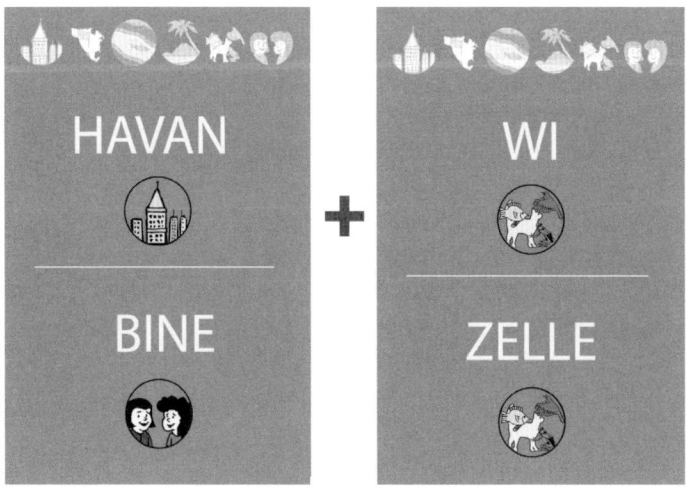

15. Paar: HAVAN // BINE + WI // ZELLE

Sie merken, die Belastung nimmt unaufhörlich zu. Aber ohne Intensitätssteigerung kein Trainingseffekt. Und daher gilt wie in vielen anderen Bereichen des Lebens auch hier: Stetiges Fortführen dieser Kombinationsübungen führt zum Erfolg. In den vielen Jahren der Forschung haben wir mehrere Sets solcher Trainingskarten entwickelt. Sie erhalten sie über unsere Website oder im Handel. Oder indem Sie sich telefonisch an unser Team wenden.

Nun bleibt mir noch, Ihnen viel Spaß beim Training und beim Umgehen der Denkfallen zu wünschen.

Hier die Lösungen:

Warm-up: Anton, Erika, Berlin, Hugo.
Stretching: Hase, Uwe, Gerda, Kabul.
Bodybuilding: Sansibar, Tripolis, Jamaika, Brasilien.
Mr. Olympia Bodybuilding: Nicaragua, Honolulu, Nagasaki!

Anhang

Literaturverzeichnis

Aitchison, J. (1992). Words in Mind. An Introduction to the Mental Lexicon. Oxford: Blackwell Publishers Ltd.

Alexander, J.K., Hillier, A., Smith, R.M., Tivarus, M.E., & Beversdorf, D.Q. (2007). Beta-adrenergic Modulation of Cognitive Flexibility during Stress. In: Journal of Cognitive Neuroscience, 19 (3), 468–478.

Alloway, T.P., & Gathercole, S.E. (2006, Eds.). Working memory and neurodevelopmental conditions. Hove, England: Psychology Press.

Alloway, T.P. (2007). Working Memory, Reading and Mathematical Skills in Children with Developmental Coordination Disorder. In: Journal of Experimental Child Psychology, 96, 20–36.

Alloway, T.P., & Gathercole, S.E. (2008). Working memory & learning. A practical guide. London: Sage Press.

Alloway, T.P., Gathercole, S.E., Kirkwood, H.J., & Elliott, J.E. (2009). The cognitive and behavioural characteristics of children with low working memory. In: Child Development, 80, 606–621.

Alloway, T.P. (2009). Working memory, but not IQ, predicts subsequent learning in children with learning difficulties. In: European Journal of Psychological Assessment, 25.

Amabile, T.M. (1996). Creativity in context. Update to the Social Psychology of Creativity. Boulder: Westview Press.

Anderson, J.R. (1983). The architecture of Cognition. Harvard: Harvard University Press.

Anderson, J.R. (1993). Rules of the mind. Hillsdale NJ: Lawrence Erlbaum Asso Inc.

Anderson, J.R. (2001). Kognitive Psychologie. Heidelberg; Berlin: Spektrum Akademischer Verlag.

Ariely, D. (2010). Predictably irrational. New York: Harper Perennial.

Arkes, H.R., & Blumer, C. (1985). The psychology of sunk cost. In: Organizational Behavior and Human Decision Processes, Vol. 35, Issue 1, 124–140.

Ashby, F.G., Ell, S.W., Valentin, V.V., & Casale, M.B. (2005). Frost:

A distributed neurocomputational model of working memory maintenance. In: Journal of Cognitive Neuroscience, 17, 1728–1743.

Ashcraft, M. H., & Kirk, E. P. (2001). The relationships among working memory, math anxiety and performance. In: Journal of Experimental Psychology: General, 130, 224–237.

Atkinson, R. C., & Shiffrin, R. M. (1968). Human memory: A proposed system and its control processes. In: Spence, K. W., & Spence, J. T. (Eds.). The psychology of learning and motivation. New York: Academic Press, Vol. 2, 89–195.

Atkinson, R. L., Atkinson, R. C., Smith, E. E., & Bem, D. J. (1993). Introduction to Psychology. New York: Harcourt Brace.

Atwood, M. E., & Polson, P. G. (1976). A process for water jug problems. In: Memory and Cognition, 8, 182–192.

Baddeley, A. D., & Hitch, G. J. L (1974). Working Memory. In: G. A. Bower (Ed.). The psychology of learning and motivation: advances in research and theory, New York: Academic Press, Vol. 8, 47–89.

Baddeley, A. D. (1992). Working Memory. In: Science, 255, 556–559.

Baddeley, A. D. (2000). The episodic buffer: a new component of working memory? In: Trends in Cognitive Sciences, Vol. 4, Issue 11, 417–423.

Baddeley, A. D. (2003). Working Memory. Looking back and looking forward. In: Nature Reviews Neuroscience, 4, 829–839.

Bagnara, S., et al. (2014). Beyond the Optimal Flow. Pause, Detachment, Serendipity, and Action. In: Korunka, C., et al. (2014, Eds.). The Impact of ICT on Quality of Working Life. Berlin: Springer, 191–204.

Bak, P. (1996). How Nature Works: The Science of Self-Organized Criticality. New York: Copernicus.

Bargh, J. A., Chen, M., & Burrows, L. (1996). Automaticity of social behaviour. Direct effects of trait construct and stereotype priming on action. In: Journal of Personality and Social Psychology, 71 (2), 230–244.

Barkley, R. A. (2006). Attention-Deficit Hyperactivity Disorder. New York: The Guilford Press.

Barrouillet, P., Bernardin, S., & Camos, V. (2004). Time constraints and resource sharing in adults' working memory spans. In: Journal of Experimental Psychology: General, 133, 83–100.

Bechara, A., Damasio, A. R., Damasio, H., & Anderson, S. W. (1994). Insensitivity to future consequences following damage to human prefrontal cortex. In: Cognition, 50, 7.

Beilock, S. L., & Carr, Th. H. (2005). When High-Powered People Fail. Working Memory and »choking under pressure« in math. In: Psychological Science, 16, 101–105.

Beilock, S. (2008). Math Performance in Stressful Situations. In: Current Directions in Psychological Science, 17, 339–343.

Ben-Zur, H., & Breznitz, S. J. (1981). The effect of time pressure on risky choice behavior. In: Acta Psychologica, Vol. 47, Issue 2, February 1981, 89–104.

Bodi, N., Szabolcs, K., Nagy, H., Moustafa, A., et al (2009). Reward-learning and the novelty-seeking personality. A between- and within-subjects study of the effects of dopamine agonists on young Parkinson's patients. In: Brain Online. A Journal Of Neurology, Oxford University Press. doi:10.1093/brain/awp094.

Bördlein, C. (2000). Die Bestätigungstendenz. Warum wir (subjektiv) immer Recht behalten. In: Skeptiker, 13, 132–138.

Bornstein, B. H., & Emler, A. C. (2001). Rationality in medical decision making. A review of the literature on doctors' decision-making biases. In: Journal of Evaluation in Clinical Practice, 7, 97–107.

Bransford, J. D., & Johnson, M. K. (1972). Contextual Prerequisites for Understanding. In: Journal of experimental Psychology, 47, 719.

Brewer, Noel T., & Chapman, Gretchen B. (2002). The Fragile Basic Anchoring Effect. In: Journal of Behavioral Decision Making, Vol. 15, 65–77.

Buschman, T. J., & Miller, E. K. (2007). Top-down versus bottom-up control of attention in the prefrontal and posterior parietal cortices. In: Science, 315, 1860–1862.

Byrne, Ruth M. J., & Johnson-Laird, P. N. (2009). »If« and the problems of conditional reasoning. In: Trends in Cognitive Science, Vol. 13, No. 7, 282–287.

Casscells, W., Schoenberger, A., & Graboys, T. B. (1978). Interpretation by physicians of laboratory results. In: New England Journal of Medicine, 299, 99–101.

Cattell, R. B. (1973). Die empirische Forschung der Persönlichkeit, Weinheim: Beltz Verlag.

Chapman, G. B., & Bornstein, B. H. (1996). The More You Ask For, the More You Get. Anchoring in Personal Injury Verdicts. In: Applied Cognitive Psychology, Vol. 10, 519 ff.

Chase, W. G., & Simon, H. A. (1973). Perception in chess. In: Cognitive Psychology, 4, 55–81.

Cheng, P. W., & Holyoak, K. J. (1985). Pragmatic reasoning schemas. In: Cognitive Psychology, 17, 391–416.

Chomsky, Noam (1965). Aspects of the Theory of Syntax. Cambridge, MA: MIT Press.

Collette, F., Hogge, M., Salmon, E., & Van der Linden, M. (2006). Exploration of the neural substrates of executive functioning by functional neuroimaging. In: Neuroscience, 139, 209–221.

Comdirect bank (2011). Kunden-Motive 2011: Kopf oder Bauch? Wie die Deutschen bei Geld und Finanzen entscheiden. Studie durchgeführt vom Meinungsforschungsinstitut Forsa.

Constantinidis, C., & Wang, X. J. (2004). A neural circuit basis for spatial working memory. In: Neuroscientist, 10 (6), 553–565.

Conway, A. R. A., Kane, M. J., & Engle, R. W. (2003). Working memory capacity and its relation to general intelligence. In: Trends in Cognitive Sciences, 7, 547–552.

Conway, A. R. A., Kane, M. J., Bunting, M. F., Hambrick, D. C., Wilhelm, O., & Engle, R. W. (2005). Working memory span tasks: A methodological review and user's guide. In: Psychonomic Bulletin & Review, 12, 769–778.

Conway, A. R. A., Jarrold, C., Kane, M. J., Miyake, A., & Towse, J. N. (Eds.) (2007). Variation in working memory. New York: Oxford University Press.

Cosmides, L., & Tooby, J. (1996). Are humans intuitive staticians after all? Rethinking some conclusions from the literature on judgement under uncertainty. In: Cognition #58 (1), 1–73.

Cowan, N. (1995). Attention and memory. An integrated framework. New York: Oxford University Press.

Cowan, N. (1999). An embedded-processes model of working memory. In: Miyake, A., & Shah, P. (Eds.). Models of working memory. Mechanisms of active maintenance and executive control. Cambridge: Cambridge University Press, 62–101.

Cowan, N. (2001). The magical number 4 in short-term memory. A reconsideration of mental storage capacity. In: Behavioral and Brain Sciences, 24, 87–185.

Cowan, N. (2005). Working memory capacity. New York, NY: Psychology Press.

Cowan, N., & Alloway, T. P. (2008). The development of working memory. In: Cowan, N. (Ed.). Development of Memory in Childhood, 2nd edition, 303–342. Hove, England: Psychology Press.

Crainer, S. (2002). Die 75 besten Managemententscheidungen aller Zeiten. Landsberg am Lech: Verlag Moderne Industrie.

Curtis, C. E., & D'Esposito, M. (2003). Persistent activity in the prefrontal cortex during working memory. In: Trends in Cognitive Sciences, 7, 415–423.

Czeisler C. A. (2011). Impact of sleepiness and sleep deficiency on public health – utility of biomarkers. J Clin Sleep Med. 2011 Oct 15; 7 (5 Suppl): 6–8.

Damasio, A. (2004). Ich fühle, also bin ich. München: List Verlag.

Damasio, A. (1994). Descartes' error: Emotion, reason and the human brain. New York: Putnam.

Daneman, M., & Carpenter, P. A. (1980). Individual differences in working memory and reading. In: Journal of Verbal Learning and Verbal Behavior, 19, 450–466.

Davies, M. F. (1997). Belief persistence after evidential discrediting. The impact of generated versus provided explanations on the likelihood of discredited outcomes. In: Journal of Experimental Social Psychology, 33, 561–578.

Dawes, R. M. (1988). Rational choice in an uncertain world. San Diego, CA: Harcourt Brace Jovanovich.

Dijksterhuis, A., & van Knippenberg, A. (1998). The relation between perception and behaviour, or how to win a game of trivial pursuit. In: Journal of Personality and Social Psychology, 74 (4), 865–877.

Dörner, D. (1989). Die Logik des Misslingens. Reinbek: Rowohlt Taschenbuch Verlag.

Dörner D., et al. (1980). Planen, Handeln und Entscheiden in sehr komplexen Realitätsbereichen. In: Michaelis, W. (Hrsg.). Bericht über den 32. Kongreß der Deutschen Gesellschaft für Psychologie, Zürich; Göttingen: Hogrefe.

Dunbar, K. (1997). On-line inductive reasoning in scientific laboratories: What it reveals about the nature of induction and scientific discovery. In: Shafto, M. G., & Langley, P. (Eds.). Proceedings of the 19th annual conference of the Cognitive Scinece Society. Hillsdale, NJ: Lawrence Erlbaum Associates Inc.

Duncker, K. (1935). Zur Psychologie des produktiven Denkens. Berlin: Springer.

Dutton, D. G., & Aron, A. P. (1974). Some evidence for heightened sexual attraction under conditions of high anxiety. In: Journal of Personality and Social Psychology, 30, 510–517.

Edin, F., Klingberg, T., Johansson, P., McNab, F., Tegnér, J., & Compte, A. (2009). Mechanism for top-down control of working memory capacity. In: PNAS, 106, 6802–6807.

Ellis, A. (2008). Grundlagen und Methoden der Rational-Emotiven Verhaltenstherapie. Stuttgart: Klett-Cotta.

Engle, R. W. (2002). Working Memory Capacity as executive attention. In: Current Directions in Psychological Science, 11, 19–23.

Engle, R. W., Tuholski, S. W., Laughlin, J. E., & Conway, A. R. A. (1999). Working memory, short term memory and general fluid intelligence. A latent variable approach. In: Journal of Experimental Psychology: General, 128, 309–331.

Erickson, J. R. (1978). Research in syllogistic reasoning. In: Revelin, R., & Meyer, R. E. (Eds.). Human reasoning. New York: John Wiley, 39–50.

Ericsson, K. A., Kintsch, W. (1995). Long-term working memory. In: Psychological Review, 102, 211–245.

Fairhurst, G., & Sarr, R. (1996). The art of framing: Managing the language of leadership. San Francisco: Jossey-Bass.

Farah, M. J. (1988). Is visual imagery really visual? Overlooked evidence from neuropsychology. In: Psychological Review, 95 (3), 307–317.

Fauconnier, G., & Turner, M. (2002). The way we think. Conceptual Blending and the Mind's Hidden Complexities. New York: Basic Books.

Finkelstein, S. (2009). Warum gute Manager schlecht entscheiden. In: Harvard Business Manager, Mai 2008, 22–32.

Funke, J. (2003). Problemlösendes Denken. Stuttgart: Kohlhammer.

Fuster, J. M. (1973). Unit-activity in prefrontal cortex during delayed-response performance – neuronal correlates of transient memory. In: Journal of Neurophysiology, 36, 61–78.

Fuster, J. M. (1997). The Prefrontal Cortex: Anatomy, physiology, and neuropsychology of the frontal lobe. Philadelphia: Lippincott Williams & Wilkins.

Galton, F. (1907). Vox Populi. In: Nature. London; New York: Nature Publishing Group, 450–451.

Gardner, H. (2005). Abschied vom IQ. Die Rahmen-Theorie der vielfachen Intelligenzen. Stuttgart: Klett-Cotta.

Gazzaniga, M. S., Ivry, R. B., & Mangun, G. R. (1998). Cognitive Neuroscience: The biology of the mind. New York: W. W. Norton.

Geer, D. (2003). CyberInsecurity: The Cost of Monopoly. Herausgegeben von der Computer and Communications Industry Association (CCIA).

Gentner, D., Rattermann, M.J., & Forbus, K. (1992). The role of similarity in transfer. In: Cognitive Psychology, 25, 431–467.

Gentner, D. (1998). Analogy. In: Bechtel, W., & Graham, G. (Eds.). A companion to cognitive science. Oxford: Blackwell, 107–113.

Gentner, D., et al. (2001). The Analogical Mind. Cambridge, MA: MIT Press.

Giesler, M. (2003). Kreativität und organisationales Klima. Münster: Waxmann.

Gigerenzer, G. (2007). Bauchentscheidungen. Die Intelligenz des Unbewussten und die Macht der Intuition. München: Goldmann.

Gilman, R. (1986). Morphogenetic Fields And Beyond. New research is undermining old ideas of separation by Robert Gilman, including an interview with Rupert Sheldrake. (c) 1986, 1997 by Context Institute.

Gladwell, M. (2005). Blink! Die Macht des Moments. Frankfurt am Main: Campus Verlag.

Glenberg, A.M., Schroeder, J.L., & Robertson, D.A. (1998). Averting the gaze disengages the environment and facilitates remembering. In: Memory & Cognition, Vol. 26 (4), 651–658.

Gobet, F. (2000). Some shortcomings of long-term working memory. In: British Journal of Psychology, 91, 551–570.

Goldberg, E. (2002). Wie das Gehirn Pläne schmiedet. Kirchzarten: VAK Verlags GmbH.

Green, A.J.K., & Gilhooly, K.L (1992). Empirical Advances in expertice research. In: Keane, M.T., & Gilhooly, K.J. (Eds.). Advances in the psychology of thinking. London: Harvester Wheatsheaf.

Greenfield, Susan (2003). Reiseführer Gehirn. Heidelberg; Berlin: Spektrum Akademischer Verlag.

Griggs, R.A., & Newstead, St.E. (1983). The source of intuitive errors in Wason's THOG problem. In: British Journal of Psychology, Vol. 74, Issue 4, 451–459.

Guida, A., & Tardieu, H. (2005). Is personalisation a way to operationalise long-term working memory? In: Current Psychology Letters: Behaviour, Brain & Cognition, 15 (1), 1–15.

Guida, A., Tardieu, H., & Nicolas, S. The personalisation method applied to a working memory task: evidence of long-term working memory effects. In: European Journal of Cognitive Psychology, 21 (6), 862–896.

Gupta, R., Duff, M.C., Denburg, N.L., Cohen, N.J., Bechara, A., &

Tranel, D. (2009). Declarative memory is critical for sustained avantageous complex decision-making. In: Neuropsychologia, 47, 1686–1693.

Haddock, G., Rothman, A.J., Reber, R., & Schwarz, N. (1999). Forming judgments of attitude certainty, intensity, and importance. The role of subjective experiences. In: Personality and Social Psychology Bulletin, 25, 771–782.

Haier, R.J., Siegel, B.V., MacLachlan, A., Soderling, E., Lottenberg, S., & Buchsbaum, M.S. (1992). Regional glucose metabolic changes after learning a complex visuospatial / motor task: a positron emission tomographic study. in: Brain Research 570, 134–143.

Hale-Evans, R. (2006). Mind Performance Hacks. Peking; Cambridge; Franham; Paris; Köln: O'Reilly.

Halford, G.S., Baker, R., McCredden, J.E., & Bain, J.D. (2005). How many variables can humans process? In: Psychological Science, 16, 70–76.

Harr, J. (1995). A Civil Action. New York: Random House.

Hartley, J., & Cunningham, St. (2002). Creative Industries: from Blue Poles to fat pipes. In: Gillies, M., Carroll, M., Dash, J. (Eds.). The National Humanities and Social Sciences Summit: Position Papers, Canberra. DEST.

Hastie, R., & Dawes, R.M. (2001). Rational choice in an uncertain world. Thousand Oaks: Sage.

Hausmann, M., et al. (2000). Sex Hormones affect spatial abilities during the Menstrual Cycle. In: Behavioral Neuroscience, 114, 1245–1250.

Hinsz, V.B., Kalnbach, L.R., & Lorentz, N.R. (1997). Using Judgmental Anchors to Establish Challenging Self-Set Goals Without Jeopardizing Commitment. In: Organizational Behavior and Human Decision Processes, Vol. 71, No. 3, September, 287–308.

Hoffrage, U., & Vitouch, O. (2002). Evolutionspsychologie des Denkens und Problemlösens. In: Müsseler, J., & Prinz, W. (Hrsg.). Allgemeine Psychologie (Kap. 5c). Heidelberg: Spektrum.

Holm-Hadulla, R.M. (2011). Kreativität zwischen Schöpfung und Zerstörung. Eine Synthese kulturwissenschaftlicher, psychologischer und neurobiologischer Forschungsergebnisse. Göttingen: Vandenhoeck & Ruprecht.

Holyoak, K.J., & Thagard, P. (1989). Analogical Mapping by constraing satisfaction. In: Cognitive Science, 13, 295–355.

Holyoak, K.J., & Thagard, P. (1995). Mental leaps. Cambridge, MA: MIT Press.

Honey, G. D., Fu, C. H. Y., Kim, J., Brammer, M. J., Coroudace, T. J., Suckling, J., et al. (2002). Effects of verbal working memory load on corticocortical connectivity modeled by path analysis of functional magnetic resonance imaging data. In: NeuroImage, 17, 573–582.

Howe, M. J. A. (1990). The original of exceptional abilities. London: Blackwell.

Hsee, C. K. (1996). The evaluability hypothesis. An explanation for preference reversals between joint and separate evaluations of alternatives. In: Organizational Behavior and Human Decision Processes, 67, 247–257.

Hulme, C., Roodenrys, S., Brown, G., & Mercer, R. (1995). The role of long-term memory mechanisms in memory span. In: British Journal of Psychology, 86, 527–536.

Hummel, J. E., & Holyoak, K. J. (1997). Distributed representations of structure. A theory of analogical access and mapping. In: Psychological Review, 38, 487–506.

Hussy, W. (1984). Denkpsychologie. Stuttgart: Kohlhammer.

Imbo, I., Vandierendonck, A., & Verguewe, E. (2007). The role of working memory in carrying and borrowing. In: Psychological Research, 71, 467–483.

Inhelder, B., & Piaget, J. (1958). The growth of logical thinking from childhood to adolescence. New York: Base Books.

Jaeggi, S. M., Buschkuehl, M., Jonides, J., & Perrig, W. J. (2008). Improving fluid intelligence with training on working memory. In: PNAS 13; 105 (19), 6829–6833.

Janis, I. L., & Mann, L. (1977). Decision Making. A psychological analysis of conflict, choice, and commitment. New York: Free Press.

Jung-Beeman, M., Bowden, E. M., et al. (2004). Neural activity observed in people solving verbal problems with insight. In: Public Library of Science – Biology, 2 (4).

Just, M. A., & Carpenter, P. A. (1992). A capacity theory of comprehension: Individual differences in working memory. In: Psychological Review, 99, 122–149.

Kahneman, D., Knetsch, J. L., & Thaler, R. H. (1990). Experimental tests of the endowment effect and the Coase theorem. In: Journal of Political Economy, 98 (6), 1325–1348.

Kahneman, D., & Tversky, A. (1973). On the psychology of prediction. In: Journal of Psychology, 80, 237–251.

Kahneman, D., & Tversky, A. (1984). Choices, values and frames. In: American Psychologist, 39, 341–350.

Kane, M. J., et al. (2007). Working Memory, Attention Control, and the N-Back Task. A Question of Construct Validity. In: Journal of Experimental Psychology: Learning, Memory, and Cognition, 2007, Vol. 33, No. 3, 615–622.

Kane, M. J., & Engle, R. W. (2002). The role of prefrontal cortex in working-memory capacity, executive attention, and general fluid intelligence. An individual differences perspective. In: Psychonomic Bulletin & Review, 9, 637–671.

Kane, M. J., Brown, L. H., McVay, J. C., Silvia, P. J., Myin-Germeys, I., Keane, M. T., & Gilhooly, K. J. (1992). Advances in the psychology of thinking. London: Harvester Wheatsheaf.

Kast, Bas (2009). Wie der Bauch dem Kopf beim Denken hilft. Die Kraft der Intuition. Frankfurt am Main: S. Fischer.

Kempton, W. (1986). Two Theories of Home Heat Control. In: Cognitive Science, 10, 75–90.

Kenworthy, L., Yerys, B. E., Anthony, L. G., & Wallace, G. L. (2008). Understanding executive control in autism spectrum disorders in the lab and in the real world. In: Neuropsychol Rev. doi:10.1007/s11065-008-9077-7. PMID 18956239.

Kessler, E., Weick, K., & Bailey, J. R. (2007). Handbook of Organizational and Managerial Wisdom. New York: Sage Inc. Publication.

Kim, W. C., et al. (2005). Der blaue Ozean als Strategie. Wie man neue Märkte schafft, wo es keine Konkurrenz gibt. München: Carl Hanser Verlag.

Kimura, D., & Hampson, E. (1994). Cognitive Pattern in men and women is influenced by fluctuations in sex hormones. In: Curr Dir. Psychol Sci, 1994, 3, 57–61.

Kintsch, W., Patel, V., & Ericsson, A. (1999). The role of long-term working memory in text comprehension. In: Psychologia, 42, 186–198.

Klauer, K. C., Musch, J., & Naumer, B. (2000). On belief bias in syllogistic reasoning. In: Psychological Review, 107, 852–884.

Klein, G. (1999). How people make decisions. Cambridge, MA: MIT Press.

Klein, K., & Boals, A. (2001). The relationship of life events stress and working memory capacity. In: Applied Cognitive Psychology, 15, 565–579.

Klimesch, W. (2006). Binding principles in the theta frequency range. In:

Zimmer, H. D., Mecklinger, A., & Lindenberger, U. (Eds.). Handbook of binding and memory (115–144). Amsterdam: Elsevier.

Klingberg, T., Forssberg, H., & Westerberg, H. (2002). Training of working memory in children with ADHD. In: Journal of Clinical & Experimental Neuropsychology, 24, 781–791.

Klingberg, T. (2008). Multitasking. Wie man die Informationsflut bewältigt ohne den Verstand zu verlieren. München: C.H. Beck.

Knee, C. R., & Boon, S. D. (2001). When the glass is half-empty. Framing effects and evaluations of a romantic partner's attributes. In: Personal Relationships, 8, 249–263.

Koechlin, E., & Hyafil, A. (2007). Anterior prefrontal function and the limits of human decision making. In: Science, 318, 594–598.

Koehler, J. J. (1996). The base rate fallacy reconsidered. Descriptive, normative and methodological challenges. In: Behavioural and Brain Sciences, 19, 1–53.

Kondo, H., Osaka, N., & Osaka, M. (2004). Cooperation of the anterior cinculate cortex and dorsolateral prefrontal cortex for attention shifting. In: NeuroImage, 23, 670–679.

Kosslyn, S. M., Alpert, N. M., Thompson, W. L., Maljkovic, V., Weise, S. B., Chabris, C. F., Hamilton, S. E., Rauch, S. L., & Buonanno, F. S. (1993). Visual mental imagery activates topographically organized visual cortex: PET investigations. In: Journal of Cognitive Neuroscience, 5, 263–287.

Krauss, St., & Wang, X. T. (2003). The Psychology of the Monty Hall Problem. Discovering Psychological Mechanisms for Solving a Tenacious Brain Teaser. In: Journal of Experimental Psychology, General 132.

Kristensen, H., & Gärling, T. (1997). Anchor points, reference points, and counteroffers in negotiations. In: Göteborg Psychological Reports, 27, No. 7.

Kunda, Z. (1999). Social Cognition. Making sense of people. Cambridge, MA: MIT Press.

Kwapil, T. R. (2007). For whom the mind wanders, and when. An experience-sampling study of working memory and executive control in daily life. In: Psychological Science, 18 (7), 614–621.

Lange, E. B., & Oberauer, K. (2005). Overwriting of phonemic features in serial recall. In: Memory, 13, 333–339.

Lehrer, J. (2009). How we decide. Boston, MA: Houghton Mifflin Co.

Levy, F., & Farrow, M. (2001). Working memory in ADHD: prefrontal/parietal connections. In: Curr Drug Targets, 2 (4), 347–352.

Lewandowsky, S., Duncan, M., & Brown, G.D.A. (2004). Time does not cause forgetting in short-term serial recall. In: Psychonomic Bulletin & Review, 11, 771–790.

Li, K.Z.H. (1999). Selection from working memory. On the relationship between processing and storage components. In: Aging, Neuropsychology, and Cognition, 6, 99–116.

Likert, R. (1967). Human Organization: Its Management and Value. New York: McGraw Publishing.

Loewenstein, G., Sunstein, C., & Golman, R. (2014). Disclosure: Psychology Changes Everything. In: Annual Review of Economics, Vol. 6, 391–419.

Lohmeier, F. (1985). Bisoziative Ideenfindung. Erforschung und Technisierung kreativer Prozesse. Frankfurt am Main: Lang.

Lord, Ch., Ross, L., & Lepper, M.R. (1979). Biased Assimilation and Attitude Polarization. In: The Effects of Prior Theories on Subsequently Considered Evidence. Journal of Personality and Social Psychology, 2098–2109

Lovett, M.C. (1998). Choice. In: Anderson, J.R., & Lebiere, C. (Eds.). The atomic components of thought. Mahwah, NJ: Erlbaum, 255–296.

Lovett, M.C. (1998). Cognitive task analysis in service of intelligent tutoring systems design. A case study in statistics. In: Goettl, B.P., Halff, H.M., Redfield, C.L., & Shute, V.J. (Eds.). Intelligent Tutoring Systems. Lecture Notes in Computer Science, Vol. 1452. New York: Springer, 234–243.

Luchins, A., & Luchins, E.H. (1959). Rigidity of Behavior. A Variational Approach to the Effect of Einstellung. Eugene, Oregon: University of Oregon Books.

Maderthaler, R. (2008). Psychologie. Wien: Facultas Verlag, 254.

Maehara, Y., & Saito, S. (2007). The relationship between processing and storage in working memory span: Not two sides of the same coin. In: Journal of Memory and Language, 56, 212–228.

Maier, N.S. (1931). Reasoning and Learning. In: Psychological Review, 38, 332–346.

Mangold, R. (2007). Informationspsychologie. München: Elsevier.

Manzano, Örjan de, et al. (2010). Thinking Outside a Less Intact Box. Thalamic Dopamine D2 Receptor Densities Are Negatively Related to Psychometric Creativity in Healthy Individuals. PLoS ONE, online 17.05.2010.

Mark, G., Gonzalez, V. M., & Harris, J. (2005). No Task Left Behind? Examining the Nature of Fragmented Work. Vortragsmitschrift vom CHI 2005, 2.–7.04.2005, Portland, Oregon, USA.

Markovits, H. (1995). Conditional reasoning with false premises. Fantasy and information retrieval. In: British Journal of Developmental Psychology, Vol. 13, Issue 1, 1–11.

Markowitsch, H. J. (2005). Dem Gedächtnis auf der Spur: Vom Erinnern und Vergessen. Darmstadt: Wissenschaftliche Buchgesellschaft.

McClure, S. M., Li, J., Tomlin, D., Cypert, K. S., & Montague, P. R. (2004). Neural Correlates of Behavioral Preference for Culturally Familiar Drinks. In: Neuron, Vol. 44, Issue 2, 379–387.

McKeen Cattell, J. (1885). Über die Zeit der Erkennung und Benennung von Schriftzeichen, Bildern und Farben. In: Philosophische Studien 2, 635–650.

McNab, F., Varrone, A., Farde, L., Jucaite, A., Bystritsky, P., Forssberg, H., & Klingberg, T. (2009). Changes in Cortical Dopamine D1 Receptor Binding Associated with Cognitive Training. In: Science, 06.02.2009, Vol. 323, No. 5915, 800–802

Mecklinger, A., & Lindenberger, U. (Eds.). Handbook of binding and memory. Oxford: Oxford University Press 2006, 115–144.

Mednick, S. (2006). Take a Nap! Change Your Life. New York: Workman Publishing Company.

Mendelsohn, G. A. (1976). Associative and attentional processes in creative performance. In: Journal of Personality, 44, 341–369.

Metcalfe, J., & Wiebe, D. (1987). Intuition in insight and non-insight problem solving. In: Memory & Cognition, 15, 238–246.

Miller, G. A. (1956). The magical number seven, plus or minus two: Some limits on our capacity for processing information. In: Psychological Review, 63, 81–97.

Miller, G. A., Galanter, E., & Pribram, K. H. (1960). Plans and the Structure of Behavior. New York: Holt, Rinehart & Winston.

Mogle, J. A., Lovett, B. J., Stawski, R. S., & Sliwinski, M. J. (2008). What's So Special About Working Memory? In: Psychological Science, Vol. 19, 11, 1071–1077 (7).

Mottaghy, F. M. (2006). Interfering with working memory in humans. In: Neuroscience, 139, 85–90.

Mussweiler, Th., Strack, F., & Pfeiffer, T. (2000). Overcoming the Inevitable Anchoring Effect. Considering the Opposite Compensates for

Selective Accessibility. In: Personality and Social Psychology Bulletin, 26, 1142–1150.

Newell, A., & Simon, H. A. (1972). Human Problem Solving. Engelwood-Cliffs, NJ: Prentice Hall.

Nisbett, R. E., & Wilson, T. D. (1977). Telling more than we know. Verbal reports on mental processes. In: Psychological Review, 84, 231–259.

Northcraft, G., & Neale, M. (1987). Experts, amateurs, and real estate. An anchoring-and-adjustment perspective on property pricing decisions. In: Organizational Behavior and Human Decision Processes, Vol. 39, No. 1/1987, 84–97.

Oberauer, K., Süß, H.-M., Schulze, R., Wilhelm, O., & Wittmann, W. W. (2000). Working memory capacity – facets of a cognitive ability construct. In: Personality and individual Differences, 29, 1017–1045.

Oberauer, K. (2002). Access to information in working memory: Exploring the focus of attention. In: Journal of Experimental Psychology: Learning, Memory, and Cognition, 28, 411–421.

Oberauer, K., & Kliegl, R. (2006). A formal model of capacity limits in working memory. In: Journal of Memory and Language, 55, 601–626.

Oberauer, K., & Lewandowsky, S. (2008). Forgetting in immediate serial recall: Decay, temporal distinctiveness, or interference? In: Psychological Review, 115, 544–576.

Ocklenburg, S., Hirnstein, M., Hausmann, M., & Lewald, J. (2010). Auditory space perception in left- and right-handers. In: Brain and Cognition, 210–217.

Ohlsson, S. (1992). Information Processing explanations of insight and related phenomen. In: Keane, M., & Gilhooly, K. J. (Eds.). Advances in the psychology of thinking. London: Harvester Wheatsheaf.

Ohlsson, S. (1996). Learning from Performance Errors. In: Psychological Review, 103, 241–262.

Okada, T., & Simon, H. A. (1997). Collaborative discovery in a scientific domain. In: Cognitive Science, 21, 109–146.

Olesen, P. J., Westerberg, H., & Klingberg, T. (2004). Increased prefrontal and parietal activity after training of working memory. In: Nature Neuroscience, 7, 75–79.

Ophir, E., Nass, C., & Wagner, A. D. (2009). Cognitive Control in Media Multitaskers. In: PNAS, Vol. 106, No. 33, 25.08.2009.

O'Reilly, R., Busby, R. S., & Soto, R. (2003). Three forms of binding and their neural substrates. Alternatives to temporal synchrony. In: Cleeremans, A. (Ed.). The unity of consciousness. Binding, integration, and dissociation. Oxford: Oxford University Press.

Osaka, N., Osaka, M., Kondo, H., Morishita, M., Fukuyama, H., & Shibasaki, H. (2003). The neural basis of executive function in working memory. An fMRI study based on individual differences. In: NeuroImage, 21, 623–631.

Owen, A. M. (1997). The functional organization of working memory processes within human lateral frontal cortex. The contribution of functional neuroimaging. In: European Journal of Neuroscience, 9, 1329–1339.

Padoa-Schioppa, C., & Assad, J. A. (2008). The representation of economic value in the orbitofrontal cortex is invariant for changes of menu. In: Nature Neuroscience, 11(1), 95–102.

Parship Institut (2009). Online-Erhebung: Single- und Partnerstudie 2009. www.parship.de.

Parsons, L. M., & Osherson, D. N. (2001). New Evidence for Distinct Right and Left Brain Systems for Deductive vs Probabilistic Reasoning. In: Cerebral Cortex, 11, 954–965.

Pöppel, E. (2008). Zum Entscheiden geboren: Hirnforschung für Manager. München: Carl Hanser Verlag.

Popper, K. (1996). Alles Leben ist Problemlösen. Über Erkenntnis, Geschichte und Politik. München: Piper Taschenbuch.

Postle, B. R., Berger, J. S., & D'Esposito, M. (1999). Functional neuroanatomical double dissociation of mnemonic and executive control processes contributing to working memory performance. In: PNAS, 26.10.1999, Vol. 96, No. 22, 12959–12964.

Postle, B. R. (2006). Working memory as an emergent property of the mind and brain. In: Neuroscience, 139, 23–28.

Raffone, A., & Wolters, G. (2001). A cortical mechanism for binding in visual working memory. In: Journal of Cognitive Neuroscience, 13, 766–785.

Rangel, A., Camerer, C., & Montague, P. R. (2008). A framework for studying the neurobiology of value-based decision making. in: Nature Reviews Neuroscience, 9, 545–556.

Ritov, I. (1996). Anchoring in Simulated Competitive Market Negotiation. In: Organizational Behavior and Human Decision Processes, 67, 16–25.

Robin, N., & Holyoak, K. J. (1995). Relational Reasoning and the functions of the prefrontal cortex. In: Gazzaniga, M. S. (Eds.). The cognitive Neurosciences. Cambridge, MA: MIT Press, 987–997.

Ross, L., Lepper, M. R., & Hubbard, M. (1975). Perseverance in self-deception and social perception. In: Journal of Personality and Social Psychology 1975, 32, 880–892.

Roth, G. (2008). Persönlichkeit, Entscheidung und Verhalten: Warum es so schwierig ist, sich und andere zu ändern. Stuttgart: Klett-Cotta.

Rüppell, H. (2000). AnaMeta – Analogien und Metaphern. Konzept und Drehbuch zur Gestaltung eines multimedialen Analogietrainings. Unveröffentlichtes Arbeitspapier am Lehrstuhl für Pädagogische Psychologie, Universität zu Köln.

Safren, M. A. (1962). Associations, set and the solution of word problems. In: Journal of Experimental Psychology, 64, 40–45.

Schmeichel, B. J., Volokhov, R., & Demaree, H. A. (2008). Working memory capacity and the self-regulation of emotional expression and experience. In: Journal of Personality and Social Psychology, 95, 1526–1540.

Schönpflug, W. (2006). Einführung in die Psychologie. Weinheim: Beltz Verlag.

Schooler, J. W., Reichle, E. D., & Halpern, D. V. (2004). Zooning Out while reading: Evidence for dissociations between experience and meta-consciousness. In: Levin, D. (Ed.). Thinking and Seeing. Visual meta-consciousness in adults and children. Cambridge, MA: MIT Press, 203–226.

Schunn, C. D., & Dunbar, K. (1996). Priming, analogy and awareness in complex reasoning. In: Memory & Cognition, 24, 271–284.

Schwartz, B. (2004). The Paradox of Choice. Why More Is Less. New York: HarperCollins.

Seel, N. (2003). Psychologie des Lernens. München: Ernst Reinhardt Verlag.

Seibt, B., & Förster, J. (2004). Stereotype threat and performance. How self-stereotypes influence processing by inducing regulatory foci. In: Journal of Personality and Social Psychology, Vol. 87, No. 1, 38–56.

Shafir, E., Simonson, I., & Tversky, A. (1993). Reason-based choice. Special Issue: Reasoning and decision making. In: Cognition, 49, 11–36.

Shamosh, N. A., DeYoung, C. G., Green, A. E., Reis, D. L., Johnson, M. R., Conway, A. R. A., Engle, R. W., Braver, T. S., & Gray, J. R. (2008).

Individual Differences in Delay Discounting: Relation to Intelligence, Working Memory, and Anterior Prefrontal Cortex. In: Psychological Science, Vol. 19, No. 9, 904–911.

Silveira, J. (1971). Incubation: The effect of interruption timing and length on problem solution and quality of problem processing. Unpublished doctoral dissertation, University of Oregon.

Simon, H. A. (1966). Scientific discovery and the psychology of problem-solving. In: Mind and Cosmos. Essays in contemporary science and philosophy. Pittburgh, PA: Pittsburgh University Press.

Singer, J. (1975). The Inner World of Daydreaming. New York: Harper & Row.

Smith, E. E., Jonides, J., Marshuetz, C., & Koeppe, R. (1998). Components of verbal working memory: Evidence from neuroimaging. In: Proceedings of the National Academy of Science, 95, 876–882.

Smith, E. E., & Jonides, J. (1999). Storage and executive processes in the frontal lobes. In: Science, 283, 1657–1661.

Sommer, U., Fink, A., & Neubauer, A. C. (2008). Detection of high ability children by teachers and parents. Psychometric quality of new rating checklists for the assessment of intellectual, creative and social ability. In: Psychology Science Quarterly, Vol. 50, Issue 2.

Sonnenburg, St. (2007). Kooperative Kreativität. Wiesbaden: Deutscher Universitätsverlag.

Spada, H. (2005). Lehrbuch Allgemeine Psychologie. Bern: Huber.

Spitzer, M. (2002). Lernen. Gehirnforschung und die Schule des Lebens. Heidelberg; Berlin: Spektrum Akademischer Verlag.

Srivastava, B. N., & Sett, P. K. (1998). Managerial Attribution and Response. An Empirical Test of an Attributional Leadership Model in India. In: The Journal of Social Psychology, Vol. 138, No. 5, 591–597.

Stanovich, K. E. (1999). Who is rational? Studies of Individual Differences in Reasoning. Mahwah, NJ: Erlbaum.

Sternberg, R. J., & Lubart, T. I. (1995). Defying the crowd. Cultivating creativity in a culture of conformity. New York: Free Press.

Sternberg, R. J. (2008). Increasing fluid intelligence is possible after all (Commentary). In: PNAS, 105 (19), 6791–6792.

Sternberg, R. J. (1998). Erfolgsintelligenz. Warum wir mehr brauchen als EQ + IQ. München: Lichtenberg.

Surowieckis, J. (2005). Die Weisheit der Vielen. Gütersloh: C. Bertelsmann.

Tomb, I., et al. (2002). Do somatic marcers mediate decisions on the gambling task? In: Nature Neuroscience, 5, 1103–1104.

Towse, J. N., Hitch, G. J., & Hutton, U. (2000). On the interpretation of working memory span in adults. In: Memory & Cognition, 28, 341–348.

Trbovich, P. L., & LeFevre, J. (2003): Phonological and visual working memory in addition. In: Memory & Cognition, 31, 738–745.

Tulving, E. (1989). Memory: Performance, Knowledge and Experience. In: European Journal of Cognitive Psychology, 1, 3–26.

Tversky, A., & Kahneman, D. (1973). Availability: A heuristic for judging frequency and probability. In: Cognitive Psychology, 5, 207–232.

Tversky, A., & Kahneman, D. (1981). The Framing of Decisions and the Psychology of Choice. In: Science, New Series, Vol. 211, No. 4481, 453–458.

Tversky, A., & Kahneman, D. (1991). Loss Aversion in Riskless Choice: A Reference-Dependent Model. In: The Quarterly Journal of Economics, 106 (4), 1039–1061.

Tversky, A., & Kahneman, D. (1974). Judgment under Uncertainty: Heuristics and Biases, in: Science, Vol. 185, 1124–1131.

Tversky, A., & Kahneman, D. (1984). Choices, values and frames. In: American Psychologist, 39, 341–350.

Tversky, A., & Shafir, E. (1992). The disjunction effect in choice under uncertainty. In: Psychological Science, 3, 305–309.

Unsworth, N., & Engle, R. W. (2006). Simple and complex memory spans and their relation to fluid abilities: Evidence from list-length effects. In: Journal of Memory and Language, 54, 68–80.

Usher, M., & Haarmann, H. (2001). Maintenance of semantic information in capacity-limited item short-term memory. In: Psychonomic Bulletin & Review 2001, 8 (3), 568–578.

Vallar, G., & Baddeley, A. D. (1984). Phonological short-termstore, phonological processing and sentence comprehension. A neuropsychological case study. In: Cognitive Neuropsychology, I, 121–141.

Vijayraghavan, S., Wang, M., Birnbaum, S. G., Williams, G. V., & Arnsten, A. F. T. (2007). Inverted-U dopamine D1 receptor actions on prefrontal neurons engaged in working memory. In: Nature Neuroscience, 10, 376–384.

Vogels, T. P., Rajan, K., & Abbott, L. F. (2005). Neural network dynamics. In: Annual Review of Neuroscience, 28, 357–376.

Vohle, F. (2004). Analogien für die Kommunikation im Wissensmanagement. Hamburg: Verlag Dr. Kovac.

Vos Savant, M. (1990). Ask Marilyn: Answers to America's Most Frequently Asked Questions. Kolumne im Parade Magazine. New York: Parade Publications.

Wackermann, J., Putz, P., Buchi, S., Strauch, I., & Lehmann, D. (2002). Brain electrical activity and subjective experience during altered states of consciousness: gnazfeld and hypnagogic states. In: International Journal of Psychophysiology, 46 (2), 123–146.

Wallace, B. (1984). Apparent equivalence between perception and imagery in the production of various visual illusions. In: Memory and Cognition, 12, 156–162.

Wallas, G. (1926). The art of thought. London: Cape.

Wason, P. C. (1960). Reasoning. In: Foss, B. M. (Ed.). New horizons in psychology. Harmondsworth, UK: Penguin.

Waugh, N. C., & Norman, D. A. (1965). Primary memory. In: Psychological Review, 72, 89–104.

Weisberg, R. W., & Alba, J. W. (1981). An examination of the alleged role of »fixation« in the solution of several insight problems. In: Journal of Experimental Psychology: General, 110, 169–192.

Weitzel, T., Eckhardt, A., von Stetten, A., & Laumer, S. (2011). Recruiting trends 2011. Eine empirische Untersuchung mit den Top-1000-Unternehmen aus Deutschland sowie den Top-300-Unternehmen aus den Branchen Finanzdienstleistung, IT und Öffentlicher Dienst. Centre of Human Resources Information Systems (CHRIS), Otto-Friedrich-Universität Bamberg, Goethe-Universität Frankfurt am Main.

Wertheimer, M. (1957). Produktives Denken. Frankfurt am Main: Kramer.

Wharton, C. M., & Grafman, J. (1998). Reasoning and the brain. In: Trends in Cognitive Science, 2, 54–59.

Wharton, C. M., Grafman, J., Flitman, S. K., Hansen, E. K., Brauner, J., Marks, A., & Honda, M. (1998). The neuroanatomy of analogical reasoning. In: Holyoak, K. J., Gentner, D., & Kekniar, B. (Eds.). Analogy 98, Sofia, Bulgaria: New University of Bulgaria.

Wilson, T. D., & Schooler, J. W. (1991). Thinking Too Much. Introspection Can Reduce the Quality of Preferences and Decisions. In: Journal of Personality and Social Psychology, Vol. 60 (2), 181–192.

Wittgenstein, L. (2001). Philosophische Untersuchungen. Kritisch-genetische Edition. Berlin: Suhrkamp.

Wu, X., Chen, X., Li, Z., Han, S., & Zhang, D.R. (2007). Binding of verbal and spatial information in human working memory involves large-scale neural synchronization at theta frequency. In: NeuroImage (35), 1654–1662.

Zajonc, R.B. (1980). Feeling and Thinking. Preferences need Inferences. In: American Psychologist, Vol. 35 (2), 151–175.

Zhang, W., & Luck, S. (2008). Sudden Death For Overtime Memories. In: Vision Sciences Society, 8th Annual Meeting, 09.–14.05.2008, 68.

Zimbardo, P.G., & Gerrig, R.J. (2004): Psychologie. München: Pearson.

Register

Ablenkungsaufgaben 65
Adaptive Entscheidungen 148
Affen 20, 173
Aktionspotenziale 24f., 133
Aktivierungsmuster 25
Alkoholtests 112
Amygdala 41, 46, 56, 143f., 147
Anagramme 125f.
Analogien 249–258
AnaMeta 250, 253, 257
Anerkennung 169
Anker 128–132
Anpassung 169f.
Apollo 13 189
Arbeitsgedächtnis 12–15, 27–32, 38, 40, 50–52, 57, 62, 65–67, 90, 188, 195–197, 205, 214, 219, 245, 261
Assoziationskortex 45
Attributionsfehler 116
Aufmerksamkeit 40, 67–70, 242
Autonomes Nervensystem (ANS) 209

Back-up-Vermeidung 204, 206
Bahnung 125
Basalganglien 23, 45
Basisrate 112–115
Bauchentscheidungen 150, 159–162
Begründungsverschiebung 157
Beharrungstendenz 169

Beleuchtung 242
Besitzsicherung 152
Bestätigungsbias 98–100
Bewerbungen 144
Bewertungseffekt 146
Bias 76, 98–100
Blondinenwitze 119
Bodyfeedback 50
Braintwister 13
Briefexperiment 95f.
Broca-Areal 56f.

Change-Management 168f.
Chunks 33f.
Cingulärer Kortex 41f., 45
Cold cognitions 49
Corpus callosum 153f.
Credit Suisse Gender 3000 62

Daumenregeln 75
Deduktives Schließen 76, 86f., 92
Defokussierung 256
Deontisches Schlussfolgern 96
Dialektische Probleme 192
Dopamin 14, 224f.
Dorsolateraler präfrontaler Kortex 255f.

Effekt der versunkenen Kosten 177f., 182f.
Einkaufen 173
Einsicht 19f.

Einstellungseffekt 125, 186 f.
Emotionale Labels 171
Emotionale Urteile 49
Emotionen *siehe* Gefühle
Energie 25 f., 75 f., 99, 234
Entscheidungen 30, 61, 77, 137–140, 148–189
Entscheidungseffizienz 30
Entspannung 207 f.
Enzephalisationsquotient 23 f.
Episodischer Puffer 38 f.
Erfahrungen 184–187
Erfahrungsgedächtnis 161
Erfahrungswissen 165, 214
Erfolgsintelligenz 223
Erinnerungen 171
Eselsbrücken 39
Eulerdiagramme 88
Exekutive Aufmerksamkeit 188

Fixierungen 235–240
Flexibilität 234
Fluide Intelligenz 63–65
Framing 142–147
Frauen 54–62, 119 f., 167 f.
Frequenz 114
Frontallappen 23, 27, 31
Frontopolarer Kortex (FPC) 30, 70, 166
Führungskräfte 117, 168
Funktionale Fixierung 235–237, 244

Gefühle 47–50, 56, 159–174
Gehirnaufbau 22–30
Geistesblitz 232
Geld 177–181
Generalisierungen 104, 107

Gestaltpsychologie 19
Gesundheit 111

Halo-Effekt 89
Heizungsproblem 246
Heuristiken 110 f.
Hick-Hyman-Gesetz 230
Hippocampus 41, 45
Hirnrinde 22, 55
Hirnstamm 48 f.
Holzbrücken-Studie 156 f.
Hormone 59, 205
Hot cognitions 49
Hypnagogischer Zustand 256

IBM 84, 89
Illumination (Aha-Effekt) 231, 244 f.
Impfungen 180
Induktives Schließen 76 f., 104–106
Inferoparietaler Kortex 44
Inferotemporaler Kortex 44
Inkubation 240–244
Inspirative Haltung 256
Intelligenz 62–65, 228
Intelligenzquotient 62 f.
Intelligenztests 14, 208
Interpolationsprobleme 192
Intuition 137 f., 149, 161 f., 165–167, 174
Investitionen 177
Iowa Gambling Task 162–164

Kartenexperiment 92 f.
Katzenaugen 251
Kausalattribution 157
Kettenproblem 241, 246
Kippbilder 36, 238 f.

Klischees 60, 119f.
Koffein 242
Kognition (Definition) 76
Kognitive Stile 61
Kollegenurteile 134f.
Konditionales Schließen 80
Konfabulationen 155–158
Konkretisierung 95f.
Kontrollillusion 184
Konzentration 67, 187
Kopfrechnen 31, 40
Kreativität 221–258
Kristalline Intelligenz 63f.
Kuchenproblem 243–245

Langzeitgedächtnis 65, 120, 193
Lehman Brothers 97
Lernen 25f., 39, 63, 75, 101, 169
Likert-Skala 182f.
Limbisches System 48–50, 150, 164
Logische Bäume 210–213

Männer 54–62, 167
Mapping 254f.
Mathematik 119f.
Mehrdeutigkeit 33, 238
Mentale Bilder 37f.
Mentale Modelle 83, 96, 214–219, 246–248
Mentale Rotation 58f.
Metakognition 29, 144
Metaphern 250–258
Micronap 208
Microsoft 254
Mitarbeiterversagen 117
Mittel-Ziel-Analyse (MZA) 202f.
Modus ponens 94
Modus tollens 94f.

Monte-Carlo-Effekt 115
Monty-Hall-Problem 121f.
Motorische Reize 43
Multitasking 67–70
Münzen-Experiment 179

n-back-Test 261–263
Necker-Würfel 238f.
Negative Stereotype 60
Neokortex 21, 57
Nervenbahn (Axon) 24f.
Neuromodulatoren 25
Neurospeed 261–271
Neurotransmitter 25
Noradrenalin 206
Nucleus accumbens 180f.

Optische Täuschungen 37f.
Orbitofrontaler Kortex 48f., 174

Parasympathisches Nervensystem 208–210
Parietaler Kortex 41f., 150, 255f.
Partnerschaft 146f., 151
Partnerwahl 155f., 170
Pausen 240–245
Peripheres Sehen 208f.
Personalentscheidungen 167
Persönlichkeit 116f.
Perspektivenwechsel 224, 245, 249
Phonologische Schleife 33f., 40
Ponzo-Illusion 37
PQ4R-Methode 101
Präferenzen 138f.
Präfrontaler Kortex (PFC) 23f., 28f., 57, 255
Prämotorischer Kortex 45
Preise 128–131, 173

Preisempfehlung 128
Priming 125–128
Priorisierung 183
Problemarten 192
Probleme 189–220
Problemlösen 77
Problemraum 190, 230 f.
Produktives Denken 234
Produktlaunches 51
Produkttraining 52
Proteinkinase C 206
Pubertät 24

Rabatte 173
Rahmung *siehe* Framing
Rational-Emotive Verhaltenstherapie (REVT) 139
Rationalität 91
Remote-Association-Test (RAT) 231 f.
Repräsentationen 38, 53, 214–216, 219, 237, 240, 244, 249, 255
Reproduktives Denken 185, 234
Rostrale cinguläre Zone 169 f.
Routinen 25 f., 42, 75, 152

Schachbrett 215, 220
Schätzungen 77, 110–132
Schemata 193
Schiebepuzzles 204 f.
Schizophrenie 225
Schlaf 208, 242, 256
Schlussfolgerungen 78–109
Schwarmintelligenz 123
Seilexperiment 236 f.
Selbstbewusstsein 101, 103, 119
Selbstbild 135
Selbstgespräche 220

Selbstvertrauen 60
Siemens 257
SMART-Faktor 63
Somatosensorische Reize 43
Sonderangebote 173
Spiegel-Anstellung 167
Spindeln 208
Sprachzentrum 56, 154
Status-quo-Verzerrung 152 f.
Stereotype 60, 120
Stirnhirn 23–33, 41–49, 66 f., 150, 157, 164
Strategiefehler 81–83
Stress 194–199, 204–210, 220
Stressbewältigung 206 f.
Stroop-Test 64 f.
Suchbilder 101–103
Sympathisches Nervensystem 208–210
Synapsen 24 f.
Syntheseprobleme 192

Taskswitching 68 f.
Teilziele 202 f.
Thalamus 225
Thermostat 246 f.
Training 52 f., 194, 261–263
Turm von Hanoi 201

Übermüdung 242
Umstrukturierung 238 f., 249
Unternehmer 30
Unterschiedsreduktion 199
Urteile 77, 133–147

Ventrales Striatum 180
Ventromedialer präfrontaler Kortex 161
Veränderungen 152 f.

Verdrängungen 107
Verfügbarkeitsheuristik 133–136
Verhalten 116–118
Verhandlungen 129, 131
Verifikation 244
Verkürzung 87
Verlustaversion 178–182
Verständnisfehler 81 f.
Verzerrungen 76, 107
Visualisierung 207, 210–220
Visualisierungsfähigkeit 59
Visuell-räumlicher Notiz-
 block 33 f., 40

Wahrscheinlichkeit 111–115, 122

Wang Laboratories 89
Wasserkrug-Experiment 185 f.
Weisheit der vielen 123
Wenn-dann-Prinzip 80
Wernicke-Areal 56
Widerlegen 93
Working-attention-Modell 40
Wortlängeneffekt 33 f.
Wortwahl 126 f.

Zeitdruck 100, 149
Zerebellum 45
Zufälle 157
Zweites Gedächtnis 65 f.
Zentrales Nervensystem (ZNS) 209

Der Autor

Dr. Carl Naughton ist ausgebildeter Schauspieler und promovierter Linguist. Er steht seit über 14 Jahren vor der Kamera und als Vortragsredner auf der Bühne. Rund 800 000 Menschen haben ihn bei mehr als 4000 Auftritten erlebt. Insgesamt acht Jahre hat er an der Universität zu Köln in Forschung und Lehre gearbeitet. Seine Kernthemen waren dabei: »Wissen wirksam weitergeben – die Professionalisierung der Wissenskommunikation« und »Neurodidaktik – Lernen lehren und Denken trainieren«. Seine Arbeit in der universitären Forschung wie auch in der Praxis in Unternehmen folgt immer wieder dem Leitgedanken: Köpfe öffnen, Gedanken verankern, Informationen vermitteln.

Dein Business

Aktuelle Trends und innovative Antworten auf brennende Fragen in den Bereichen Business und Karriere.

Svenja Hofert, Thorsten Visbal
Die Teambibel
ISBN 978-3-86936-632-6
D € 29,90
A € 30,80

Katharina Maehrlein (Hrsg.)
Soul@Work
ISBN 978-3-86936-631-9
D € 29,90
A € 30,80

Jeannine Halene, Hermann Scherer
Marketing jenseits vom Mittelmaß
ISBN 978-3-86936-633-3
D € 49,00 / A € 50,40

Markus Brand, Frauke Ion, Sonja Wittig (Hrsgg.)
Handbuch der Persönlichkeitsanalysen
ISBN 978-3-86936-634-0
D € 59,90 / A € 61,60

Chris Brügger, Jiri Scherer
Denkmotor
ISBN 978-3-86936-597-8
D € 24,90 / A € 25,60

Markus Jotzo
Der Chef, den keiner mochte
ISBN 978-3-86936-594-7
D € 24,90 / A € 25,60

Arno Fischbacher
Voice sells!
ISBN 978-3-86936-592-3
D € 24,90 / A € 25,60

Jacqueline Groher
FührungsKRAFT
ISBN 978-3-86936-596-1
D € 24,90 / A € 25,60

 Alle Titel auch als E-Book erhältlich

gabal-verlag.de

GABAL

Dein Leben | Dein Business | Dein Erfolg

Dein Leben

Inspirierende Impulse und praktische Tipps, die Ihr Leben leichter, besser und schöner machen.

Cordula Nussbaum
Geht ja doch!

ISBN
978-3-86936-626-5
D € 24,90
A € 25,60

Christo Foerster
Neo Nature

ISBN
978-3-86936-629-6
D € 24,90
A € 25,60

Rainer Biesinger
The Fire of Change
ISBN 978-3-86936-630-2
D € 24,90 / A € 25,60

Gill Hasson
Achtsamkeit
ISBN 978-3-86936-627-2
D € 19,90 / A € 20,50

Steve Kroeger
Leichtigkeit
ISBN 978-3-86936-628-9
D € 14,90 / A € 15,40

Timothy Ferriss
Der 4-Stunden-(Küchen-)Chef
ISBN 978-3-86936-585-5
D € 49,90 / A € 51,40

Sylvia Löhken
Leise Menschen – starke Wirkung
ISBN 978-3-86936-327-1
D € 24,90 / A € 25,60

Rob Symington, Dom Jackman, Mikey Howe
Das Escape-Manifest
ISBN 978-3-86936-554-1
D € 24,90 / A € 25,60

 Alle Titel auch als E-Book erhältlich

gabal-verlag.de

ANZEIGE

Bei uns treffen Sie Gleichgesinnte ...

... weil sie sich für persönliches Wachstum interessieren, für lebenslanges Lernen und den Erfahrungsaustausch rund um das Thema Weiterbildung.

... und Andersdenkende,

weil sie aus unterschiedlichen Positionen kommen, unterschiedliche Lebenserfahrung mitbringen, mit unterschiedlichen Methoden arbeiten und in unterschiedlichen Unternehmenswelten zu Hause sind.

Das nehmen Sie mit:

- Präsentation auf den GABAL Plattformen (GABAL-impulse, Newsletter und auf www.gabal.de) sowie auf relevanten Messen zu Sonderkonditionen
- Teilnahme an Regionalgruppenveranstaltungen und Kompetenzteams
- Sonderkonditionen bei den GABAL Impulstagen und Veranstaltungen unserer Partnerverbände
- Gratis-Abo der Fachzeitschrift wirtschaft + weiterbildung
- Gratis-Abo der Mitgliederzeitschrift GABAL-impulse
- Vergünstigungen bei zahlreichen Kooperationspartnern
- u.v.m.

Neugierig geworden? Informieren Sie sich am besten gleich unter:

www.gabal.de/leistungspakete.html

GABAL e.V.
Budenheimer Weg 67
D-55262 Heidesheim
Fon: 06132/5095090,
Mail:info@gabal.de

Auf unseren Regionalgruppentreffen und Impulstagen entsteht daraus ein lebendiger Austausch, denn wir entwickeln gemeinsam neue Ideen. Dadurch entsteht ein Methodenmix für individuelle Erlebbarkeit in der jeweiligen Unternehmenswelt.

Durch Kontakt zu namhaften Hochschulen erhalten wir vom Nachwuchs spannende Impulse, die in die eigene Praxis eingebracht werden können.